Das Sakrament der Ehe

Ein Vorbereitungsbuch: Was Verlobte — und die es werden wollen — wissen sollten

Verbum Incarnatum Press
Neumarkt i.d.Opf.
2021

Bibliografische Informationen der Deutschen Nationalbibliothek: Die Deutsche Nationalbibliothek verzeichnet diese Publikation in der Deutschen Nationalbibliographie. Detaillierte bibliographische Daten im Internet über http://www.d-nb.de abrufbar. Nachdruck oder Vervielfältigung nur mit Genehmigung des Verlages gestattet. Verwendung oder Verbreitung durch unautorisierte Dritte in allen gedruckten, audiovisuellen und akustischen Medien ist untersagt. Die Textrechte verbleiben beim Autor, dessen Einverständnis zur Veröffentlichung hier vorliegt. Für Satz- und Druckfehler keine Haftung.

Impressum

Tobias Eibl, Das Sakrament der Ehe. Ein Vorbereitungsbuch: Was Verlobte — und die es werden wollen — wissen sollten.
www.vipress.org
© 2021 VIPress, Neumarkt i.d.OPf.
Alle Rechte vorbehalten

Satz und Layout: VIPress
Druck und Bindung: Amazon KDP
ISBN 978-3-96942-018-8

Titelbild: Blumenstrauß mit Ringen (freeimages.com)

gewidmet
meinen lieben Eltern,
die sich seit 50 Jahren die Treue halten
und allen,
die vor dem Sakrament der Ehe stehen …

… mit einem herzlichen Dankeschön an Maria Eibl für Korrektur und für wertvolle Hinweise.

Erlaubnis zur Veröffentlichung durch P. Franco Liporace, IVE (Provinzial), v. 13.1.2020 (Cowdenbeath, Schottland)

[Zum privaten Gebrauch]

Inhaltsverzeichnis

Vorwort — Ein Wort zur Ermutigung 8

Hinführung zur katholischen Sicht: Warum eigentlich heiraten? 10

Teil I: Das Sakrament der Ehe 19

1. Einführung in die Ehevorbereitung **19**

2. Verständnis: Was ist die Ehe? **21**

2.1. Die Ehe als Sakrament 24

a. Verwurzelung in der Natur 24

b. Erhöhung durch Christus zum Rang des Sakramentes 31

b.1. Allgemeiner Begriff des Sakramentes 33

b.2. Das Ehesakrament im Besonderen 38

2.2. Die Ehe als Berufung 54

a. Über die Berufung allgemein 54

b. Über die besondere Berufung: Die Ehe 60

b.1. Eine Lebensgemeinschaft 60

b.2. Eine Liebesgemeinschaft 70

3. Über die fruchtbringende geistliche Vorbereitung zum Empfang des Sakramentes **82**

3.1. Innere Vorbereitung der Brautleute 85

a. Sexuelle Enthaltsamkeit vor der Ehe? 86

b. Die gut gelebte Verlobungszeit 100

c. Das bräutliche Herz — die Kraft der Beichte 107

3.2. Vorbereitung der Hochzeitsliturgie 111

a. Verständnis der Liturgie 111

a.1. Verständnis des Eheritus 111

a.2. Vertiefung der Trauungsformel 120

b. Vorbereitung der Hochzeitsliturgie 128
b.1. Zu den Liedern 134
b.2. Weitere Elemente und Details 136

Teil II: Früchtetragendes Leben der Ehe 138

4. Vier wesentliche Elemente der Treue 140
4.1. Hinführung 140
4.2. Der Blick auf den Menschen: eine Symphonie 145
a. Der natürliche Blick auf den Menschen 145
b. Der übernatürliche Blick auf den Menschen — sein ewiges Ziel 149
4.3. Die vier Mittel zur Treue einer geglückten Ehe 156
a. Das Leben des Gebetes 157
b. Das Leben der Gnade 161
c. Das Leben der Tugenden 166
d. Das Leben im Einklang mit Gottes Willen: am Beispiel der natürlichen Empfängnisregelung (NER) 177
4.4. Ergänzende Hinweise: das Problem der Verhütung 195

5. Die Umsetzung im konkreten Leben 199

Epilog — der Blick auf die heutige Realität 206

Das Ende — ein biblischer Ausblick (Essay) 214

Was erwartet die Eheleute nach dem Tod? 214

Sein wie die Engel — eine Offenbarung 216

Anhang 219

1. Checkliste zur Ehevorbereitung 220

2. Grundgebete 222

3. Gewissensspiegel zur Vorbereitung auf die Beichte 230

4. Literaturempfehlung 237

5. Charta der Familienrechte **241**

6. Zeichenerklärung **243**

7. Indexe und Verzeichnisse **244**

7.1. Quellenverzeichnis 244
7.2. Tabellenverzeichnis 247
7.3. Verzeichnis der Abbildungen 247
7.4. Personenindex 249
7.5. Sachindex 251
7.6. Index der Katechismusstellen 258
7.7. Index der Bibelstellen 258

Vorwort — Ein Wort zur Ermutigung

Großartige Ehen — es gibt sie noch oder besser, es hat sie immer gegeben und so auch heute. Glückliche Familien kommen aus ihnen, da in ihnen ein Klima entstehen konnte, in dem die Liebe regiert, die alles vollkommen macht (Kol 3,14). Das zeigt, dass Ehe (und Familie) ein Modell ist, das stets aktuell bleibt.

Die Ehe ist dabei kein Kinderspiel, sondern verlangt die Reife eines Erwachsenen. Sie ist auch kein Gelegenheitskauf, denn die Beziehung verlangt ständige Arbeit — vor allem an sich selbst.

Die Entscheidung zur Ehe muss gereift sein. Doch wenn sie es ist, dann soll sie durch das Sakrament der Ehe tief mit Gott verbinden. Sie erhält dadurch ihr Fundament und von Gott ihre Seele. Das mag jetzt unglaublich klingen. Doch das zu verstehen, ist Ziel dieses Buches.

Der Urheber, der die Ehe gedacht hat, war nicht der Mensch. Letzter geht oft einfach seiner Sehnsucht nach einer Familie nach, wenn er heiratet. Doch über ihn gibt es etwas viel Größeres. Die Ehe wurde von Gott erdacht, der den Menschen als Mann und Frau geschaffen hat.

Da Gott selbst Liebe ist, die treu und absolut ist, konnte er durch die Ehe etwas schaffen, eine Hilfe und ein Geschenk, womit sein Geschöpf eine Gotteserfahrung machen kann.

Zahlreiche Ehescheidungen und Lebensabschnittspartner lassen darauf schließen, dass Liebe und Ehe in der heutigen Zeit oft anders verstanden werden; vielleicht nur unvollkommen und nicht so, wie sie eigentlich von dem her erdacht wurde, der der Schöpfer ist. Kann es sein, dass der Bereich des Glaubens zu wenig Beachtung findet?

Kann es sein, dass zahlreiche Ehekrisen deswegen kommen, weil die Partner den „Plan" nicht genug im Blick behalten — und mit ihm den Schöpfer, der auch die Kraft zur Liebe gibt?

Liebe wird in der heutigen Zeit meist nur als Gefühl verstanden, aber wahre Liebe geht weit über das Gefühl hinaus. Sie ist „Entscheidung" für den anderen in allen Lebenslagen. Doch damit sie gelingt, braucht es auch das Schöpfen aus der Quelle, aus der die Kraft zur Liebe kommt. Das Sakrament der Ehe gibt dem Paar diese Quelle, woraus sie schöpfen sollen.

Bei der kirchlichen Trauung entschließen sich die Partner vor Gott zu einem dauernden Lebens- und Liebesbund. Im Eheversprechen heißt es: „*Vor Gottes Angesicht nehme ich dich an als meinen Mann (als meine Frau). Ich will dich lieben, achten und ehren, alle Tage meines Lebens. [...] Ich verspreche dir die Treue in guten und schlechten Tagen.*" Es heißt „für immer" und jeder wünscht sich das ja auch.

Die *christliche Sicht* der Ehe und Familie entspricht dem tiefsten Sehnen des menschlichen Herzens und lässt die Erfüllung finden, die sich jedes Paar wünscht.

Mögen sich alle Paare der Tiefgründigkeit und Tragweite dieses wunderbaren Sakraments bewusst sein, damit heilige Ehen und Familien gelebt werden. Es hängt viel davon ab, es hängt die Zukunft unserer Gesellschaft davon ab!

Zu einer guten Vorbereitung auf das Ehesakrament soll dieses Buch ermuntern und dienen.

Dazu die besten Segenswünsche,

Ihr P. Tobias Eibl, IVE

Hinführung zur katholischen Sicht: Warum eigentlich heiraten?

Könnten wir denn nicht einfach zum Standesamt gehen, um zu heiraten? Dann würde man sich doch viel Geld sparen — und viel Aufwand. Weshalb die Kirche, um sich Liebe und Treue zu versprechen?

Die Frage mag dem Einen oder Anderen vielleicht bekannt sein. Diese Sicht der Ehe kann aber „nur" als eine **„natürliche"** bezeichnet werden.

Dieses Buch möchte zu einer **übernatürlichen** Sicht der Ehe hinführen! Diese geht über die Grenzen des rein Geschöpflichen hinaus. Sie betritt den Bereich, in dem es um den Glauben geht.

Sicherlich kann man im Standesamt heiraten, zivilrechtlich macht man das ja auch. Dafür gibt es schließlich tolle Anzüge, die Krawatte mit dabei. Doch es bleibt hier *nur* bei einem *Vertrag*, den beide unterschreiben. Man hätte auch ein Auto kaufen können, die Unterschrift darunter wäre die gleiche gewesen und die besondere Atmosphäre meist auch.

Bei Gott geht es um einen *Bund*, der innerlich wird. Die Unterschrift bleibt auf dem Papier. Was Gott durch das Sakrament dem Menschen gibt, geht ins Herz hinein.

Eine **übernatürliche** Sicht versucht, die *Gründe* der Ehe zu beleuchten, von „oben" her gesehen. Gott steht hinter dem Leben oder — besser gesagt — darüber, *über* dem Menschen. Und Gott begleitet ihn. Er ordnet die Dinge, die nur zeitlich sind auf das, was *ewig* ist. Das Leben des Menschen ist nicht für maximal 100 Jahre gedacht, indem sich *zufällig* zwei Menschen treffen und ihr Leben gemeinsam verbringen. Es geht um viel mehr. Dieses Buch soll dazu verhelfen, den Sinn dafür zu öffnen. Es betrifft eine *Berufung*, die es mit der Ewigkeit zu tun hat. Wenn der Blick sich weitet, wird es interessant und geht in die Tiefe.

Die sakramentale Wirklichkeit ist dabei eine Seite der Medaille. Sie zu verstehen ist notwendig, um im Moment der Eheschließung *bewusst* diesen Schritt zu gehen — und gehen zu können. Das hat mit viel Liebe zu tun — und mit Entscheidung, zu der die Liebe gereift ist.

Das Ehepaar ist dabei nicht allein. Es bildet zwar eine eigene Lebenswelt, in der Glück und Frieden, eben ein Klima der Liebe regieren soll. Doch es darf sich auch einer größeren Familie anvertraut wissen. Es ist die Kirche, in der die Beiden das Sakrament der Ehe empfangen.

Es geht hier weit über einen Vertrag hinaus. Das Heilige (*sacrum*) kann man nicht vertraglich degradieren, es hat mit Gott zu tun. Von ich wird das Geschenk auch empfangen. Daher konnte der hl. Paulus schreiben: „Die Liebe hört niemals auf!" (1 Kor 13,8). Doch nur, wenn es um göttliche Liebe geht, die ewig ist. Das Paar darf durch das Sakrament eine tiefe Anbindung daran erhalten.

Der Plan, den Gott mit der Ehe gedacht hat, sprengt alle Grenzen dieser Welt. Die Ehe wird zu einem Weg, damit der Mensch sein Ziel erreicht, das auch übernatürlich ist, damit sich seine Berufung zur Liebe realisiert.

Um die sakramentale Sicht der Ehe zu verstehen, dafür soll dieses Buch dienen. Vielleicht mag das für den Einen oder Anderen Neuland sein, die Sache mit dem Glauben. Dann könnte es ein richtiger Gewinn sein, sich gerade damit auseinanderzusetzen. Es geht um Alles oder Nichts. Liebe und Leben gehören zusammen. Ich kann Sie nur ermutigen, den Gesamtplan kennen zu lernen, der mit dem Leben des Menschen gemacht wurde. In diesem Plan ist auch die Ehe verankert und sie lässt sich nur darin verstehen. Es geht nicht nur um ein paar Jahre „Glück" auf dieser Welt, vielleicht mit der sympathischsten und liebenswertesten Person, die Ihnen je begegnet ist. Es geht um viel, viel mehr.

„Die Zukunft der Welt und der Kirche führt über die Familie".[1] Die Familie ist die kleinste und wichtigste Zelle der Gesellschaft und der Kirche. Ihr ist die Zukunft anvertraut.

Der Umstand zahlreicher Ehescheidungen zeigt die Dringlichkeit einer notwendigen und guten Ehevorbereitung auf. Ein Paar, das kirchlich heiraten will, bereitet sich vor, sich dauernde Liebe vor Gottes Angesicht zu versprechen —

---

[1] Hl. Johannes Paul II., Nachsynodales Schreiben *Ecclesia in Africa*, 14.9.1995, Nr. 50 u. 80.

und von Gott den Segen dafür zu empfangen. Die Brautleute sollen daher wissen, worum es genau geht. Die Ehe ist ein großes Geschenk, dass Gott dem Menschen gemacht hat. Sie ermöglicht nämlich in einzigartiger Weise die Mitarbeit in seiner Schöpfung. Sie bringt auf „natürliche Weise“ die Eheleute in den Kontakt mit dem Schöpfer — und damit mit ihrem eigenen Ursprung. Sie erinnert damit an den Sinn des eigenen Lebens: Gott zu suchen, ihn zu erkennen, zu lieben, ihm zu dienen. Gott hat den Menschen geschaffen, um ihm sein eigenes Glücklichsein schenken zu können.

Zwei wesentliche Dinge schon vorab:

1. Die ***Ehe ist keine Erfindung des Menschen.*** Sie ist **vom Schöpfer** in der Natur des Menschen verankert worden. Die Ehe ist in der Natur begründet, Mann und Frau ziehen sich „von Natur aus“ an. Sie sind in gegenseitiger Ergänzung von Gott geschaffen und gewollt.
2. Das ***Sakrament der Ehe*** fügt etwas Wichtiges hinzu. Sie veredelt die natürliche Ehe und macht sie in weit tieferer Weise fruchtbar. Gott schenkt Hilfen, die die eheliche Liebe und die Beziehung des Paares sowie die Familienbande schützen. Das Sakrament wird so zu einer Quelle, die das Paar auf seinem Weg begleitet.

Das Sakrament

Nachdem Gott selbst in Jesus Mensch geworden ist, hat der Gottmensch die „natürliche Ehe“ auf die Höhe eines Sakramentes gehoben. Das Wort *Sakrament* leitet sich von *sacrum*, vom Heiligen ab. Damit übersteigt die Ehe als Sakrament das rein Geschöpflich-Natürliche. Sie ist etwas Heiliges, was in die Nähe zum Schöpfer bringt. Sie ist von ihm mit einer besonderen Berufung versehen worden. Es ist notwendig, diese göttliche Institution gut zu kennen und den Plan zu verstehen, um das Sakrament gut und würdig zu empfangen.

Die Familie hat Zukunft

Mögen diese Zeilen helfen, dass die Familie zu einem Ausstrahlungszentrum der göttlichen Liebe wird und zu einem großen und leuchtenden Zeichen des Wirkens Gottes in unserer Zeit. Sie sollen zu Umspannwerken des Heils für eine Welt werden, die genau dieses Zeugnis einer im christlichen Sinn gelebten Ehe und Treue notwendig braucht. So entsteht eine *Hauskirche* mit prophetischer Kraft. Der hl. Papst Johannes Paul II. sagte, „[d]ie Evangelisierung der Zukunft wird größtenteils von der Hauskirche abhängen".[2] Die *Hauskirche* ist die kleinste kirchliche Einheit, die durch die Familie entsteht.

Die Ehevorbereitung

Die gute *Ehevorbereitung* beginnt nicht erst einige Monate vor der Ehe, sondern es ist notwendigerweise ein stufenweiser, stetiger Prozess, der *drei Hauptstufen* umfasst: die entferntere, die nähere und die unmittelbare Vorbereitung.[3]

- Die **entferntere Vorbereitung** beginnt im Kindesalter, mit einer liebevollen und klugen Familienerziehung. Hier werden die Grundlagen gelegt und es gibt keine bessere Vorbereitung als das persönliche Vorbild einer gut gelebten Ehe der Eltern. In der Familie formt sich zuerst der Charakter des Menschen. Er lernt sich zu beherrschen und seine Neigungen recht zu gebrauchen. Es ist auch die Familie, die zuerst den Glauben weitergibt. Die Eltern sind die ersten, die das Kreuzzeichen auf die Stirn des Kindes zeichnen. Sie sprechen zuerst mit ihm über Gott, weil das Kind von ihm irgendwann etwas wissen will. Hier lernt das Kind auch das Gebet und dass es darin Zuversicht schöpfen darf in der Beziehung zum Schöpfer. Doch was ist, wenn es keine guten Vorbilder gab, wenn es Verletzungen und schlechte Beispiele gibt? Hier ist wichtig, diese Geschehnisse zu verarbeiten und dann in anderer Weise zu lernen: im Negativbeispiel. Ebenso ist wichtig, dass man selbst nicht in ein anderes Extrem fällt. Oft ist mit diesem Schritt auch Vergebung notwendig.[4]

---

[2] Hl. Johannes Paul II., Apostolisches Schreiben *Familiaris consortio* über die Aufgaben der christlichen Familie in der Welt von heute, 22.11.1981, Nr. 65; im Folgenden: *Familiaris consortio.* Vgl. Hl. Johannes Paul II., Ansprache an die III. Vollversammlung der Bischöfe von Lateinamerika, 28.1.1979, IVa.

[3] Vgl. *Familiaris consortio,* Nr. 66.

[4] Als Hilfe, um Vergeben zu können bietet sich als praktische Hilfe an: Miguel Ángel Fuentes, *Die Kraft des Verzeihens: Eine Hilfe, um verzeihen zu können*, VIPress, Neumarkt 2020.

- Die **nähere Vorbereitung** baut auf dieser Grundlage auf. Sie betrifft die nähere Zeit vor der Ehe, die

  > vom geeigneten Alter an und mit Hilfe einer angemessenen Katechese wie in einem Katechumenat[5] eine mehr ins Einzelne gehende Vorbereitung auf die Sakramente umfasst, die gleichsam deren Neuentdeckung bedeutet. Eine solche erneute Glaubensunterweisung ist für alle, die sich auf eine christliche Ehe vorbereiten, unbedingt notwendig, damit dieses Sakrament mit der rechten moralischen und geistlichen Einstellung gefeiert und gelebt wird.[6]

  Sie beinhaltet neben der Vorbereitung auf die Sakramente auch die Vorbereitung auf ein Leben zu zweit. Die Ehe ist personale Beziehung von Mann und Frau innerhalb der Berufung, die von Gott gegeben wurde. Mit der näheren Vorbereitung kann auch der Schritt der *Verlobung* verbunden sein.
- Die **unmittelbare Vorbereitung** auf die Feier des Ehesakramentes soll in den letzten Monaten und Wochen vor der Trauung stattfinden. Es beinhaltet das vom Kirchenrecht geforderte Eheexamen (Brautprotokoll).[7] Inhalt dieser Vorbereitung muss die vertiefte Erkenntnis des Geheimnisses Christi und der Kirche wie die Bedeutung der Gnade und Verantwortung christlicher Ehe sein. Es soll zudem die Vorbereitung der eigentlichen Trauungszeremonie beinhalten.

Wie ist der Aufbau dieses Buches?

Das Ziel ist eine gute Ehevorbereitung und dafür einen Beitrag zu leisten. Dem verlobten Paar soll es die Dinge vermitteln, die es für einen würdigen und fruchtbaren *Empfang* des Sakramentes wissen muss. So geht es im ersten Teil um das Verständnis der Ehe als Sakrament. Im zweiten Teil wird das Leben in der Ehe in den Blick genommen. Es sollen vier wesentliche Mittel zum Gelingen der Ehe beschrieben werden. Es geht um das fruchtbringende Leben und

---

[5] Es handelt sich um eine Vorbereitungszeit auf die Taufe, in der der einzelne Kandidat in die Gesamtheit des katholischen Glaubens eingeführt wird.

[6] *Familiaris consortio*, Nr. 66.

[7] Ebd.

deren Grundkonstanten zum Gelingen. Dabei müssen die wichtigsten Aspekte der menschlichen Person (Berufung zum ewigen Leben, Unsterblichkeit der Seele) zum Tragen kommen, die der Ehe eine transzendente (übernatürliche) Ausrichtung geben. Es wird dabei die Kürze gewahrt bleiben müssen.

Im ersten Teil soll die Ehe als Sakrament, als Berufung und über als Liebes- und Lebensgemeinschaft erklärt werden. Da es auch Christen ansprechen soll, die keine oder geringe Glaubenspraxis haben, ist es auch notwendig, wesentliche *Begriffe* (wie Gnade, Sakrament) zu erläutern. Dann wird die Trauungsliturgie erklärt. Die Teilnahme wird fruchtbar, wenn man versteht, was geschieht.

Für eine neue Kultur der Familie

Mein tiefer und inniger Wunsch ist es, dass Brautpaare eine glückliche und gute Ehe leben und dass sie dadurch das Ziel ihres Lebens erreichen. Möge eine neue Familienkultur entstehen, die die Kraft haben wird in echter christlicher Liebe unsere Gesellschaft zu verwandeln.

Liebes Paar, die ihr in Vorbereitung dazu seid, öffnet euch mit Freude und Vertrauen dem Wirken und dem Plan Gottes für euer Leben und dem Wirken des Heiligen Geistes für das große Geschenk der Ehe als **Sakrament.** Es ist Auftrag und Berufung, auf die ihr euch vorbereitet. Habt Mut und legt die Fundamente für ein glückliches Gelingen.

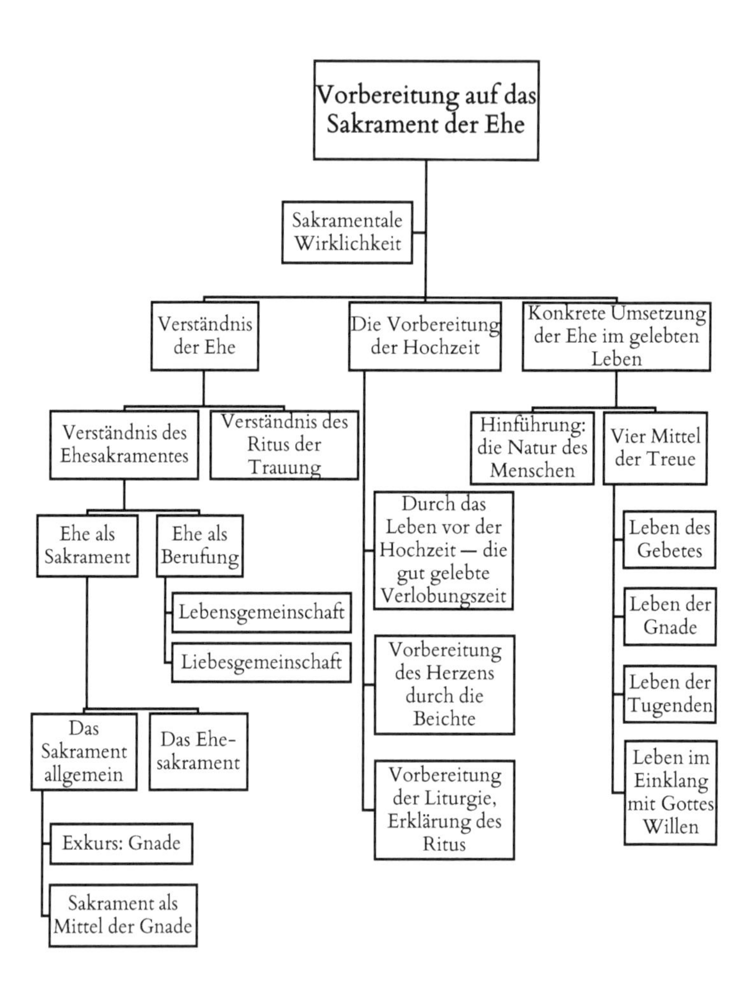

Abb. 1: Gliederung der Argumente

Teil I:
Das *Sakrament* der Ehe

Teil I:
Das Sakrament der Ehe

1. Einführung in die Ehevorbereitung

In diesen Ausführungen soll es um eine Erklärung des *Sakramentes* der Ehe gehen. Ziel ist, dieses wunderbare Sakrament verständlich zu machen. Je besser ein Ehepaar am Traualtar vorbereitet ist, desto fruchtbringender werden beide dieses Sakrament empfangen. Das werden sie zum Wachstum in der Beziehung zueinander und mit Gott nutzen können, mit positiven Konsequenzen für die ganze Familie.

Teile der Ehevorbereitung

Die nähere und unmittelbare Vorbereitung zur Ehe soll folgende Dinge beinhalten:

- **einen theoretischen Teil**: das Kennenlernen der katholischen Lehre über das *Sakrament* der Ehe;
- **einen praktischen Teil**: die Vorbereitung der *Liturgie* der Hochzeit;
- **einen spirituellen Teil**: die Vorbereitung der *Seele* und des eigenen Herzens. Dazu ist Gebet notwendig, das Gespräch mit Gott, doch auch die sakramentale Hilfe der Reinigung (Empfang des Beichtsakramentes unmittelbar vor der Ehe, einige Tage bis eine Woche vorher).

Die Verantwortung für eine gute Vorbereitung

Die Verantwortung für eine gute Vorbereitung tragen in erster Linie die einzelnen Eheleute (das Paar) selbst. Sie können sich ehrlich prüfen, wie weit sie die katholische Lehre kennen und leben und wo eventuell Nachholbedarf besteht. Zur Vorbereitung der Ehepaare ist der zuständige Pfarrer der Erstverantwortliche, ansonsten der trauende Geistliche. Sie werden sicherlich behilflich sein.

Warum ist das *katholische* Eheverständnis maßgebend?

Die Ehe ist in der katholischen Kirche eines der sieben Sakramente, die alle von Jesus Christus selbst eingesetzt worden sind. Wer in der *katholischen* Kirche heiraten möchte, soll daher mit dem katholischen Glauben vertraut sein. Es würde sonst entweder ein innerer Widerspruch entstehen, das Sakrament auf der einen Seite von Gott zu erbitten und gleichzeitig nicht daran (bzw. an ihn) zu glauben.

Eine mehr oberflächliche Sicht der Dinge würde der Größe des Geschenkes nicht entsprechen. Die Brautleute gehen vor Gott eine Verpflichtung ein – doch sie sind auch Empfangende, die von Gott beschenkt werden. Für beide Seiden bedarf es einer Unterweisung. Falls einer der Eheleute nicht katholisch ist: eine katholische Eheschließung ist möglich, wenn einer der Beiden katholisch ist. Damit es jedoch zu einer gültigen Eheschließung kommen kann, bedarf es einen eigenen Dispens. Dieser wird über den zuständigen Pfarrer erlangt (über das Brautprotokoll). Es bedarf dann auch zumindest der Offenheit gegenüber dem katholischen Partner, seinen Glauben auszuüben (einschließlich der Erziehung der Kinder).

2. Verständnis: Was ist die Ehe?

Die Ehe kann gesehen werden

- als ein **Sakrament**
- als eine **Berufung**.

Beides gehört eng zusammen. Beide Aspekte sollen nun beleuchtet werden. Es ist ein notwendiger theoretischer Teil, der mit einigen Beispielen verdeutlicht werden soll, damit es anschaulich wird. Doch es bedarf einiger wichtiger theologischer Begriffe, die geklärt werden müssen. Es mag sein, dass sich der Eine oder Andere an Begriffe wie Sakrament, Gnade, etc. gewöhnen muss. Vielleicht sind diese Themen neu. Doch das Verständnis hat praktische Auswirkungen für den Empfang, auf den sich beide vorbereiten sowie für das Leben in der Ehe.

Zusammenhang von Sakrament und Berufung

Das **Ehesakrament** hilft der würdigen und fruchtbaren *Verwirklichung* der Berufung, als Ehepaar und Familie zu leben. Die **Berufung** der Ehe begründet den Empfang des Ehesakramentes. Dabei ist dieser Ruf, der dann konkret wird, nicht der erste Ruf. Auch das muss richtig verstanden werden. Die größere *Berufung* des einzelnen Menschen ist die *Heiligkeit*, die im konkreten Zusammenleben mit dem Ehepartner und auch in den Aufgaben als Eheleute und Eltern ihre Realisierung findet.

Die folgende Grafik soll den Zusammenhang zwischen Berufung und Sakrament aufzeigen. Die Eheleute dürfen sich beider Geschenke erfreuen. Beide gehören zusammen, doch beide bedürfen eines eigenen Verständnisses, um das Gesamtbild der Ehe zu verstehen.

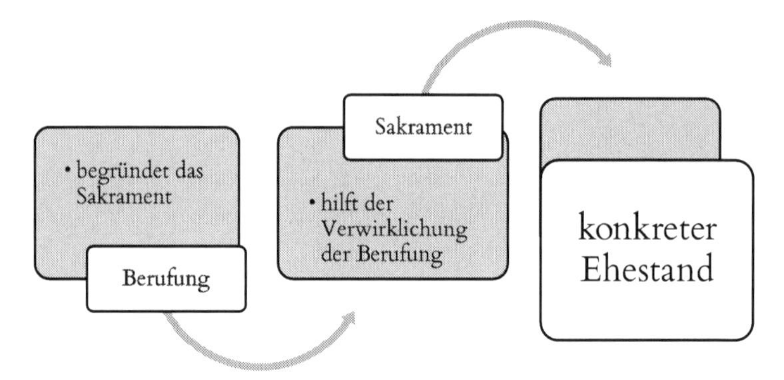

Abb. 2: Der Zusammenhang von Sakrament und Berufung

Exkurs Heiligkeit

Heilig hört sich für viele „abgehoben weit entfernt" an. Ist das wirklich was für mich? Wenn wir es mit einem anderen Wort ersetzen, wird es klarer: Es meint *Vollkommenheit*. Vollkommen (im Wortsinn) ist etwas, was sein Ziel erreicht hat, seine eigene Fülle hat und woran nichts fehlt, was ihm im Innersten zukommt. Aus christlicher Sicht hat Vollkommenheit mit Liebe zu tun. Aus göttlicher Liebe sind wir hervorgegangen und für sie sind wir bestimmt. Heiligkeit ist übersetzt: „Vollkommen in der Liebe". Das lässt uns bereits die Ehe erahnen. Doch nicht um irgendeine Liebe geht es. Heilig ist ein Mensch, der vollkommen Gott liebt und der sich daher in ihm gründet — und in Folge alle anderen Menschen liebt, denn er wird in dieser Haltung anfangen zu lieben, was Gott liebt. Das ist alles, was er geschaffen hat, besonders natürlich den eigenen Ehepartner.

Die Berufung zur Heiligkeit betrifft alle Menschen. Das biblische Zeugnis ist klar:

> Denn in ihm hat er uns erwählt vor der Erschaffung der Welt, damit wir **heilig und untadelig** leben vor Gott; er hat uns aus Liebe im Voraus dazu bestimmt, seine Söhne zu werden durch Jesus Christus und nach seinem gnädigen Willen zu ihm zu gelangen, zum Lob seiner herrlichen Gnade. (Eph 1,4–6)
>
> Ob ihr also esst oder trinkt oder etwas anderes tut: tut **alles** zur Verherrlichung Gottes! (1 Kor 10,31)

Das ist es, was Gott will: eure Heiligung. (1 Thess 4,3)
Ihr sollt also vollkommen sein, wie es auch euer himmlischer Vater ist. (Mt 5,48)

Der Auftrag wäre nicht gegeben, wenn er unmöglich wäre. Das vor Augen zu halten ist wichtig, um den konkreten Entwurf der Ehe in ein größeres Licht zu stellen.

Die *Berufung* zur Ehe und das *Sakrament* der Ehe, das derjenige empfangen soll, der dafür berufen ist, entsprechen sich beide.

Es sollen im Folgenden beide Elemente genauer erläutert werden: sowohl die Ehe als *Sakrament* als auch die Ehe als *Berufung*.

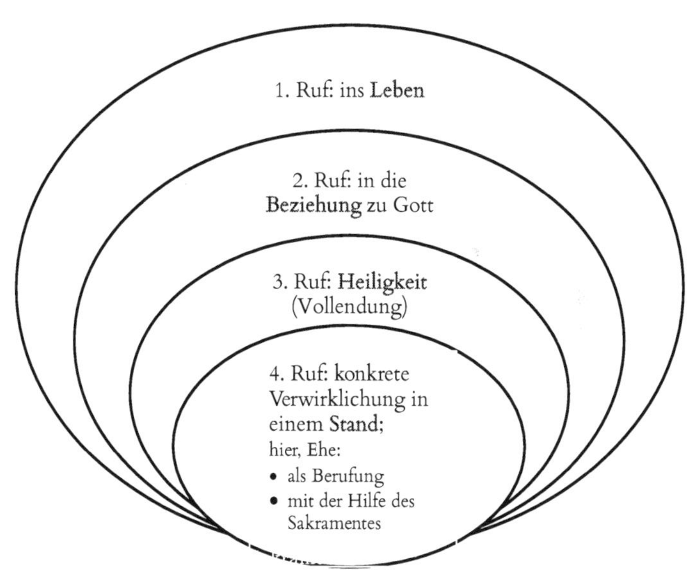

Abb. 3: Die Hierarchie der Rufe (Berufung) durch Gott

2.1. Die Ehe als Sakrament

a. Verwurzelung in der Natur

Die Gründung der Lebens- und Liebesgemeinschaft der Ehe (KKK 1603[8])

Die Ehe ist keine rein menschliche Institution. Bevor sich jemand entscheidet, zu heiraten, ist er Mann oder Frau. Sein ganzes Leben ist davon geprägt. Die Ehe gründet in der Natur des Menschen und damit in der Schöpfungsordnung. Als Mann, als Frau ging er/sie aus den Händen des Schöpfers hervor. Und beide brauchen sich, der Mann die Frau, die Frau den Mann. Selbst die Nachkommenschaft (d.h. die ganze Menschheit) ist in die Beziehung von Beiden eingebettet. Es war gut, dass der Mensch nicht selbst entscheiden konnte, welches Geschlecht er wählen sollte. Das hätte ihn nämlich überfordert. Es ist einfach eine Tatsache, mit der eigene wunderbare Fähigkeiten mit auf den Weg gegeben wurden, die damit zu einem Geschenk an den Anderen werden können, den der Schöpfer einem anvertrauen wird.

Daher hat die Institution Ehe eine hohe Würde: Gott selbst ist Urheber und Gründer. Der Mensch antwortet diesem Plan und entspricht ihm, wenn er dem Ruf zur Ehe folgt.

Der Beweis (KKK 1603)

Dass die Ehe in der Natur des Menschen begründet ist, lässt sich bestätigen

1. anhand der göttlichen Offenbarung in der hl. Schrift (Bibel). Diese beginnt mit der Erschaffung des Menschen *als Mann und Frau* nach dem Bilde Gottes (Gen 1,26–28; 2,7.21–25). Beide sind als Mensch Bild Gottes. Beide haben die gleiche Würde. Beide haben eine eigene Identität. Im Text von Genesis wird ausgeführt, dass Gott nicht wollte, dass

---

[8] Diese Angaben in Klammern geben die Quellen für die Aussagen an: KKK meint Katechismus der Katholischen Kirche, CIC meint Codex Iuris Canonici (Kirchliche Gesetzbuch). Siehe Abkürzungsverzeichnis am Ende des Buches. Die Nr. entspricht der Randnummern der besagten Werke.

der Mensch allein sei. Er wollte ihm eine Hilfe schaffen (2,18). Gott selbst verband das erste Ehepaar (Adam und Eva) und gab ihnen den Auftrag, in dem die ganze Menschheit eingefügt ist: „*seid fruchtbar und vermehret euch...*" (1,28). Interessanterweise verläuft die ganze biblische Heilsgeschichte wie innerhalb eines Rahmens. Am Ende der Heiligen Schrift erscheint die Ehe wieder in der Vision der „*Hochzeit* des Lammes" (Offb 19,9), in der es zu einem göttlichen Ereignis in der Ewigkeit kommt.

2. Sämtliche Kulturen geben Zeugnis für die Gründung in der Schöpfung, und zwar so sehr, dass das Wohl einer Gesellschaft vom Wohlergehen der Ehe- und Familiengemeinschaften abhängt. Obwohl die Würde dieser Institution nicht überall mit der gleichen Klarheit aufscheint, besteht doch in allen Kulturen ein gewisser Sinn für die Größe der ehelichen Vereinigung, denn „das Wohl der Person sowie der menschlichen und christlichen Gesellschaft ist zuinnerst mit einem Wohlergehen der Ehe- und Familiengemeinschaft verbunden" (GS 47,1).

In der Schöpfung gibt es nichts ohne Grund und Ziel. Wenn die Ehe darin gegründet ist, ergibt sich die notwendige Frage von selbst. Ist das Ziel klar, wird die Sache selbstverständlich.

Das Ziel der Ehe (KKK 1601; CIC 1055, §1)

Das Ziel des Ehebundes ergibt sich aufgrund seiner natürlichen Eigenart. Er hat eine doppelte Hinordnung:

- auf das **Wohl der Ehegatten**
- und auf die *Zeugung* und *Erziehung* von **Nachkommen**

Schematisch lässt sich das in dieser Weise darstellen:

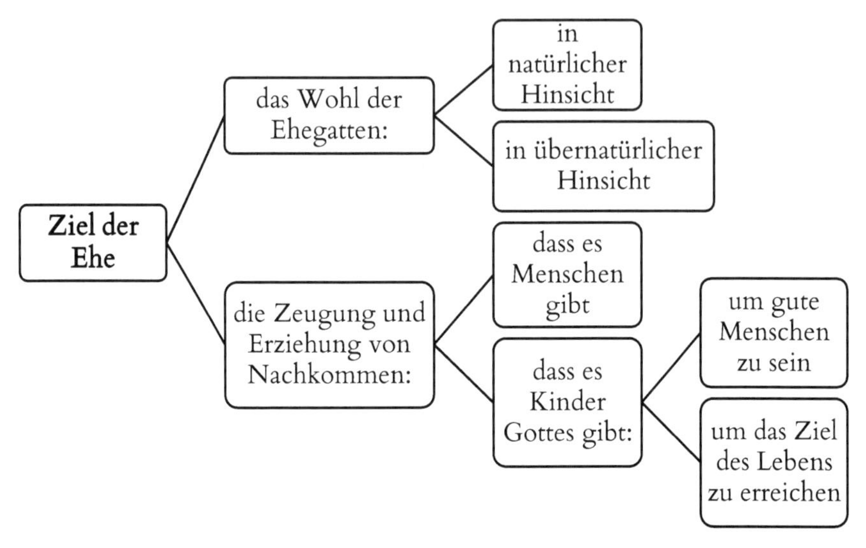

Abb. 4: Das Ziel der Ehe

Was bedeutet „Wohl der Ehegatten"?

Wohl der Ehegatten ist eine allgemeine Beschreibung dafür, dass sich Mann und Frau als Hilfe zur Seite gestellt sind. Es betrifft das physische, geistig-seelische und geistliche Wohl. Das ist einfach zu verstehen, wenn einer der beiden krank ist. Er braucht den Anderen, der für ihn sorgt, vielleicht sogar versorgt. Das Wohl ist ein allgemeiner Begriff, der Größeres umfasst.

Die Liebe will das **ganze Gut** des Anderen. Es nimmt den Geliebten / die Geliebte in den Blick mit allen Dimensionen. Er/Sie ist nicht nur Körper, sondern ist Person, mit Leib, mit Geist, mit einer Seele — mit ewigem Leben.[9] So sollen sich beide Eheleute nicht nur in *natürlicher* Hinsicht helfen, damit es dem Einzelnen gut geht (z.B. zum gegenseitigen Dienst, in Gesundheit und Krankheit, Beistand und Austausch von Gütern, durch Ermutigung, Nähe,

[9] Das soll jetzt schon angedeutet werden. Es ist ein wichtiger Punkt, der später näher ausgeführt wird. Die menschliche Seele ist unsterblich. Das führt uns zum Leben nach dem Tod — mit bemerkenswerten Konsequenzen für dieses Leben, für den Lebensentwurf — und für die angetraute Person, mit der man durchs Leben geht.

Geborgenheit, Hilfe, Arbeitsteilung, ...), sondern vor allem auch in *übernatürlicher* Hinsicht. Damit ist gemeint, dass sich beide gegenseitig helfen, das Ziel ihres Lebens zu erreichen, das über den Tod hinausgeht. Hier braucht es mehr als Geld, mehr als Intelligenz, mehr ... — eben eine Hilfe, die dem Ziel entspricht. Für diese Erfüllung brauchen sich beide in tieferer Sicht: in der Ermutigung zu einem guten Leben, indem sie sich dazu unterstützen, füreinander beten und einander Beispiel sind: „*Einer trage des anderen Last; so werdet ihr das Gesetz Christi erfüllen.*" (Gal 6,2)

Das Wohl der Familie

In einem Brief an die Familien erwähnt Papst Johannes Paul II., dass das Wohl der Familie im Wohl des Ehepaares gründet und mit ihr verbunden ist. Das ist offensichtlich. Die Kinder erhalten durch die Eltern den ersten Zugang zum Leben und davon hängt viel ab. Die eheliche Liebe und Treue bekommen hier eine unendlich tiefe Dimension, die man sich nicht vorstellen kann, weil sie das Leben der Kleinsten betrifft, die davon abhängig sind:

> Die Worte des Ehekonsenses legen fest, worin das gemeinsame Wohl des Ehepaares und der Familie besteht. Zunächst das gemeinsame Wohl der Ehegatten: die Liebe, die Treue, die Ehrerbietung, die Dauerhaftigkeit ihrer Verbindung bis zum Tod: „alle Tage des Lebens." Das Wohl der beiden, das zugleich das Wohl eines jeden von ihnen ist, muss dann zum Wohl der Kinder werden. Während das gemeinsame Wohl seiner Natur nach die einzelnen Personen verbindet, gewährleistet es das wahre Wohl einer jeden von ihnen. [...] Die Worte des Konsenses drücken also aus, was das gemeinsame Wohl der Ehegatten darstellt, und weisen auf das hin, was das gemeinsame Wohl der künftigen Familie sein muss. Um das hervorzuheben, richtet die Kirche an sie die Frage, ob sie bereit seien, die Kinder, die Gott ihnen schenken wird, anzunehmen und christlich zu erziehen. Die Frage bezieht sich auf das gemeinsame Wohl des künftigen Kerns der Familie, während sie die in die Gründung der Ehe und Familie eingeschriebene Genealogie der Personen gegenwärtig hält. Die Frage der Kinder und ihrer Erziehung steht in engem Zusammenhang mit dem Ehekonsens, mit dem Schwur von Liebe, ehelicher Achtung und Treue bis zum Tod. Die Annahme und Erziehung der Kinder — zwei der wichtigsten Zwecke — sind von der Erfüllung dieser

Verpflichtung abhängig. Die Elternschaft stellt eine Aufgabe nicht nur physischer, sondern geistlicher Natur dar; denn über sie verläuft die Genealogie der Person, die ihren ewigen Anfang in Gott hat und zu Ihm hinführen soll. [...] Im Neugeborenen verwirklicht sich das gemeinsame Wohl der Familie. Wie das gemeinsame Wohl der Ehegatten Erfüllung in der ehelichen Liebe findet, bereit, zu geben und das neue Leben zu empfangen, so verwirklicht sich das gemeinsame Wohl der Familie durch dieselbe eheliche Liebe, die im Neugeborenen Gestalt angenommen hat.[10]

Die Zeugung und Erziehung von Nachkommenschaft (Pius XI., Enzyklika *Casti connubii*, Nr. 11)

Kinder sind das erste Gut der Ehe. Beide, Mann und Frau, bringen in ihre Gemeinschaft auch die Fähigkeit der Zeugung mit. In liebender Gemeinschaft bringen beide diese Eigenschaft zusammen. Sie üben sie gemeinsam aus, in tiefer Annahme, in tiefer Hingabe, im vollständig Erfüllen des am Traualtar Versprochenen. Und sie werden zu **Mitarbeitern Gottes**. Indem sie die natürlichen Eltern sein werden, erhalten sie damit auch die ureigenste *Aufgabe*, ihre Kinder zu erziehen. Das ist ein Naturrecht und eine Naturpflicht. Die Erziehung ist eine schwierige Aufgabe, doch möglich für den, der den Sinn des Lebens im Blick hat. Dieser Sinn wird uns noch häufiger begegnen. Er ergibt sich daraus, dass mit der *Weitergabe des Lebens* auch die *Weitergabe des Glaubens* verbunden ist. Das Erste führt zu Kindern, das Zweite zu Kindern Gottes.

Warum ist die Ehe in der Natur begründet – oder: Was ist die natürliche Berufung des Menschen? (KKK 1604; Kompendium des KKK 337)

Gott hat den Menschen aus Liebe *erschaffen* und er hat ihn auch zu einer innigen Gemeinschaft des Lebens und der Liebe *berufen*. Die Liebe ist die angeborene, grundlegende Berufung jedes Menschen. Denn der Mensch ist nach dem Bild Gottes erschaffen (Gen 1,27), der selbst Liebe ist (1 Joh 4,8.16). Wir wissen dieses Geheimnis nur, weil es Gott selbst geoffenbart hat in der Heiligen Schrift. Da Gott seine Geschöpfe als Mann und Frau ins Leben gerufen hat,

[10] Hl. Johannes Paul II., Brief an die Familien, 2.2.1994, Nr. 10–11.

wird ihre *gegenseitige Liebe* ein Bild der treuen, absoluten Liebe, mit der Gott den Menschen liebt. Das ist in den Augen des Schöpfers gut, ja sehr gut (Gen 1,31). Die Ehe hat hier Tiefendimension, da sie eine göttliche Ordnung (Beziehung Gott–Mensch in Liebe) widerspiegelt.

Die Offenbarung der Heiligen Schrift über Mann und Frau in Hinblick auf die Ehe (KKK 1605)

Die Heilige Schrift sagt, dass Mann und Frau füreinander geschaffen sind: „*Es ist nicht gut, dass der Mensch allein bleibt*" (Gen 2,18). Beide haben die gleiche Würde vor Gott. Ihre eheliche Liebe wird von Gott gesegnet und sie bekommen vom Schöpfer einen tiefgründigen Auftrag:

- *Seid fruchtbar, und vermehrt euch,*
- *bevölkert die Erde, unterwerft sie euch, und herrscht über die Fische des Meeres, über die Vögel des Himmels und über alle Tiere, die sich auf dem Land regen.* (Gen 1,28)

Die Ausübung der **Fruchtbarkeit** ist eine Teilnahme am Schöpfungswirken Gottes. Der Mensch hat mit ihr die Möglichkeit erhalten, an der Würde des „Ursächlich-Seins" teilzunehmen, das im Ganzen Gott zukommt. Ihm wird zudem von Gott die Schöpfung anvertraut. Er soll in ihr die Spuren Gottes erkennen und sich selbst in größerem Licht verstehen lernen.

Die Erschaffung als Mann und Frau (KKK 1605)

Die Liebe zwischen Mann und Frau ist gottgewollt und daher ist ihre Anziehung natürlich. Beide sind sich zur gegenseitigen Ergänzung und Hilfe gegeben worden. Jeder hat in seiner Eigenart ein Eigengut (Proprium), dass sie sich gegenseitig in Liebe schenken können. Ihre Liebe ist auf eine unauflösliche Lebenseinheit hin geordnet und darin werden ihnen Nachkommen anvertraut. Durch die gegenseitige, andauernde Hingabe ihres Lebens vollenden sich beide in Hinblick auf das persönliche Ziel des Menschen, nämlich die vollkommene Liebe zu verwirklichen. Zudem bilden sie ein Zeugnis für die Liebe Gottes zum Menschen.

Erschaffung von Mann und Frau

- zur gegenseitigen Ergänzung
- zur gegenseitigen Hilfe
- für eine unauflösliche Lebenseinheit
- für Nachkommenschaft
- für dauernde gegenseitige Hingabe ihres Lebens
- zur Erreichung des ewigen Zieles
- als Zeugnis für die Liebe Gottes

Abb. 5: Die Erschaffung von Mann und Frau (Gründe, Ziele)

Die Einheit des Lebens: auflösbar?

Mann und Frau werden ein Fleisch: „*Darum verlässt der Mann Vater und Mutter und bindet sich an seine Frau, und sie werden ein Fleisch*“ (Gen 2,24). Dass ist mehr als ein Moment. Dass dies eine unauflösliche Lebenseinheit beider bedeutet, zeigt Jesus selbst. Er erinnert, was „am Anfang“ der Plan Gottes war: „*Sie sind also nicht mehr zwei, sondern eins*“ (Mt 19,6). Falls es in diesem Einssein zu einer Weitergabe des Lebens kommt, haben die Nachkommen ein natürliches Recht auf Vater und Mutter, denen die Kinder anvertraut wurden. Diese setzen eine dauernde und bleibende Beziehung von Mann und Frau voraus, wie ihre Hilfsbedürftigkeit am Anfang des Lebens zeigt. Es handelt sich um eine Lebenseinheit bis zum Tod, die untrennbar ist, weil es Gott war, der beide verbunden hat: *Was aber Gott verbunden hat, das darf der Mensch nicht trennen.* (Mt 19,6)

Die Ehe als Institution (*Familiaris consortio*, Nr. 11)

Die Ehe ist nicht allein eine persönliche *Entscheidung*. Sie ist eine *Institution* geworden, die dem ehelichen Liebesbund selbst innewohnt. Auch äußerlich findet das seinen Ausdruck durch die Familie.

> „Die Ehe als Institution ist weder ein ungebührliches Eingreifen der Gesellschaft oder der Autorität noch ein von außen kommendes Auferlegen einer Form, sondern eine dem ehelichen Liebesbund innewohnende

Notwendigkeit, der sich dadurch der Öffentlichkeit als etwas Einmaliges und Ausschließliches kundtut, damit so die Treue zum Plan des Schöpfergottes voll verwirklicht wird."

b. Erhöhung durch Christus zum Rang des Sakramentes

Die erste wichtige Wahrheit ist, dass die Ehe in der Natur verankert ist. Die andere ist, dass Jesus, der menschgewordene Sohn Gottes, mit ihr etwas Großes gemacht hat. Er hat die Ehe auf die Höhe und den Rang eines Sakramentes erhoben und sie zu einer göttlichen Institution, zu einer übernatürlichen Wirklichkeit erhoben. Um diesen Punkt verstehen zu können, muss man den Begriff „Sakrament" erklären. Ebenso ist es wichtig, zu verstehen, was „Gnade" ist. Es geht um einen Aufstiegsweg, den das Sakrament mit der Naturehe gemacht hat und die damit auf weiteres Wachstum angelegt ist.

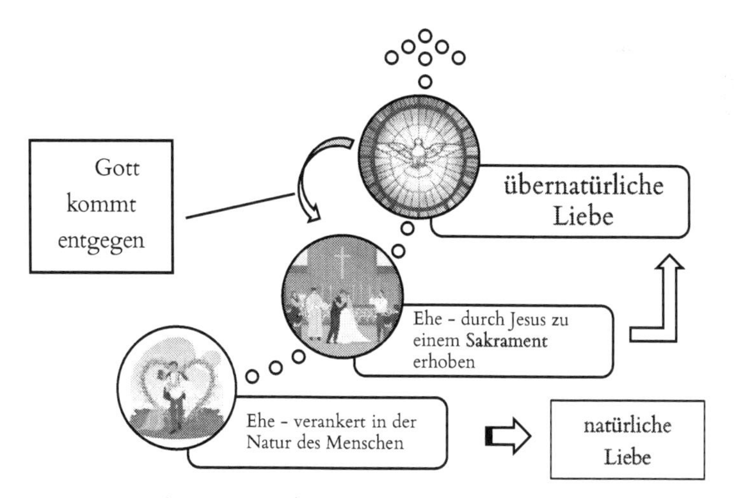

Abb. 6: Der Aufstiegsweg durch das Sakrament der Ehe

Erklärung der Abbildung: Bei der Naturehe bleibt es im Bereich natürlicher Liebe. So eine Bindung kann jeder eingehen. Die natürliche Sympathie und Anziehungskraft helfen dazu. Doch durch das Sakrament wird die Beziehung mit einer übernatürlichen Wirklichkeit verbunden. Auch die Entscheidung zur Liebe wird dauerhaft verankert. Gott, der Liebe ist, gibt dazu ein bleibendes Geschenk, das von nun an die Eheleute begleiten wird. Das ist wichtig, weil die eheliche Liebe und Treue zu einer *Vollkommenheit* reifen können, zu der sie angelegt sind. Dies führt uns aus dieser Welt hinaus. Das Ziel ist größerer Art. Es betrifft die Verwirklichung der Berufung, heilig zu werden. Hier geht es um Gott, der Heilig ist. Hier geht es um eine Gemeinschaft und innere Verbundenheit mit ihm, der ewig ist und das betrifft so besonders die Welt nach dem Tod. Doch hier gelangt das Leben auch zu einem Sinn, der umfassend wird und auf die Umgebung ausstrahlen wird, wie wir noch sehen werden.

Sakrament und Gnade

Das Sakrament hat mit einer anderen wichtigen Wirklichkeit zu tun: der Gnade. Um sie geht es eigentlich. Das Sakrament verursacht sie im Menschen.

Die Gnade wird von Gott geschenkt. Daher wirkt er in jedem Sakrament. Es ist damit das Mittel, welches die Gnade schenkt, spendet, ja verursacht. Das Sakrament gibt uns mit seiner Zeichenwirkung einen sichtbaren Zugang, damit wir erkennen können, dass die Gnade gespendet wurde. Die Gnade selbst ist geistig und unsichtbar, sie ist göttlich. Die Gnade, wie wir noch genauer sehen werden, lässt uns an Gott teilnehmen (an seiner Natur, an seinen „Eigenschaften"). Doch zunächst zum „Sakrament", erst **allgemein** erklärt, dann soll es besonders um das Sakrament der Ehe gehen.

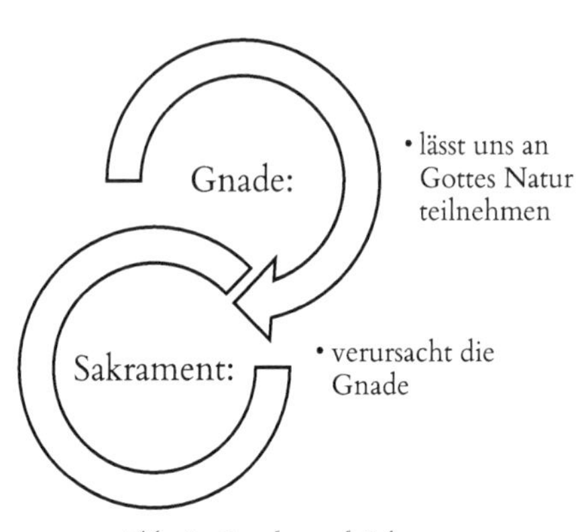

Abb. 7: Gnade und Sakrament

b.1. Allgemeiner Begriff des Sakramentes

Ein Sakrament ist ein **äußeres Zeichen**, das **Jesus eingesetzt** hat, um uns **Gnade** zu schenken.

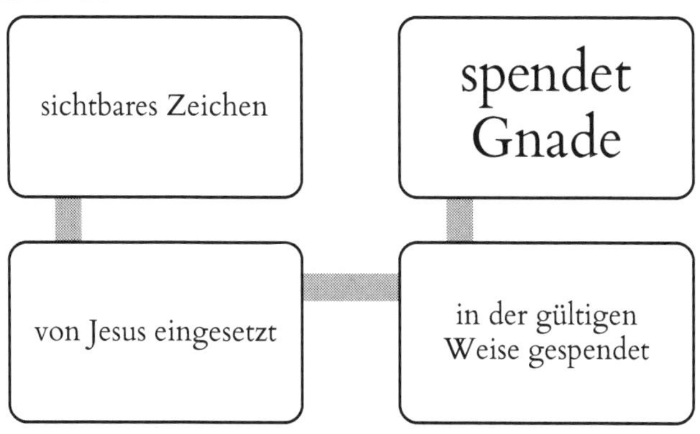

Abb. 8: Begriff des Sakramentes

Man spricht von *Einsetzung* als den Moment, wo der Gottmensch diese Wirklichkeit bestimmt und eingeführt hat.

Man spricht von *Spendung*, wenn das Sakrament empfangen wird.

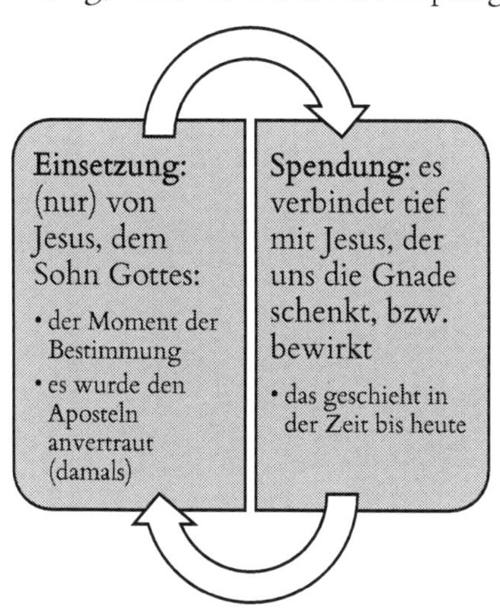

Abb. 9: Das Sakrament: Einsetzung und Spendung

Das Sakrament, indem es gespendet und würdig empfangen wird, verursacht die Gnade im Empfänger. Da die Gnade geistig und damit unsichtbar ist, braucht es ein *sichtbares* Zeichen für uns, dass wir sicher erkennen können, dass die Gnade geschenkt wurde: Das macht das *äußere Zeichen*. Es deutet auf die unsichtbare Wirklichkeit hin. Doch es ist nicht einfach ein Verweis, auf den unsichtbaren Teil des Sakramentes (der Gnade), sondern dieses Zeichen *bewirkt* im Moment, wo es realisiert wird, die Gnade. Indem das Zeichen entsteht (gespendet wird), wird die Gnade in der Seele des Menschen verursacht: Jesus (der menschgewordene Gott) wirkt in diesem Moment und teilt seine eigene Gnade aus. Gott hat sich dadurch — für uns — an das Sakrament gebunden, was für uns über das sichtbare Zeichen zugänglich wird. Daher ist beim Sakrament immer Gott am Werk als Hauptakteur. Der Mensch (Spender und Empfänger) ist Werkzeug, der mit Gott zusammenwirkt und die Bedingungen setzt, damit das Sakrament zustande kommt.

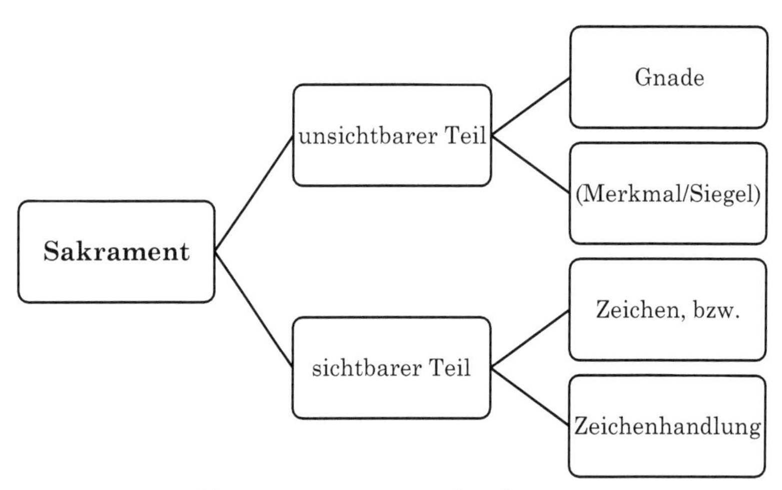

Abb. 10: Zusammensetzung des Sakramentes

Die Heiligkeit des Sakramentes

Das Sakrament ist etwas Heiliges. Und trotzdem können wir menschlich einen Zugang finden, denn das Zeichen ist in einer für uns fassbaren Weise angelegt, das der Wirklichkeit, die es bezeichnet, irgendwie entspricht.

Daher gehören vier Dinge zu einem Sakrament:

- die **Einsetzung durch Jesus**
- die **Spendung** durch einen bestimmen Spender.
- der **unsichtbare Teil**: die Gnade[11], die jeweils durch das Sakrament gespendet wird
- der **sichtbare Teil**: das Zeichen. z.B. bei der Beichte die „Worte der Lossprechung"; bei der Taufe die Abwaschung mit Wasser; bei der Ehe der gegenseitig ausgesprochene Konsens.

Es gibt in der katholischen Kirche sieben Sakramente: *Taufe, Firmung, Eucharistie, Bußsakrament, Priesterweihe, Ehe, Krankensalbung.*

Die Wirkung der Sakramente (allgemein)

1. Die Sakramente geben oder vermehren die **heiligmachende Gnade**.[12]
2. Jedes Sakrament **gibt eigene, besondere (sog. „sakramentale"[13]) Gnaden.**

Sie vereinen uns tiefer mit Gott, lassen das göttliche Leben in der Seele wachsen, stärken, heilen und helfen auf dem Weg und heiligen den Menschen.

Exkurs Gnade

Was ist die Gnade?

Die Gnade ist die Teilnahme an der Natur Gottes, an der ***Ähnlichkeit seiner göttlichen Natur*** (am göttlichen Erkennen, Lieben, an der göttlichen Güte, Barmherzigkeit, Gerechtigkeit, Liebe Gottes, etc.). Die Gnade ist damit eine

---

[11] Zusätzlich spenden drei Sakramente neben der Gnade **noch etwas** hinzu: das sogenannte **Merkmal** oder **Siegel**. Es handelt sich um eine Einprägung, das für immer in der Seele bleibt und eine eigene Wirksamkeit hat. Diese drei Sakramente sind: *Taufe, Firmung, Priesterweihe.* Man kann diese Sakramente deshalb nur einmal empfangen.

[12] Die heiligmachende (vergöttlichende) Gnade erhalten wir in der Taufe. „Die Gnade Christi besteht darin, dass uns Gott ungeschuldet sein Leben schenkt. Er gießt es durch den Heiligen Geist in unsere Seele ein, um sie von der Sünde zu heilen und sie zu heiligen." (KKK 1999)

[13] Die sakramentalen Gnaden sind besondere Gnaden, die den jeweiligen Sakramenten eigen ist: zum Beginn des Lebens Gottes in der Seele, zur Reinigung, Heilung, Stärkung. Bei der Ehe sind es besondere Ehegnaden, die später noch erklärt werden.

innere, übernatürliche Gabe, die uns Gott zu unserem ewigen Heil gibt. Mit der Gnade wird dem Menschen das übernatürliche Leben von Gott geschenkt, so dass Gott im Menschen *Wohnung* nimmt. Daher sagt man auch *Einwohnung* Gottes. Es handelt sich um etwas, das die menschliche Natur übersteigt, aber durch Gott eine wunderbare Wirklichkeit ist.

Bei der Gnade unterscheidet man im Wesentlichen zwischen der heiligmachenden Gnade und der helfenden Gnade:[14]

- Die **heiligmachende** Gnade macht uns zu Kindern Gottes (wie die Kinder an der elterlichen Natur teilnehmen, verbindet sie uns analog mit der Natur Gottes, dem Heiligen).
- **Andere Arten von Gnaden:**
  - Die **helfende** Gnade hilft uns, als Kinder Gottes zu leben.
  - Die **Sakramentale Gnade** stammt aus den Sakramenten, sie ist die jedem Sakrament eigenen Gabe.
  - Die **besonderen Gnaden** oder **Charismen** haben das Gemeinwohl der Kirche zum Ziel.
  - Die **Standesgnaden** begleiten die Ausübung der kirchlichen Dienste und der Pflichten des Lebens (z.B. die Gnaden aus dem Ehesakrament).

Die heiligmachende Gnade und ihre Wirkung

Die heiligmachende Gnade ist das übernatürliche Leben der Seele. Durch sie sind wir Kinder Gottes geworden und Erben des Himmels. Wir empfangen die heiligmachende Gnade zuerst in der Taufe, die damit das göttliche Leben im Menschen beginnen lässt: „*Seht, welch große Liebe uns der Vater geschenkt hat: Kinder Gottes heißen wir und sind es.*" (1 Joh 3,1)

„*Sind wir aber Kinder, dann auch Erben, Erben Gottes und Miterben Christi.*" (Röm 8,17)

Die helfende Gnade und ihre Wirkung

Die helfende Gnade ist ganz zu unserer *Hilfe* bestimmt. Sie erleuchtet den Verstand (so dass wir übernatürlich „sehen" können) und bewegt den Willen

[14] Vgl. Kompendium des KKK, 424.

(dass wir das eigentliche Gut anstreben). Mit der Gnade können wir das Böse meiden und das Gute tun. Sie hilft uns, auf dem guten Weg zu bleiben und voranzuschreiten und schenkt, gleichsam von innen heraus, einen Impuls, der uns treibt und stärkt.

Die Mittel für die Gnade (Gnadenmittel)

Es lassen sich mehrere Quellen für die Gnade angeben. Die Sakramente sind die wichtigsten. Sie wirken mit ihrer eigenen Kraft (sakramentale Kraft), die unabhängig vom Spender ist, während die anderen Quellen davon abhängig sind, wie sie verrichtet werden, d.h. mit welchem Glauben und Liebe man betet, etc.

Die Gnadenmittel:

- 1) die Sakramente,
- 2) die Sakramentalien,
- 3) das Gebet.
- 4) die Übung von Tugenden, die übernatürlich verdienstvoll sind, d.h. die ich aus Liebe zu Gott verrichte.

Abb. 11: Die Mittel, durch wir Gnade empfangen können

Der Empfänger

Damit die Gnade ankommt braucht es den Empfänger. Ähnlich wie das Sonnenlicht nur in den Raum strömt, wenn die Fenster durchlässig sind, geht es hier um die *Empfänglichkeit.* Es braucht die „Aufnahmefähigkeit“, sonst nützt die strahlendste Sonne nichts, wenn ihr der Zugang verwehrt wird. Bei den Sakramenten spricht man vom würdigen Empfang. Er ist notwendig, damit die Gnade fließt.

Der würdige Empfang der Sakramente

Würdig heißt: mit rechter Vorbereitung, mit rechter Gesinnung und unter Einhaltung anderer Bedingungen, je nach Sakrament. Unwürdig wäre eine

Haltung, die dem Geschenk nicht angemessen ist. Hier geht es um eine große Liebe, mit der Gott uns beschenkt.[15] Ähnlich wie wenn man den Geber eines Geschenkes vor den Kopf stoßen kann, kann man das auch mit Gott tun: z.B. aus Gleichgültigkeit, aus verschuldeter Ignoranz („man macht es halt so, ohne dass es mich weiter interessiert"), ohne Glaube, ohne auf die eigenen Bedingungen jedes Sakramentes zu achten, mit einer bewussten schweren Sünde (= Todsünde).[16] Die Vorbereitung hat deshalb damit zu tun, auch die notwendigen Voraussetzungen zu schaffen, so dass — um im Bild zu bleiben — Gott nicht vor den Kopf gestoßen wird.

Mit dieser allgemeinen „Zusammenfassung" soll nun das das besondere Sakrament in Augenschein genommen wurden, um das es geht: die **Ehe**.

b.2. Das Ehesakrament im Besonderen

Ursprung der Ehe als Sakrament (KKK 1601)

Im tiefen Eheglück kann man glauben, dass die Ehe vom Himmel gekommen ist. Und es ist auch so. Der Ehebund, durch den Mann und Frau unter sich die Gemeinschaft des ganzen Lebens begründen, wurde durch Jesus, dem Herrn, zur Würde eines Sakramentes erhoben (CIC 1055, §1). Der Sohn Gottes sprach es deutlich aus: „*Sie sind also nicht mehr zwei, sondern eins. Was aber Gott verbunden hat, das darf der Mensch nicht trennen.*" (Mt 19,6) Verschiedene Kirchenlehrer erblicken in der Teilnahme Jesu an der Hochzeit zu Kana eine Heiligung der Ehe überhaupt, ähnlich der Taufe Jesu für das Taufwasser.[17] Die Worte Jesu ehrten die Ehe (vgl. Mt 5,27 f.). Er stellte ihre Unauflöslichkeit heraus (Mt 19,3 ff.; Mk 10,11 ff.), er segnete die Kinder (Mt 13,13 ff.) und wollte selbst als Spross einer Ehe gelten. Indem er die Ehe zur ursprünglichen, reinen

---

[15] Ein unwürdiger Empfang heißt Sakrileg.

[16] Davon ausgenommen ist die Taufe und die Beichte. Sie empfängt man ja gerade deshalb, um von der Sünde frei und gereinigt zu werden.

[17] So Epiphanius (*Haer.* 51, 30; 67,6), Augustinus (*In Joh tr.* 9,2), Cyrill von Alexandrien (*In Joh.* II, 1 zu Joh 2,1.11; V,1 zu Joh 7,30), Maximus von Turin (*Hom.* 17 und 23), Johannes von Damaskus (*De fide orth.* IV, 24).

Idee des Schöpfers zurückgeführt hat, umkleidete er sie mit einer im Vergleich zum Alten Bund höheren Würde und Heiligkeit (vgl. Mt 19,3 ff.).[18]

Grund der Ehestiftung durch Christus

Es ist leider nicht alles Heil in dieser Welt. Der Realismus lehrt uns, dass es auch Übel gibt:

> Jeder Mensch erfährt in seiner Umgebung und in sich selbst das Böse. Diese Erfahrung zeigt sich auch in den Beziehungen zwischen Mann und Frau. Ihre Vereinigung war zu allen Zeiten durch Zwietracht, Herrschsucht, Untreue, Eifersucht und durch Konflikte bedroht, die bis zum Hass und zum Bruch gehen können. [...] Wie der Glaube uns sagt, stammt diese Unordnung, die wir mit Schmerzen wahrnehmen, nicht aus der Natur des Mannes und der Frau und auch nicht aus der Natur ihrer Beziehungen, sondern aus der Sünde. (KKK 1606–1607)

Ist damit alles zerstört? Nein, es gibt eine Verwundung, doch Gott wollte eben dem Menschen helfen. Das Ehesakrament ist ein gigantisches Paket und Gottes Antwort. Es enthält viele Hilfen, um der Beziehung von Mann und Frau eine harmonisierende Kraft zu geben. Das ist deshalb so, weil Gott selbst ins Spiel kommt, in die Beziehung hineinkommt: Er verändert die Koordinaten und fügt eine übernatürliche Dimension hinzu und macht sie dadurch noch besser, als wie es am Anfang war. Das *Geheimnis* Gottes und seine wunderbare Gegenwart ist hier Trumpf.

Die heilende Wirkung der Ehe

Wenn das Zimmer ungeordnet ist, heißt das nicht, dass man es nicht aufräumen kann. Ebenso beim Menschen: wenn der Blick des Mannes von einer Frau

---

[18] Es gibt zahlreiche kirchlichen Stellungnahmen über die Sakramentalität der Ehe, so z.B.: II. Laterankonzil 1139 (DH 718), im Dekret über die Armenier (DH 1327); in mehreren päpstlichen Konstitutionen und Breven (DH 761; 769; 860); besonders zum Konzil von Trient (DH 1801). In neuerer Zeit durch Papst Pius IX 1864 im *Syllabus* (DH 2965 ff.), Leo XIII 1880 in der Enzyklika *Arcanum* (DH 3142 f.), Pius X. 1907 (DH 3451), Pius XI. 1930 in der Enzyklika *Casti connubii*, Johannes Paul II. im Apostolischen Schreiben *Familiaris consortio*.

angezogen wird, die ihm nicht „gehört", hat das seinen Grund darin, dass es diesen „unaufgeräumten" Punkt im Menschen gibt. Der Ursprung von ihm liegt in dem, was man Erbsünde nennt, erblich, weil ein gewisser *unheiler Zustand* an die nachfolgende Generation weitervererbt wird. Schon Paulus musste zugeben: *„Ich sehe aber ein anderes Gesetz in meinen Gliedern, das mit dem Gesetz meiner Vernunft im Streit liegt und mich gefangen hält im Gesetz der Sünde, von dem meine Glieder beherrscht werden."* (Röm 7,23) Hier ist es die Ehe, die auf der Bühne erscheint. Da dieses Sakrament Gnade mit sich bringt, setzt diese dort gerade an, wo die Unordnung zu einer Gefahr für die Beziehung werden kann. Das ist im wahrsten Sinne heilend und eine Erfahrung, die erlebbar ist. Sicherlich liegt hier der Lösungsschlüssel für viele Schwierigkeiten oder Gefahren, die manchmal eine Ehe tief in eine Krise bringen können.[19] Die Lösung ist eigentlich einfach: sich gut um die Gnade kümmern, dann kümmert sich die Gnade um das Problem. Sie hilft, die notwendigen Widerstandskräfte und Tugenden zu schaffen, die die Schwierigkeit aus dem Weg räumen werden.

Die Hilfe aus dem Ehesakrament

Die sakramentale Wirklichkeit der Ehe ist nicht ein punktuelles, einmaliges Ereignis. Daher wird die Hilfe so sein, dass sie sich im ganzen Leben entfalten wird. Sie ist mehr einem lebendigen Brunnen gleich, der in den Weg der Beiden „eingepflanzt" wird und ihre Beziehung in der Tiefe gründen lässt. Damit wird er zu einer Quelle, aus der getrunken werden soll und die das Paar von nun an begleiten wird — und sie dürfen *Gott, Göttliches* daraus trinken.

Wie zeigt sich das? Es lassen sich verschiedene Punkte finden, wo die Kraft und Hilfe spürbar wird:

- in ihrer gegenseitigen Liebe zueinander, sowohl für das Wachstum als auch für die Ausdauer darin,
- im gegenseitigen Verzeihen zueinander,
- in der Erziehung der Kinder,
- in ihrer Berufung als Eheleute in der Kirche und der Welt.

---

[19] Das können einfachere Probleme sein (momentane persönliche Schwierigkeiten) oder auch schwerere moralische betreffen wie die Versuchung Fremdzugehen, Pornographie, Masturbation.

Machen wir es konkret, am Beispiel folgender Ehepaare. Es wird versucht, die verschiedenen Mittel der Gnade, die wir oben gesehen haben, einzubauen, um sie zu veranschaulichen:

Beispiel 1: Max hat seine Frau Monika verbal verletzt. Es kam zu einem heftigen Streit. Die Kraft zur Vergebung erhält Monika (und Max, der sich beruhigen muss) aus der Gnade. In der Gnade kommt es zu einer Teilnahme am göttlichen Erbarmen, an der Barmherzigkeit. Damit wird sie fähig, zu verzeihen. Indem er (und/oder sie) erneut die Vergebung sucht (vielleicht durch die Hilfe der Beichte) und indem er den Vorsatz erneuert, was er „vor Gottes Angesicht" seiner Frau gesagt hat, weiß er, dass Gott ihm helfen wird. Und schon schöpft Max aus dem Ehesakrament.

Beispiel 2: Ludger ist ganz von seiner Arbeit vereinnahmt. Er findet kaum noch Zeit für seine Frau. Die fehlende gemeinsame Zeit und die Abwesenheit bringen ihn schließlich in eine ernste Gefahr, auf einer Geschäftsreise einen „Seitensprung" zu machen, seine nette Kollegin, die ihn stets begleitet, ist einfach anziehend. Hier braucht er Gnade, um der Beziehung zu seiner Frau und seiner Familie treu zu sein. Er erhält sie z.B., indem er konkrete Gebetszeiten nimmt, damit Gott ihn stärkt.

Beispiel 3: Annemarie ist durch die Kinder so erschöpft, dass ihr die Geduld ausgeht. Wie soll sie alles nur schaffen? Sie erinnert sich daran, dass sie vor „Gottes Angesicht" einen Bund mit dem geschlossen hat, der sie nicht nur mit ihrem Ehemann verbunden hat, sondern der sich auch zum Dritten im Bunde gemacht hat. Die Gnade und wenn sie die Mittel (der Gnade) nützt, können ihr helfen, dass sie an der *Geduld Gottes* teilnehmen darf und gestärkt ihre Aufgabe erfüllen kann. Es ist eben eine Gnade, die ihr aus dem Ehesakrament zuströmen kann, wenn sie sich in diesem Moment dessen besonders bewusst wird und die Kraft daraus von Gott erbittet.

Beispiel 4: Ernst möchte es eigentlich verheimlichen. Seine Augen werden stets von Dingen angezogen, denen er besser nicht nachgehen sollte. Er meint, es nicht zu schaffen, wenn er das Pornovideo nicht sehen kann. Hier hat sich etwas selbstständig gemacht, was besser seine Frau nicht weiß, da es die Ehe kaputt machen kann. Er darf hier nicht allein mit seiner natürlichen Kraft kämpfen, sondern er braucht die Verbindung nach „oben". Die Gnade schenkt eine göttliche Kraft, die ihm zu Hilfe kommen wird. Die Teilnahme an der *Stärke und Treue Gottes* wird ihm helfen, auf der Siegerseite zu stehen. Die Gnade aus dem Ehesakrament wird belebt, wenn er sich zur Treue entschließt und mit noch anderen Gnadenmitteln verstärkt. Zudem wäre hier wichtig, eine geistliche Begleitung aufzusuchen, um mit dem Problem nicht alleine zu bleiben.

Sicherlich ist die Gnade die entscheidende Hilfe. Doch es bleibt auch zu betonten, dass die Eheleute die Besserung der jeweiligen Situation auch wirklich wollen, dass sie erneut ihr „Ja" geben und so offen sind, die Gnade zu empfangen. Die Erinnerung an das Eheversprechen hilft, eine Gleichgültigkeit zu überwinden, die sich einstellen kann. Die sakramentale Beichte wird hier helfen, einen guten Neuanfang zu machen.

Beschreibung des Ehesakramentes (vgl. KKK 1624) und die Hilfe des Heiligen Geistes

Die Ehe ist das Sakrament, das Jesus Christus als Quelle von Gnade für die Lebens- und Liebesgemeinschaft von Mann und Frau eingesetzt hat. Durch das Ehesakrament werden Mann und Frau unlösbar miteinander verbunden und ihre Liebe wird gestärkt und tiefer eingebettet in die göttliche Liebe. In der Zeremonie der Hochzeit wird der Heilige Geist angerufen. Die Eheleute empfangen den Heiligen Geist (die Göttliche Liebe), der ihnen helfen wird. Der Hl. Geist ist das Siegel ihres Bundes, der stets strömende Quell ihrer Liebe, die Kraft, in der sich ihre Treue erneuert.

Die Wirkungen des Ehesakramentes (*Familiaris consortio*, Nr. 13)

1. Die „erste und unmittelbare Wirkung der Ehe (*res et sacramentum*) [ist] nicht die übernatürliche Gnade selbst [...], sondern **das christliche Eheband**, eine Gemeinschaft zu zweit, die als Darstellung des Geheimnisses der Menschwerdung Christi und seines Bundesgeheimnisses spezifisch christlich ist."
2. Die zweite Wirkung des Ehesakramentes ist die **Gnade** aus dem Ehesakrament für die Eheleute und ihrer gemeinsam durch das Sakrament errichteten Familie.

Die Wirkungen der Ehe:

- das **Eheband** (eine übernatürliche Verbindung, Gemeinschaft)
- die **Ehegnaden** (sakramental)

Abb. 12: Die sakramentalen Wirkungen der Ehe

Die Wirkweise der Ehegnade: *automatisch?* — immer?

Die Ehegnade ist wie das Feuer im Ofen. Sie ist damit etwas ganz Wichtiges. Sie kann sich auf die einzelnen Partner, auf die Beziehung zueinander, auf die Familie und auf das Umfeld auswirken. Doch ein Sakrament ist nicht ein Automat, der einen strengen Ursache-Wirkungs-Zusammenhang hat, so dass die Wirkung vom Benützer gesteuert wird. Die Ehegnade ist nicht etwas Machbares in dieser Hinsicht, da es vor allem Gott betrifft, der die Gnade schenkt. Sie ist eben göttlich und etwas rein Übernatürliches.[20]

Gott hat die Gnade an die Sakramente gebunden. Das ist eine große Hilfe für uns. Und er ist treu. Das hat die ganze Heilsgeschichte in der Heiligen Schrift immer gezeigt. Er will ja gerade zu Hilfe kommen, besonders denjenigen, die in der Liebesgemeinschaft ein Zeugnis von ihm geben — und die einen Wirkraum durch das Sakrament erhalten haben, so dass er „landen" kann.

Vielleicht hilft eine menschliche Ausdrucksweise: in der Ehe soll sich der Partner wohl fühlen können, analog Gott — daher soll man alles Mögliche tun, damit sich Gott „wohlfühlen" kann und ihm gegenüber großzügig sein, ihm Raum gewähren, dann wird er es sicher nie mangeln lassen. Denn es gilt die Erfahrung der Heiligen: Gott lässt sich an Großmut nicht übertreffen. Wer ihm ein kleines „Ja" schenkt, der darf mit einem großen „Ja" von seiner Seite rechnen. *Sorgt euch um nichts, sondern bringt in jeder Lage betend und flehend eure Bitten mit Dank vor Gott!* (Phi 4,6)

[20] Vgl. KKK 2005: „Da die Gnade übernatürlich ist, entzieht sie sich unserer Erfahrung und ist nur durch den Glauben zu erkennen."

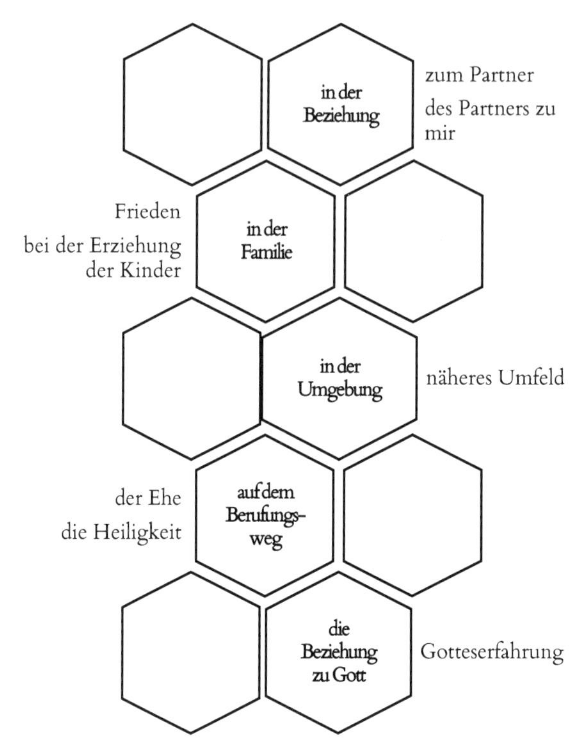

Abb. 13: Die Wirkfelder der ehelichen Gnade

Das Eheversprechen war nicht ein isolierter Moment, sondern der Beginn eines neuen Kapitels im eigenen Leben — doch mit einem *Qualitätssprung*. Von einem Brunnen zu sprechen, der beide Partner von nun an begleitet, trifft es besser (Blick in die Gegenwart), als von einem „Hochzeits*ereignis*" zu reden (Blick in die Vergangenheit). Doch man sollte dies vor allem auch verinnerlichen.

Die Eheleute können und sollen diesen Brunnen dadurch nützen, dass sie versuchen, dem gegebenen Versprechen Treue zu schenken — *aus Liebe zu Gott* (vor dem man es gemacht hat) und bewusst *mit Gott*. Die Institution erhält das Leben. Durch konkrete Treueakte kommt es zum „Schöpfen" aus dem Brunnen. Und das umso mehr, je bewusster jemand mit dieser neuen „Institution" *im* eigenen Leben umgeht.

Es werden im Eheleben konkrete Situationen kommen, wo die Quelle notwendig ist — und auch, dass man daraus schöpft: „*Ich will dich lieben, achten und ehren und dir die Treue halten in guten wie in bösen Tagen alle Tage meines Lebens bis der Tod uns scheidet.*“

Konkrete Beispiele und Gegenbeispiele aus dem Alltag helfen, das besser zu verstehen. Schöpfen und Nicht-Schöpfen ist davon abhängig, wie es zu einer Verinnerlichung der sakramentalen Wirklichkeit der Ehe gekommen ist:

Beispiel 1: Moritz kommt erschöpft von der Arbeit nach Hause. Er betritt das Haus und begegnet seiner Angetrauten. Irgendwie kommt es dazu, dass er sie gar nicht beachtet, weil er gedanklich noch in seiner Arbeitswelt ist. In diesem Moment, wo sich beide begegnen, schöpft er nicht aus dem Sakrament, weil er seine Frau nicht beachtet hat. Doch es gibt immer einen zweiten Moment, wo er dies tun kann. Das meint, er könnte sich später entschuldigen und dann nachfragen, wie ihr Tag war und wie es ihr geht. Es könnte hier auch der andere Partner einspringen, und *für beide* schöpfen, so dass kein gutgemeinter Vorwurf die Frucht aus dieser Begegnungssituation kommen braucht.

Beispiel 2: Es ist am Morgen. Andreas weiß, dass seine Frau eine harte Nacht gehabt hat; dreimal aufstehen, weil der kleine Tim es brauchte. Andreas meint, dass er seiner Frau einen Gefallen tun kann, wenn er schon mal das Frühstück übernimmt. Ein kurzes Gebet bringt ihn dazu, dass sein Tag mit Gott beginnt. Plötzlich erhält er eine Idee, wie er seine Frau mit einer kleinen Aufmerksamkeit überraschen kann. Am Tag zuvor sind nämlich die Frühlingsblumen so richtig herausgekommen. So kann eine kleine Blumendekoration den Tisch verschönern, besonders, da seine Frau sie so gernhat. Er erinnert sich, wie er neben ihr stand, als er ihr die Liebe versprach. Schon die grundsätzliche Haltung von ihm entspricht genau dem, was das Eheversprechen beinhaltet hat. Der Plan gelingt. Auch seine Frau merkt, dass etwas anders ist an diesem Tag.

Beispiele gäbe es tausende, weil die Liebe erfinderisch ist, neue Plätze und Orte zu finden, wo sie „schöpfen“ kann, da es sich bei dem Brunnen wie um eine „mobile Version“ handelt, die das Leben begleitet. Viele Gelegenheiten im Alltag können anders gelebt werden, wenn die Eheleute es schaffen, im Bewusstsein ihres Sakramentes zu leben und die Quelle zu nützen, die in ihrem Leben eine Wirklichkeit geworden ist. Die Lebens- und Liebesgemeinschaft ist an höheren Wassern angebunden und an göttlichen Quellen. Und möge Gott geben, dass der Brunnen zum gelebten Alltag wird.

Sicherlich sind viele dieser Situationen von Gefühlen beeinflusst, doch die Gnade hilft gerade, über dem Gefühl zu stehen, denn sie stärkt den geistigen Menschen, der sich, durch die Gnade verbunden mit Gott, über das Gefühl hinausheben kann und so eine negative Kettenreaktion unterbrechen und verhindern, dass man den Gefühlen freien Lauf lässt, sondern im Sinne Gottes agiert und die Situation ins Positive verwandelt.

Noch etwas:

1) Es *soll* ein Wachstum geben.
2) Hilfreich dafür sind viele gute andere Haltungen (eben Tugenden), die die Ehegnade begünstigen (Güte, Sanftmut, Geduld, Barmherzigkeit, Gerechtigkeit, Verzeihen, ...), denn es bleibt das Prinzip: die Gnade baut auf der Natur auf, sie ersetzt sie nicht. Darauf soll im zweiten Teil des Buches näher eingegangen werden.

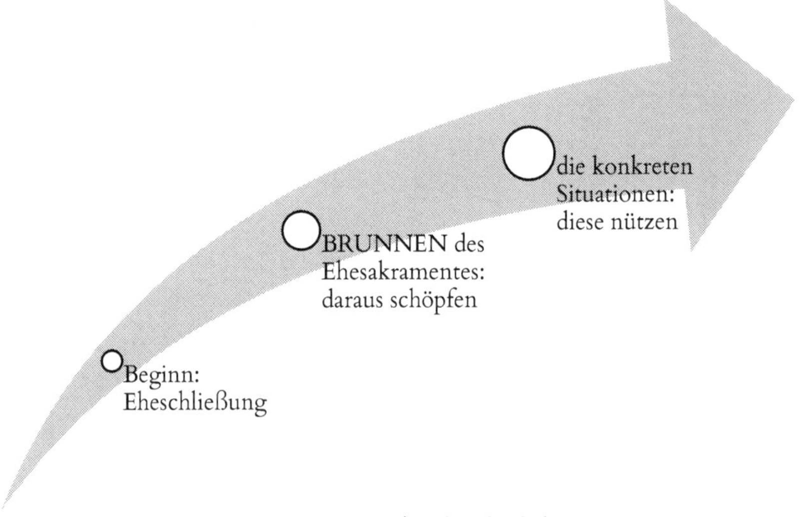

Abb. 14: Aus dem Ehesakrament schöpfen, die alltäglichen Situationen nützen

Vertiefung der Wirkung der Ehegnade (vgl. KKK 1641)

Die den Eheleuten durch das Sakrament der Ehe gewährte Gnade ist dazu bestimmt, die *Liebe* der Gatten zu vervollkommnen und ihre unauflösliche

Einheit zu stärken. Die mit und durch Gott geknüpften Bande sind eine Förderung, die gegenseitig ist. Die Gatten fördern sich und ihre Kinder. Das betrifft nicht nur diese Welt, da ihr gemeinsames Leben ein ewiges Ziel hat. Kraft der Ehegnade fördern sie sich gegenseitig im ehelichen Leben sowie bei der Annahme und Erziehung der Nachkommenschaft zur Heiligkeit (vgl. LG 11), so dass alle dieses Ziel erreichen.

Die Ehegnade bewirkt

Folgende Grafik kann helfen, die Reichweite der Ehe besser zu verstehen.

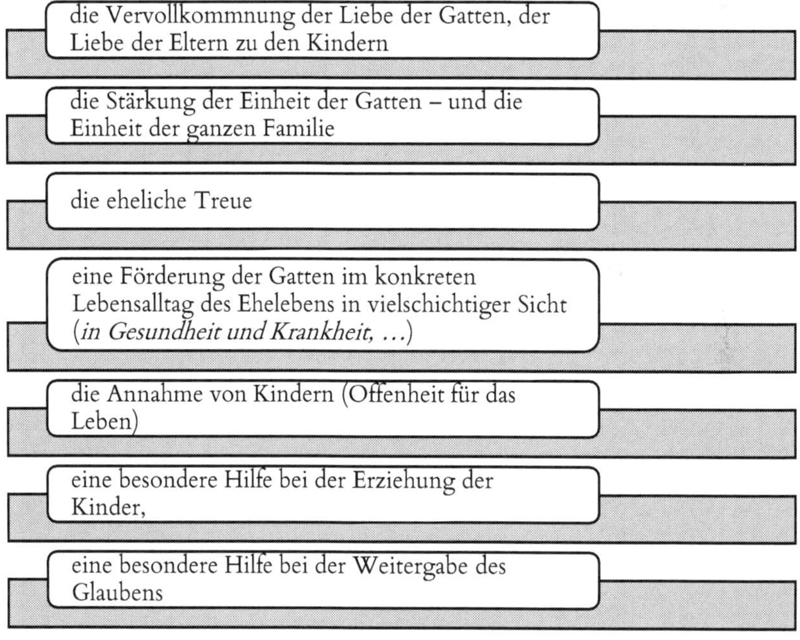

Abb. 15: Die Wirkung der Ehegnaden (Vertiefung)

Gemeint ist, dass es einen größeren Horizont gibt, auf den die Ehe verweist. Hintergrund ist, dass die Ehe nicht nur etwas Persönliches oder Privates bleibt, sondern wie zu einem Sauerteig (Mt 13,33) wird, der den Einzelnen, die Familie und die Gesellschaft durchdringt — oder zu seinem Licht, das leuchtet (Mt 5,15), so dass Andere ein Zeugnis erhalten, das sie im Idealfall an Gott erinnert.

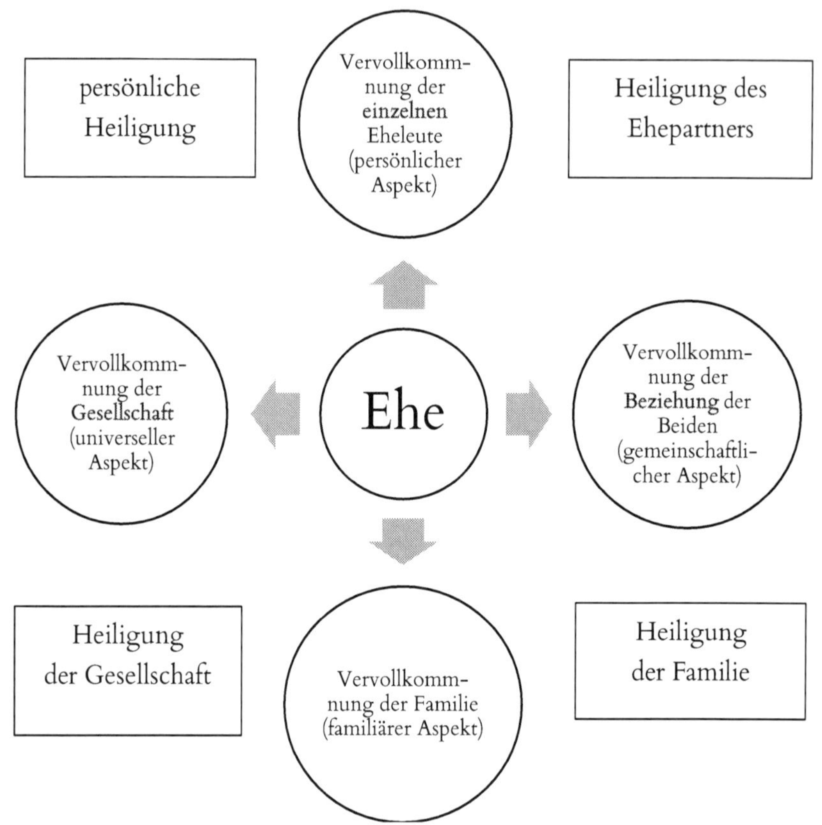

Abb. 16: Die Zielrichtung der Ehe in Hinblick auf die Heiligung

Der Spender des Ehesakraments

Es sind nicht Priester oder Diakon, die den Brautleuten das Sakrament spenden, wenn sie am Traualtar stehen. Das ist bei den meisten anderen Sakramenten der Fall, dass der Spender ein Priester oder Diakon sein muss. Bei der Ehe ist es anders. Gemäß der lateinischen Tradition sind es die *Brautleute* selbst, die als Übermittler der Gnade Christi einander das Ehesakrament spenden, indem sie vor der Kirche ihren Ehekonsens äußern: die Braut spendet also ihrem Bräutigam das Sakrament der Ehe und der Bräutigam der Braut. Christus tritt gleichsam in das gemeinsame Eheversprechen hinein und heiligt es, so dass im

Konsens beiden das Sakrament zuteilwird, das sich beide gegenseitig spenden. Priester oder Diakon sind lediglich Zeugen des Ereignisses. Sie nehmen den Bund im Namen der Kirche entgegen und spenden den kirchlichen Segen dazu.

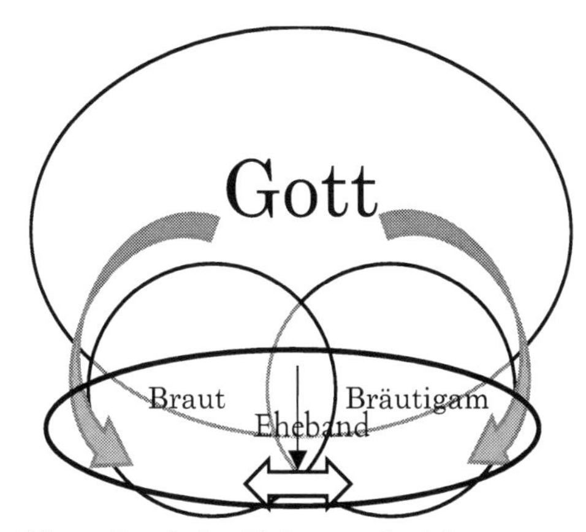

Abb. 17: Durch den Ehekonsens das Sakrament

Erklärung der Grafik: Braut und Bräutigam spenden sich gegenseitig das Ehesakrament, das Jesus (Sohn Gottes) eingesetzt hat. Das Sakrament ist ein Mittel der Gnade von Gott, das von nun an beide Ehepartner begleitet. Im Sakrament wirkt Gott selbst, der beide „als Dritter im Bunde" verbunden hat. Braut und Bräutigam stehen von nun an mit einem neuen Stand vor Gott, dem Ehestand. Sie sind zu Mitarbeitern Gottes geworden in der Schöpfung. Das entstandene Eheband verbindet in tiefer Weise beide Menschen zu einer unauflöslichen Einheit. Die Grundlage für die Familie ist geschaffen.

Das Zustandekommen des Sakraments der Ehe

Das Sakrament der Ehe entsteht, wenn beide Gatten, Braut und Bräutigam, öffentlich mit Worten bekunden, dass sie den Anderen (die Andere) als Ehepartner annehmen. Daher ist notwendig:

- dass diese Worte frei gesprochen werden (ohne Zwang oder inneren oder äußeren Drang),
- in der Gegenwartsform („Ich nehme dich … ich verspreche dir …)
- und ohne Bedingungen.

Die so ausgedrückte gegenseitige Einwilligung ist die wirkende Ursache der Ehe.

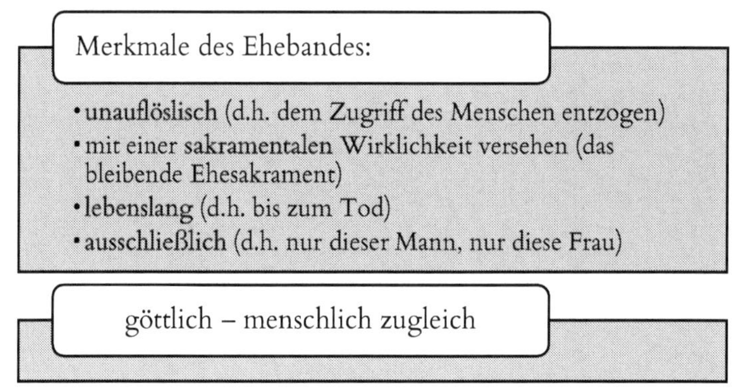

Abb. 18: Merkmale des Ehebandes

Der geistige Vollzug der Ehe — Frucht: das gemeinsame Eheband (KKK 1638–1640)

Durch die öffentlich erfolgte, wechselseitige Einwilligung geschah ein *geistiger Vollzug* gegenseitiger Hingabe. Er entspricht dem Menschen in seiner Geistnatur, mit seiner Freiheit. Die Freiheit ist gerade die Befähigung, sich für das Gute zu entscheiden.[21] Hier kam es zur Entscheidung. Die Entscheidung wurde in Freiheit getroffen und die Freiheit ist darin zu ihrer Erfüllung, zu ihrem Ziel gelangt. Die Frucht hieraus ist *kein Vertrag* (wie beim Standesamt), sondern eine *sakramentale Wirklichkeit* mit dem Eheband, das seiner Natur nach lebenslang und ausschließlich ist.

[21] Ganz verhängnisvoll wird es, die Freiheit im heutigen, vulgären Sinn zu definieren („Ich kann tun, was ich will"). Die Fehldefinition hat verhängnisvolle Folgen, weil es zu einer Fehlinterpretation des eigenen Lebens kommen wird. Die Freiheit des Menschen ist eben nicht absolut. Er kann und darf nicht Dinge ändern, die außerhalb seiner Zuständigkeit als Geschöpf fallen. Doch die Freiheit im richtigen Sinn hilft verstehen, wie das Geschöpf zur Liebe hin angelegt ist. Diese setzt Freiheit voraus — nur ein freier Mensch kann lieben. Sie ist die Bedingung für die Liebe. Die Ehe verwirklicht die Freiheit, denn sie gründet sich in einer Entscheidung, die aus der Liebe erwachsen ist.

Der körperliche Ausdruck des geistigen Vollzugs der Ehe

Der gemeinsame Ehekonsens (und damit der geistige Vollzug) findet seinen körperlichen Ausdruck durch die körperliche Vereinigung von Mann und Frau nach der Hochzeit (Beischlaf). Erst hier ist dieser Ausdruck so, dass er *echt* das ausdrückt, was vorher geschehen ist: aus zwei ist *Eines* geworden. Damit ist gemeint, dass die körperliche Sprache in tiefer Weise das sagt, was am Traualtar geschehen ist, in geistiger Weise und in wechselseitiger Hingabe: „*Vor Gottes Angesicht nehme ich dich an, ich schenke mich dir hin, ganz und ohne Bedingung, mein ganzes Leben lang, ohne davon von mir oder dir etwas auszuklammern. Und ich will dich in deinem Anderssein achten, lieben und ehren, deine Würde, deine Person, weil du mir von Gott gegeben wurdest, innerhalb seines göttlichen Planes.*“ Man spricht hier vom „*Vollzug der Ehe*“, denn es vollzieht das gegebene Versprechen der Liebe.

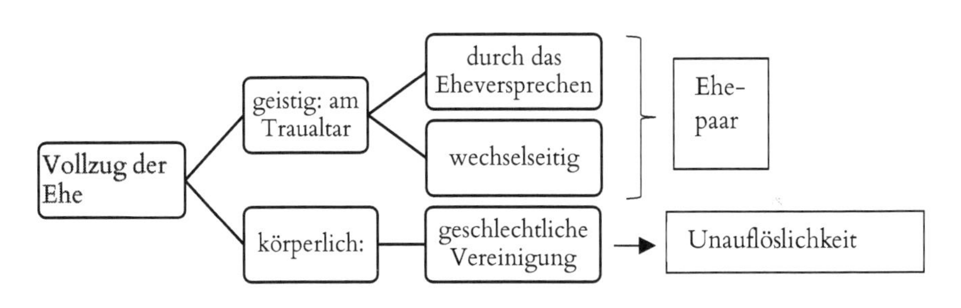

Abb. 19: Vollzug der Ehe

Wenn der geistige *und* körperliche Vollzug der Ehe geschehen sind, kann ab diesem Moment keine Macht der Welt mehr Mann und Frau trennen und die Ehe auflösen, die entstanden ist. Das *unauflösliche* Eheband ist versiegelt, das beide zeitlebens vereint und wodurch Gott wirkt: *Sie sind also nicht mehr zwei, sondern eins. Was aber Gott verbunden hat, das darf der Mensch nicht trennen.* (Mt 19,6).

Das Eheband — durch Gott geknüpft (KKK 1640)

Das Band der Ehe wird somit *von Gott* selbst geknüpft so dass die zwischen Getauften geschlossene und vollzogene Ehe nie aufgelöst werden kann.[22] Dieses Band, das aus dem freien menschlichen Akt der Brautleute und dem Vollzug der Ehe hervorgeht, ist fortan *unwiderrufliche* Wirklichkeit und stellt einen durch die Treue Gottes gewährleisteten Bund her. Es liegt nicht in der Macht der Kirche, sich gegen diese Verfügung der göttlichen Weisheit auszusprechen (vgl. CIC 1141), weshalb die Kirche an der Unauflöslichkeit der Ehe festhält.

Gibt es eine eheliche Pflicht zum körperlichen Vollzug der Ehe?

Durch das Eheband entsteht eine Verbindlichkeit der Ehe, eine Hingabe seiner selbst an den Anderen, wodurch wirklich der Mann seinen Leib der Frau übergibt und die Frau diesen dem Mann.[23] Daher kann ein Ehepartner den körperlichen Vollzug der Ehe erbitten. Der andere kann diesen normalerweise nicht ausschlagen.[24]

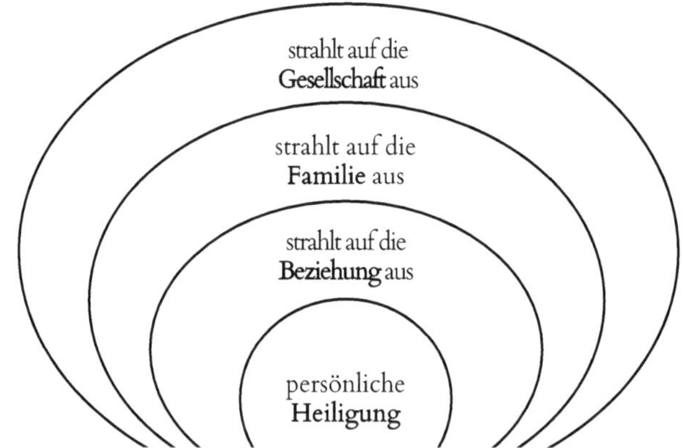

Abb. 20: Der Zusammenhang von persönlicher Heiligkeit und Heiligung

[22] Es ist eben nicht ein rein menschliches „Übereinkommen" (Vertrag), sondern ein göttliches Wirken, welches sich der Willen der Beiden zur Liebe bedient hat, um daraus etwas Großes zu machen, wo fortan Gott im Bunde wirken „kann".

[23] Vgl. Katechismus von Trient, II,8,6.

[24] Ausnahme: Fall von Untreue oder wenn es ungebührend wäre (Mangel an Liebe, zu oft, Gefährdung der Gesundheit, ...): „Der Mann soll seine Pflicht gegenüber der Frau erfüllen und ebenso die Frau gegenüber dem Mann. Nicht die Frau verfügt über

ihren Leib, sondern der Mann. Ebenso verfügt nicht der Mann über seinen Leib, sondern die Frau. Entzieht euch einander nicht, außer im gegenseitigen Einverständnis und nur eine Zeitlang, um für das Gebet frei zu sein. Dann kommt wieder zusammen, damit euch der Satan nicht in Versuchung führt, wenn ihr euch nicht enthalten könnt. Das sage ich als Zugeständnis, nicht als Gebot." (1 Kor 7,3-6)

2.2. Die Ehe als Berufung

a. Über die Berufung allgemein

Es war kein Traum, den sich der Mensch hier ausgedacht hat, so schön er auch ist. Genauso wenig hat sich der Mensch sein Leben sich selbst zu verdanken. Es ist Geschenk, das gegeben wurde, es ist ein Ruf ergangen, der gehört wurde. Doch *wer* hat eigentlich gerufen?

Wenn wir von besonderer Berufung der Ehe sprechen, müssen wir eines klar sagen: sie ist nicht getrennt vom konkreten Menschen und sie steht auch nicht im Widerspruch zur menschlichen Natur. Bei der Ehe gründet sich die Berufung sogar in ihr.

Doch fangen wir allgemein an.

Zum Begriff „Berufung"[25]

Das Wort „Berufung" drückt Beziehung aus. Gemeint ist die Beziehung Gottes zu jedem Menschen **in der Freiheit der Liebe**, insofern **jedes Leben Berufung** ist, „*weil das Leben eines jeden Menschen von Gott zu irgendeiner Aufgabe bestimmt ist*".[26] Das Leben ist als eine Berufung anzusehen, als Ruf zu einer Beziehung in Gemeinschaft, ja der Freundschaft mit Gott. So ist die Berufung *Antwort* auf den Ruf: „Ich will, dass du bist!" — und du warst! Doch es bleibt nicht so allgemein, sondern wird konkret, so dass man eine weitere Ruf-Dynamik erkennen kann.

---

[25] Vgl. Hl. Johannes Paul II., Botschaft zum 38. Weltgebetstag für geistliche Berufe, 6.5.2001.

[26] Hl. Paul VI., Enzyklika *Populorum progressio*, 26.3.1967, Nr. 15.

Die Hierarchie der Rufe (Berufung)

Wenn man vom „Ruf Gottes" spricht, lassen sich folgende *Rufe* aufführen:

- Der **Ruf ins Sein** — in die Existenz: „*Gott sprach...*"[27] damit erfolgte die Erschaffung von allem (stoffliche Schöpfung, belebte Schöpfung, geistbeseelte Schöpfung)
- Der **Ruf in die Heiligkeit**, zum ewigen Leben: das haben alle Menschen gemeinsam: „*Er will, dass alle Menschen gerettet werden und zur Erkenntnis der Wahrheit gelangen.*" (1 Tim 2,4)
- Der **Ruf in einen bestimmten Stand:** z.B. der Ehestand oder das gottgeweihte Leben, etc.

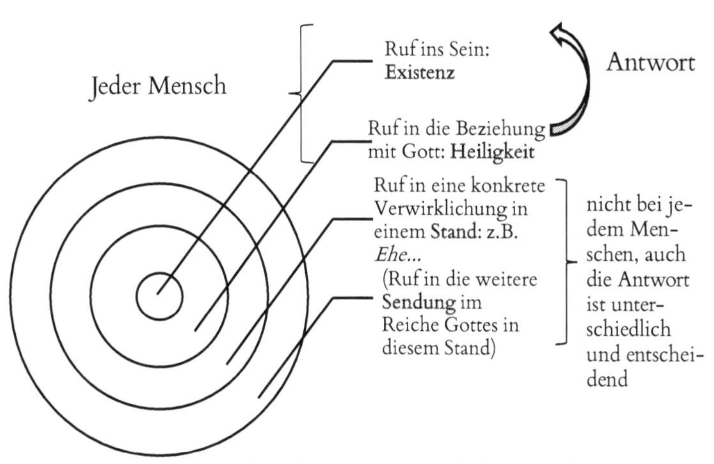

Abb. 21: Die Hierarchie der Rufe (Berufung)

Von Ruf zu Ruf, von Fest zu Fest — bis zur glücklichen Vollendung im *ewigen Fest* (KKK 1)

Mit dem Ruf ins Sein (Erschaffung) ist für den Menschen auch der Ruf verbunden, an dem teilzunehmen, was in Gott ist: die ewige *Glückseligkeit Gottes.* Das ist, was Gott für den Menschen möchte, nicht nur, dass er ist (das wäre ein

[27] Der Schöpfungsbericht der Bibel fängt mit den Rufen Gottes an (Gen 1-2); es ist insgesamt 12 mal, das Gott spricht — und ins Leben *ruft.*

Gegenüber), sondern dass er bei Gott ist (das ist Gemeinschaft — Beziehung und entspricht der Liebe). Gott klopft hier an die menschliche Freiheit, an seinen freien Willen, an die Fähigkeit, sich für ihn zu entscheiden und ihm zu antworten. Warum zwingt er uns nicht? Weil wir sonst nicht mehr lieben können, denn Zwang ist keine Liebe. Genauso wenig jemand gezwungenermaßen diese oder jene Person heiraten könnte. Die Liebe würde in ihrer Wurzel erstickt werden. Gott will ein frei antwortendes Geschöpf. Doch der Mensch braucht Gott, um das große Ziel zu erreichen, weil der Plan göttlich ist, der mit dem Sinn des Lebens verbunden ist:

> Gott ist in sich unendlich vollkommen und glücklich. In einem aus reiner Güte gefassten Ratschluss hat er den Menschen aus freiem Willen erschaffen, damit dieser an seinem glückseligen Leben teilhabe. Deswegen ist er dem Menschen jederzeit und überall nahe. Er ruft ihn und hilft ihm, ihn zu suchen, ihn zu erkennen und ihn mit all seinen Kräften zu lieben. (KKK 1)

Der Ruf zur Heiligkeit

Die Antwort, die jemand im Leben auf Gott gibt, entspricht der Schöpfung. Die Beziehung zu Gott mündet ein in einen Weg der Freundschaft, die erfüllend ist. Heiligkeit ist das Ziel daraus, denn in der Beziehung zu ihm, der Liebe ist, kann der Mensch zur Vollkommenheit der Liebe reifen. Das meint Heiligkeit: vollkommene Liebe.

Wenn Gott zur Heiligkeit ruft, dann beinhaltet das also sowohl das Ziel — aber auch den Weg dorthin. Damit ist verbunden:

- der **Ruf zum ewigen Leben in ewiger Glückseligkeit** im Himmel (= Ziel)
- und der **Ruf zu dem Weg, der zu diesem Ziel führt**. Dazu gehört das Leben in der Gnade und des Wachstums darin, die Übung der Tugenden, die Meidung und Bekämpfung der Sünde, das Streben nach Vollkommenheit und die Mitarbeit in irgendeiner Weise im Reich Gottes.

Freiheit — frei-sein — und die Freiheit umsetzen, nützen, das sind die zwei Dimensionen, um die es geht. Wenn Gott an die Freiheit klopft, damit sich der Mensch auf den Weg macht, überlässt er ihn nicht sich selbst. Doch wenn der Mensch dem Ruf antwortet, kann Gott ihn nicht im Stich lassen. Er wird ihn mit dem begleiten, was wir schon kennengelernt haben, der notwendigen

Gnade, daher sagt Paulus: *Gott, der euch beruft, ist treu* (1 Thess 5,24); *Gott ist treu; er wird nicht zulassen, dass ihr über eure Kraft hinaus versucht werdet. Er wird euch in der Versuchung einen Ausweg schaffen, so dass ihr sie bestehen könnt.* (1 Kor 10,13).

Die Universalität des Rufes — oder: Jeder Mensch ist zur Heiligkeit berufen!

Die Heiligkeit ist Gnade und das Ziel jedes Menschen, wie uns das Buch Levitikus in Erinnerung ruft: „*Seid heilig, denn ich, der Herr, euer Gott, bin heilig*“ (19,2). Gott selbst ruft uns also zur Heiligkeit. In Wirklichkeit ist Heiligkeit die Gottverbundenheit. Die Gottverbundenheit ist Antwort auf den Schöpfer, weil er erschaffen hat. Und umso mehr, wenn der Mensch durch die Taufe Kind Gottes geworden ist — und damit eine Beziehung eingegangen ist, die *familiär* geworden ist. Das Ziel ist möglich, sonst würde es Gott nicht anbieten.

Der hl. Papst Johannes Paul II. formuliert die Absolutheit der Forderung, die sich daraus ergibt: Es wäre

> „widersinnig [...], sich mit einem mittelmäßigen Leben zufriedenzugeben, das im Zeichen einer minimalistischen Ethik und einer oberflächlichen Religiosität geführt wird, wenn die Taufe durch die Einverleibung in Christus und die Einwohnung des Heiligen Geistes ein wahrer Eintritt in die Heiligkeit Gottes ist.“[28]

Die Bedeutung der Kirche bei der Heiligung

Wenn es um Heiligkeit geht, ist hier nicht gemeint, dass es in der Kirche keine Sünder gäbe. Vielmehr gibt es das göttliche Wirken in und durch die Kirche, die Jesus als „Braut“ gegründet hat, um mit ihr eine bräutliche Beziehung zu leben, sie zu beschenken und zu begleiten. In dieser Begleitung entsteht eine geistige Kraft, die heiligt.

> Die Kirche ist das „Haus der Heiligkeit“, und die Liebe Christi, ausgegossen durch den Heiligen Geist, ist die Seele darin. In diesem Zuhause helfen sich

[28] Hl. Johannes Paul II., Botschaft zum 39. Gebetstag für geistliche Berufungen, 23.11.2001; vgl. Hl. Johannes Paul II., Apostolische Schreiben *Novo millenio ineunte*, 6.1.2001, Nr. 31.

alle Christen gegenseitig, die eigene Berufung zu entdecken und zu verwirklichen: im Hören auf das Wort Gottes, im Gebet, im häufigen Empfang der Sakramente und in der beständigen Suche nach dem Antlitz Christi in jedem Mitmenschen. Vorrangige Aufgabe der Kirche ist es, die Christen auf den Wegen der Heiligkeit zu begleiten, damit sie — erleuchtet durch die Erkenntnis aus dem Glauben — lernen, auf das Antlitz Christi zu schauen und es kennenzulernen und so in Ihm die persönliche, authentische Identität und Sendung neu zu entdecken, die der Herr einem jedem anvertraut.[29]

Der Ruf in einen bestimmten Stand

Jetzt haben wir die Schöpfung (1. Ruf), die Beziehung zu Gott (Heiligkeit — 2. Ruf). Es muss konkret werden. Der Ruf in einen bestimmen Stand verwirklicht den Ruf, heilig zu werden im Hier und Jetzt, im konkreten Leben eines Menschen. Stände gibt es mehrere. Es sind die konkreten Lebensformen, wodurch jemand Gott lieben und ihm dienen will. Diese allgemeine Bedeutung des Standes (*Lebensstand*) umschließt damit die Ehe genauso wie das Leben im Kloster als Mönch oder Ordensschwester. Alle sollen ein Leben in Gottverbundenheit, ein Leben in der Liebe zu Gott leben, doch jeweils in einer anderen Form und Absolutheit.

[29] Ebd.

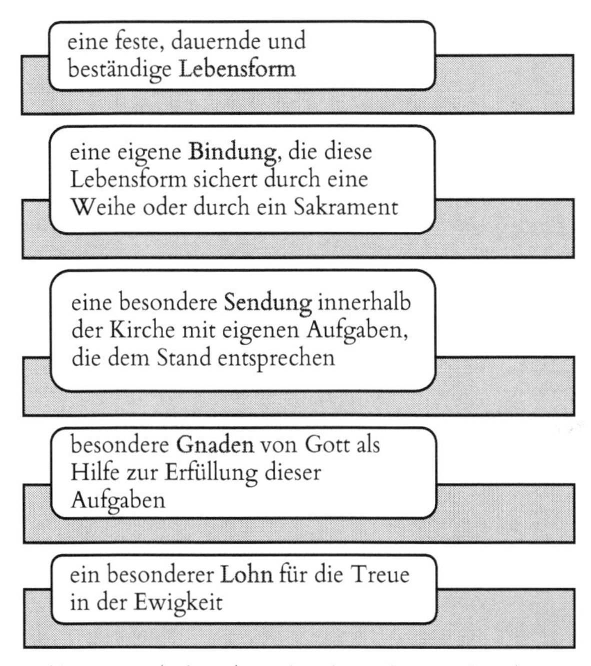

Abb. 22: Der (Lebens-)Stand und was damit verbunden ist

Wie weit geht dieser dritte Ruf? – bis zur Ewigkeit, einer Zeit des Lohnes. Wenn Gott zu einem bestimmten *Stand* ruft, ist damit verbunden:

Den Lohn drückt das Evangelium so aus:

In allen meinen Prüfungen habt ihr bei mir ausgeharrt. Darum vermache ich euch das Reich, wie es mein Vater mir vermacht hat: Ihr sollt in meinem Reich mit mir an meinem Tisch essen und trinken, und ihr sollt auf Thronen sitzen und die zwölf Stämme Israels richten. (Lk 22,28–30)

Diese Punkte lassen sich nun auf die Ehe übertragen.

b. Über die besondere Berufung: Die Ehe

b.1. Eine Lebensgemeinschaft

Die Ehe begründet eine Gemeinschaft von zwei Menschen, die durch das Eheband für ihr ganzes gemeinsames Leben tief verbunden sind. Sie beinhaltet zwei Dinge.

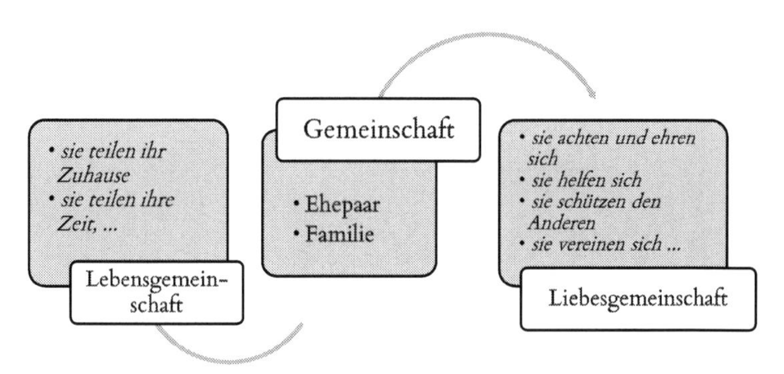

Abb. 23: Die Lebens- und Liebesgemeinschaft

Es entsteht eine **Gemeinschaft des Lebens** (*Lebensgemeinschaft*) aber auch eine **Gemeinschaft der Liebe** (*Liebesgemeinschaft*), die diese bewirkt und vollendet. Die Berufung des Menschen zur Liebe wird konkretisiert in diesem, durch das Sakrament entstandenen, neuen Lebensstand. Und diese Gemeinschaft ist *sichtbar*, *erlebbar* und *fruchtbar*.

Mann und Frau leben gemeinsam zusammen und teilen ihr Leben und ihre Güter.

Die christliche Ehe ist hiermit charakterisiert. Sie baut auf der bewussten Entscheidung des Paares zu diesem Lebensentwurf auf, der folgende Merkmale beinhaltet:

- als Mann und Frau gemeinsam leben,

- in der Ausrichtung auf die gegenseitige Achtung und Liebe,[30]
- und offen für das Leben durch Nachkommen.

Zu Beginn der Trauungszeremonie wird das Paar gefragt, ob sie zu *dieser* christlichen Ehe entschlossen sind. Sie entscheiden sich bewusst für eine *christliche* Ehe. Wie schön ist es, in diesem wunderbaren Moment den Horizont klar vor Augen zu haben und das Panorama im Blick, das sich vor ihnen ausbreitet.

Die Bedeutung der Ehe in Hinblick auf die *ewige Berufung* des Menschen

Die Ehe, wenn sie in richtiger Weise gelebt wird, ist ein Weg zur Heiligkeit (also zu einer tiefen Gottverbundenheit). Gott lässt sich an Großmut nicht übertreffen. Er hat den Weg, der über sonnige wie schattige Abschnitte führen wird, mit einem besonderen Lohn verbunden; und das für die Ewigkeit: *Jeder aber erhält seinen besonderen Lohn, je nach der Mühe, die er aufgewendet hat.* (1 Kor 3,8)

Darin ist bereits die *universale* Sendung der Ehe betroffen. Jetzt weitet sich der Blick. Die Ehe bringt große Frucht, wenn sie zum Heil vieler anderer Menschen beitragen kann. Diese Heiligungsdimension soll näher erläutert werden. Sie ist uns bereits begegnet:

1. Die Ehe dient der **Heiligung des Einzelnen**: sie hilft dem einzelnen Ehepartner, dass er in die vollkommene Liebe gelangt: *sich täglich neu tragen und ertragen, geduldig sein, verzeihen, sich annehmen, ermutigen, helfen und begleiten* etc. — all das ist damit verbunden, all das ist heiligend.
2. Die Ehe verhilft auch zur **Heiligung des Anderen**: der eine Partner gibt ein direktes Beispiel dem anderen; wie heiligend ist es, wenn er voll von Mitgefühl, von Liebe, Güte, Fürsorge ist. Die Liebe ermöglicht viele Andockpunkte für den Partner, eben eine Antwort zu geben, die der Liebe entspricht: eine Dynamik des Guten entsteht, wo der Hl. Geist Motor sein

[30] Es verlangt wirklich Beides: die Achtung genauso wie die Liebe; beides entspricht sich; ohne Achtung keine Liebe — ohne Liebe keine Achtung, das eine führt zum anderen. Der *Ausdruck der Liebe* kann sich zwischen Mann und Frau unterscheiden. Für die einen ist die *Achtung* der Ausdruck von Liebe (mehr bei Männern); während es für die anderen mehr die *Zweisamkeit* ist (mehr bei Frauen), ein nicht zu unterschätzendes Detail.

möchte. Doch auch das Gebet für den Anderen hat geistliche Wirkung in dieser Richtung.

3. Die Ehe verhilft zur **Heiligung der Familie:** Indem beide Partner in ihrem Verhalten zueinander, in ihrem Glauben, in ihrem Gebet, in ihrer Liebe zueinander ein *Zeugnis* geben, kommt es zu einer heiligenden Wirkung für die ganze Familie. Gerade die Kinder lernen von den Eltern, durch ihr Beispiel. Ein heiliger Raum entsteht, der dem einer Kirche ähnlich ist, weil Gottes Reich inmitten der Menschen gegenwärtig wird. Zudem kommt das Wort Jesu voll in Erfüllung: *Denn wo zwei oder drei in meinem Namen versammelt sind, da bin ich mitten unter ihnen.* (Mt 18,20) – *Man kann auch nicht sagen: Seht, hier ist es! oder: Dort ist es! Denn: Das Reich Gottes ist (schon) mitten unter euch.* (Lk 17,21)
4. Die Ehe verhilft zur **Heiligung der Kirche und der Gesellschaft:** Eine Familie, die im Sinne des Gründers der Ehe (Gott), also gemäß seinem Plan lebt, wird zu einem Werkzeug der göttlichen Vorsehung. Gott benützt in seinem Plan die Familien, um viel Gut auf die Erde zu bringen. Bereits das Leben ist ein unendliches Geschenk. Es gibt noch andere Güter. Hier entfaltet sich ein himmlischer Plan, der sich auf den Wohnort auswirken wird, auf die Pfarrei, ja sogar auf eine Region. Die Familie wird zur mitarbeitenden Institution Gottes: *Sie bezeugt ihn, sie lässt ihn wirken, sie macht ihn irgendwie gegenwärtig und erfahrbar.* Ein konkretes **Beispiel:** Eine befreundete Familie gründete eine christliche Pfadfindergruppe. Sie wurde für die örtliche Jugendarbeit zu einer Anlaufstelle für viele andere Familien der Region. Welch ein Segen, von dem schließlich mehrere Generationen betroffen waren.

Die biblische Begründung der Gemeinschaft

Blinde Unterordnung ist keine Liebe. Doch Liebe führt zu einer tiefen *inneren Ordnung*, in der jeder seinen Platz einnimmt, um glücklich zu sein. Sie ist das Band, das alles zusammenhält und wie eine innere Form vollkommen macht (Kol 3,14). Der hl. Apostel Paulus spricht daher im Epheserbrief:

> Darum sind die Männer verpflichtet, ihre Frauen so zu lieben wie ihren eigenen Leib. Wer seine Frau liebt, liebt sich selbst. Keiner hat je seinen

eigenen Leib gehasst, sondern er nährt und pflegt ihn, wie auch Christus die Kirche. Denn wir sind Glieder seines Leibes. Darum wird der Mann Vater und Mutter verlassen und sich an seine Frau binden, und die zwei werden ein Fleisch sein. Dies ist ein tiefes Geheimnis; ich beziehe es auf Christus und die Kirche. Was euch angeht, so liebe jeder von euch seine Frau wie sich selbst, die Frau aber ehre den Mann. (Eph 5,28–33)

Wir haben folgenden ***Aufstiegsweg*** gemacht:

Abb. 24: Die Ehe als Lebensstand – der dem Ruf zur Heiligkeit entspricht

Die Ehe als Berufung zu einem besonderen *Stand*[31]

Die Ehe ist eine spezielle Berufung des Menschen, die einen eigenen Lebensstand begründet. Dafür lassen sich folgende Gründe angeben:

- Sie ist eine **feste, dauernde und beständige Lebensform**, auf Dauer angelegt (vgl. Trauungsspruch: *„Ich verspreche Dir die Treue, in guten und bösen Tagen, in Gesundheit und Krankheit, bis der Tod uns scheidet.“*
- Diese Lebensform, mit der eine eigene Bindung (an den Lebenspartner) verbunden ist, wird gesichert durch ein **Sakrament** (Ehesakrament). *„Die Gegenwart des Amtsträgers der Kirche und der Trauzeugen bei der Trauung bringt sichtbar zum Ausdruck, dass die Ehe eine kirchliche Lebensform ist“* (KKK 1630).
- Mit dem gelebten Bund der Ehe (und damit des Ehesakramentes) sind ***besondere Gnaden*** von Gott verbunden für die Lebens- und Liebesbeziehung, als Hilfe zur Erfüllung der Aufgaben innerhalb der Beziehung und der Familie, einschließlich der Erziehung der Kinder.

[31] Diese Frage konkretisiert die oben angeführten Bedingungen für einen Lebensstand, indem sie die erwähnten Punkte auf die Ehe anwendet.

- Das **Versprechen**, durch das sich die Brautleute einander schenken und einander annehmen, wird durch Gott selbst **besiegelt** (vgl. Mk 10,9), woraus aus diesem Bund *„eine nach göttlicher Ordnung feste Institution, und zwar auch gegenüber der Gesellschaft“* (GS 48,1) entsteht (KKK 1639).

Die *Grundlage* der Lebensgemeinschaft von Mann und Frau aus übernatürlicher Sicht

Der Leser ist jetzt schon Experte. Er weiß bereits, dass das „Übernatürliche“ mit Gott zu tun hat. Man staune und begreife: Der Bund zwischen den Gatten wird in den Bund Gottes mit den Menschen eingegliedert: „Echte eheliche Liebe wird in die göttliche Liebe aufgenommen“ (GS 48,2). Gott wird der Dritte im Bunde:

> Die Liebesgemeinschaft zwischen Gott und den Menschen, fundamentaler Inhalt der Offenbarung … kommt auf bedeutsame Weise im bräutlichen Bündnis zwischen Mann und Frau zum Ausdruck. (*Familiaris consortio*, Nr. 12).

Die Ehe drückt daher etwas aus und macht es sichtbar, was in Gott unsichtbar ist.

Das Band der Ehe wird von Gott selbst geknüpft. Damit ist mehr gemeint als ein menschlicher Vertrag. Es ist mit Gottes Treue verbunden: der Treue zu seinem Wesen (Liebe); der Treue zum Geheimnis seiner Beziehung zum Menschen (Güte) und der Treue zu seinem Plan mit dem Menschen (Barmherzigkeit) und der Treue zu seinem gegebenen Wort (Offenbarung — Weisheit). Die Treue Gottes ermöglicht auch die Treue von Seiten des Menschen. Das Eheband stellt einen durch die Treue Gottes gewährleisteten Bund her (KKK 1640). Die Liebe der Eheleute, die die Gemeinschaft von ihnen gründet, wird zu einem *Abbild* der Liebe Gottes zum Menschen und zu einem *Bild* der Liebe des menschgewordenen Sohnes Gottes (Christus) zur Kirche, der Familie Gottes (vgl. Eph 5,31–32).

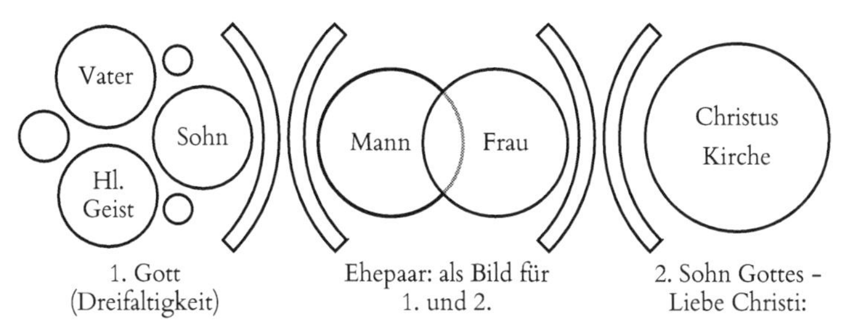

Abb. 25: Die Ehe als Abbild Gottes und der Liebe Christi

Die Ehe als besonderer Lebensstand in der *Kirche* (KKK 1631)

Die Trauung führt in einen kirchlichen Stand ein. Es entstehen Rechte und Pflichten, in der Kirche, zwischen den Gatten und gegenüber den Kindern. Durch das Ehesakrament werden die Ehegatten *„gestärkt und gleichsam geweiht für die Pflichten und die Würde ihres Standes*" (vgl. CIC 1134).

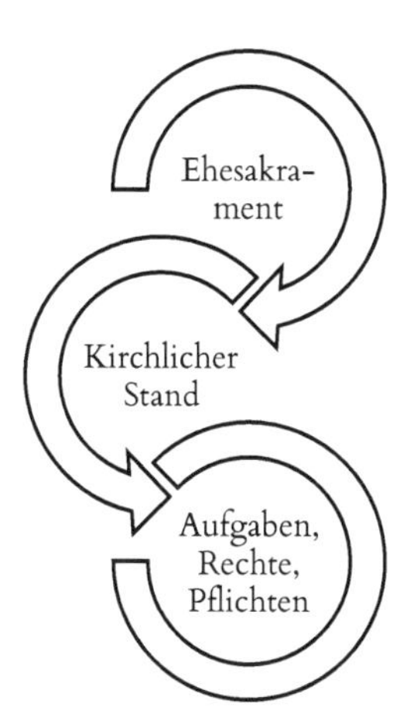

Abb. 26: Die Ehe als Kirchlicher Stand

Die christliche Aufgabe der Familie

Aus den Aufgaben ergeben sich die Pflichten. Doch auch die Rechte sind mit ihnen verbunden

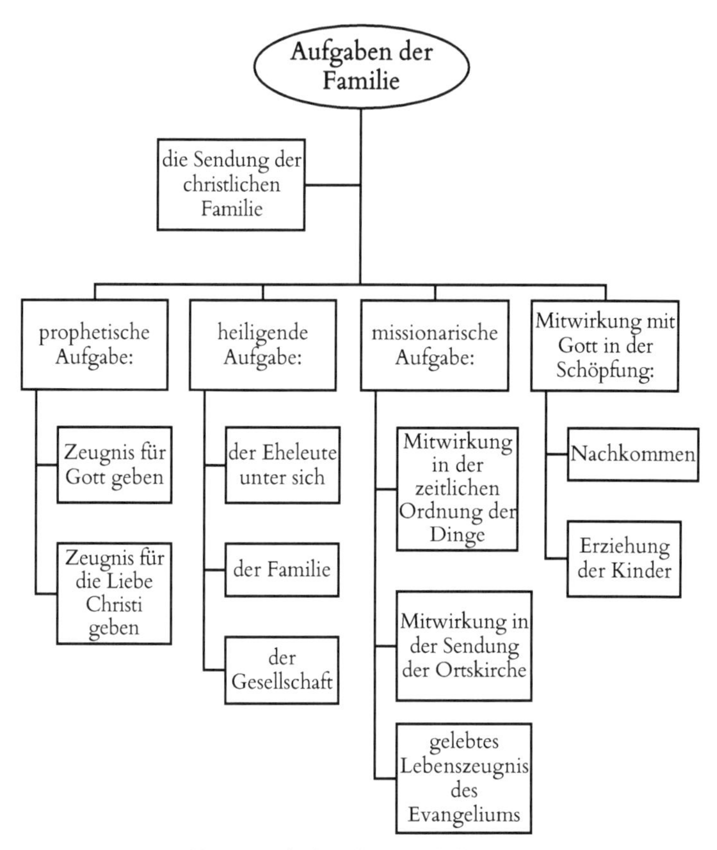

Abb. 27: Aufgaben der christlichen Familie

Die Rechte und Pflichten der Eheleute

Die Eheleute leben in der Welt, doch sie sind auch Mitarbeiter Gottes und gesandt, das Evangelium zu leben (wie jeder Christ). Wenn sie ihr Ehe- und Familienleben nach dem Geist des Evangeliums ausrichten, übernehmen sie eine *prophetische* und *heiligende* Aufgabe. Die Familie wird zu einem Wirkraum des Hl. Geistes und die Familie bekommt eine geistige Fruchtbarkeit, wie wir sie in allen Zeiten erfahren haben. Die Apostelgeschichte bereits gibt

Zeugnis von christlichen Eheleuten, durch die das Evangelium sich ausgebreitet hat (z.B. einer Lydia mit Familie, Apg 16, Aquila und Priszilla, Apg 18). Folgende Rechte, bzw. Pflichten lassen sich aufzählen:

- Rechte / Pflichten der **Eltern:**
  - als **Laien** (d.h. sie sind keine Kleriker):
    - die zeitlichen Dinge im Geist des Evangeliums orden
    - i.d. weltlichen Aufgaben Zeugnis für Christus geben
  - als **Eheleute** (d.h. sie sind mit dem Sakrament verbunden):
    - in Hinblick auf das Reich Gottes:
      - durch Ehe und Familie am Aufbau des Reiches Gottes mitwirken
      - die Kirche unterstützen
      - Zeugnis für Christus geben
    - in Hinblick zueinander:
      - **Gemeinschaft** des ehelichen Lebens miteinander
      - gegenseitige **Achtung und Liebe**
      - ein gemeinsames **Leben in Treue**
      - gegenseitige **Hilfe**
    - als Eltern:
      - Pflicht zur Offenheit für das Leben
      - Recht und Pflicht der Erziehung
- Rechte der **Kinder:**
  - auf Leben (dieses Recht kommt ihnen von Gott her zu)
  - auf Vater und Mutter (ein Naturrecht)

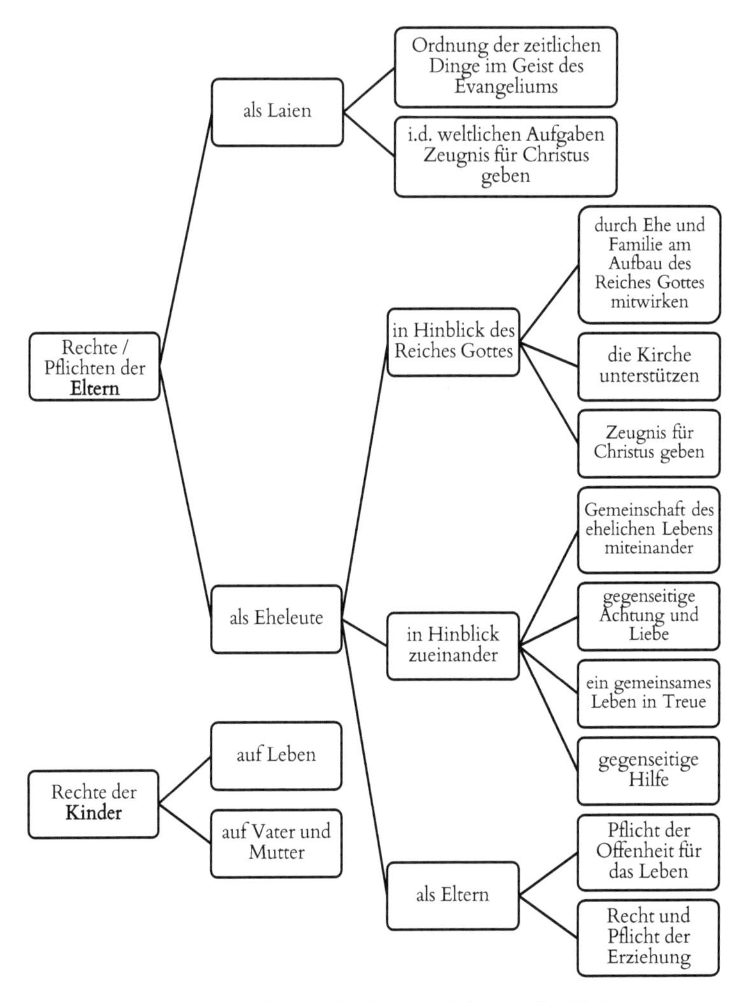

Abb. 28: Rechte und Pflichten der Eheleute

- Als Laien sollen sie vor allem die Ordnung der zeitlichen Dinge im Geist des Evangeliums gestalten und zur Vollendung bringen und so bei der Besorgung dieser Dinge und bei der Ausübung weltlicher Aufgaben Zeugnis für Christus ablegen (CIC 225, §2).
- Als Eheleute sollen sie durch Ehe und Familie am Aufbau des Volkes Gottes mitwirken (CIC 226) und dabei von der Kirche unterstützt werden. Sie geben damit durch ihr Leben Zeugnis von Christus.

- Beide Ehegatten haben gleiche Pflicht und gleiches Recht bezüglich der ***Gemeinschaft des ehelichen Lebens*** (CIC 1135).
- Durch das Eheversprechen haben die Ehegatten zueinander ein Recht auf gegenseitige Achtung und Liebe und auf ein gemeinsames Leben, auf Liebe und Treue und gegenseitige Hilfe.
- Als Eltern haben sie die große „Pflicht und das erstrangige Recht, nach Kräften sowohl für die leibliche, soziale und kulturelle als auch für die sittliche und religiöse Erziehung der Kinder zu sorgen" (CIC 1136). Diese Pflicht drückt sich aus bei der Befragung in der Kirche im Ritus der Trauung: *„Sind sie beide bereit, die Kinder anzunehmen, die Gott Ihnen schenken will, und sie im Geist Christi und seiner Kirche zu erziehen? — Ja*".
- Die Kinder haben das Recht auf Leben — und sie haben das Recht auf Vater und Mutter, auf Eltern, die ihnen nahestehen und für sie sorgen, sich um sie kümmern und sie erziehen.

Diese Punkte erscheinen im Ritus der Trauung (siehe unten). Braut und Bräutigam werden dabei öffentlich befragt, ob sie bereit sind, diese Pflichten auf sich zu nehmen. Dieses öffentlich gesprochene „Ja" ist ernst gemeint. Es gilt. Jeder muss sich dessen bewusst sein, was er *versprochen* hat.

Das apostolische Schreiben *Familiaris consortio* behandelt im ganzen dritten Teil die Aufgaben der christlichen Familie:

> Die christliche Familie erbaut das Reich Gottes in der Geschichte ferner durch dieselben täglichen Wirklichkeiten, die ihre besondere Lebenssituation betreffen und prägen. So ist es gerade die Liebe in Ehe und Familie mit ihrem außerordentlichen Reichtum an Werten und Aufgaben im Zeichen der Ganzheit und Einmaligkeit, der Treue und der Fruchtbarkeit, durch die sich die Teilnahme der christlichen Familie an der prophetischen, priesterlichen und königlichen Sendung Jesu Christi und seiner Kirche ausdrückt und verwirklicht; Liebe und Leben bilden deshalb den Wesenskern der Heilssendung der christlichen Familie in der Kirche und für die Kirche. (*Familiaris consortio*, Nr. 50)

Die christliche Familie wird zu einer Quelle, die Liebe und Güte ausstrahlt und damit Gott bezeugt. Gerade heute ist dieses Zeugnis notwendig. Es werden sich andere daran klammern wollen und sich am Beispiel der Eheleute inspirieren oder einfach durch ihr Zeugnis erleben, dass es die Wirklichkeit der Liebe gibt, die nach Vollkommenheit strebt. Die christliche Familie bezeugt so, dass über unserem Leben die göttliche Liebe steht. Die Familie bezeugt Gott, wenn sie die Schönheit von einer gelebten Tugend vorweisen kann, der gegenseitigen Annahme und Liebe. Sie bringt uns daher etwas vom Paradies auf diese Erde. Und das wird anderen Menschen Kraft und Hoffnung geben und der Familie selbst helfen, im Vorgeschmack den Weg zum großen Ziel zu gehen.

b.2. Eine Liebesgemeinschaft

Zentral ist, dass Gott Liebe ist (1 Joh 4,8) und der Ruf, der von ihm ausgeht, dieser Liebe entspricht. Daraus ergibt sich eine Logik, die zugleich ein Schlüssel ist, um die Ehe zu verstehen.

Wir können diese Liebesgemeinschaft mehr in ihrer Statik betrachten (Ursprung, Urbild in Gott, Beginn im Menschen durch das Ehesakrament; Wirkung; Eigenart der ehelichen Liebe; Ziel) oder in ihrer Dynamik. Wie Feuer eine Wirklichkeit in sich ist, so hat es auch eine Wirksamkeit. Im Sakrament der Ehe kommt es zu einer Dimension, die durch den Hl. Geist bewirkt wird, d.h. durch die *Dritte Göttliche Person* der Heiligsten Dreifaltigkeit, die die innergöttliche Liebe ist.

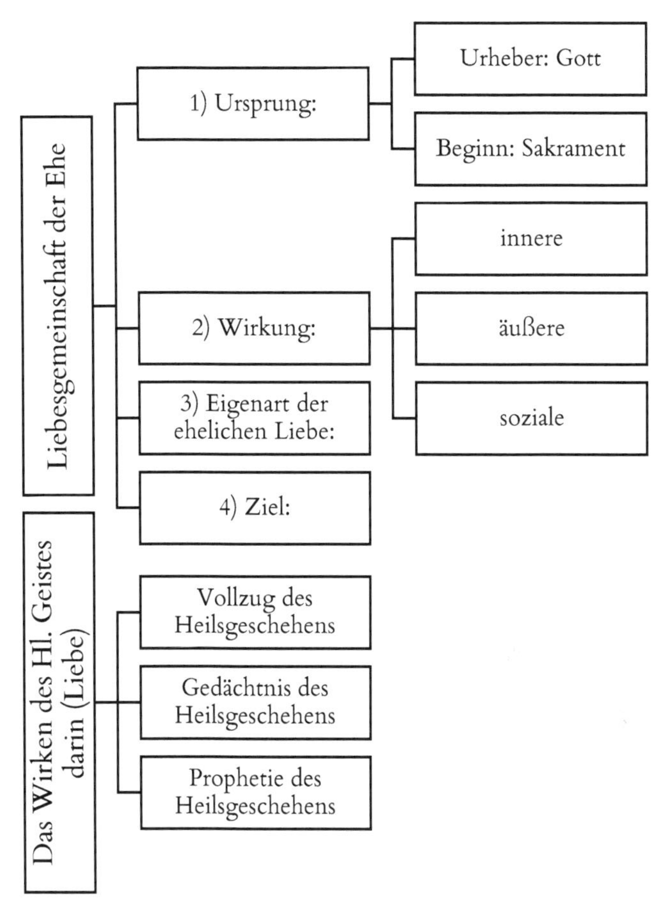

Abb. 29: Die Ehe als Liebesgemeinschaft — durch den Hl. Geist

1) Der Ursprung der Liebesgemeinschaft der Ehe

Die Ehe ist von Gott in weiser Voraussicht so eingerichtet, dass sie seinen Plan, seinen Liebesplan, verwirklicht. Gott, der *Liebe ist*, beruft den Menschen zur *Liebe*. Er lebt in sich selbst ein Geheimnis personaler Liebesgemeinschaft.[32]

Indem er den Menschen nach seinem Bild erschafft und ständig im Dasein erhält, prägt Gott der Menschennatur von Mann und Frau die Berufung und daher auch die Fähigkeit und die Verantwortung zu Liebe und Gemeinschaft ein (vgl. GS 12). Die Liebe ist demnach die grundlegende und naturgemäße Berufung jedes Menschen. Und die Ehe ist eine konkrete Form der Verwirklichung.[33]

In der Verwirklichung streben Mann und Frau durch ihre gegenseitige Hingabe, die ihnen in der Ehe eigen und ausschließlich ist, nach jener personalen Gemeinschaft, in der sie sich gegenseitig vollenden, um mit Gott zusammenzuwirken bei der Weckung und Erziehung neuen Lebens.[34]

Der Motor ist die treibende Kraft. So auch in der Ehe. In Gott ist der Hl. Geist die göttliche Liebe. Er wird im Ehesakrament geschenkt — und das hat Wirkung.

2) Die Wirkung des Ehesakraments in Hinblick auf die Liebesgemeinschaft (*Familiaris consortio*, Nr. 19)

Der in der sakramentalen Eheschließung geschenkte Heilige Geist eröffnet den christlichen Ehegatten eine neue Gemeinschaft, eine Liebesgemeinschaft:[35] Es ist der Hl. Geist, der die wahre christliche Liebe möglich macht, „*denn die Liebe Gottes ist ausgegossen in unsere Herzen durch den Heiligen Geist, der*

[32] Das meinte das Geheimnis der Trinität, der Heiligsten Dreifaltigkeit, dass ein Gott in drei Personen ist. Es ist ein Geheimnis im eigentlichen Sinn und wir wissen davon nur, weil es Gott geoffenbart hat.

[33] *Familiaris consortio*, Nr. 11.

[34] Hl. Paul VI., Enzyklika *Humanae vitae*, Nr. 8.

[35] Diese ist ein Bild der Gemeinschaft Jesu mit der Kirche, die sein mystischer Leib ist. Der mystische Leib wird gebildet durch alle Getauften. Er ist als solcher ungeteilt und eins mit Jesus.

uns gegeben ist." (Röm 5,5). Hier kommt der Qualitätssprung. Aus der natürlichen Liebe (Mögen und Gernhaben aufgrund natürlicher Anziehung) kommt eine übernatürliche Dimension hinzu (eben göttliche) Liebe, die in den Ehepartnern durch das Ehesakrament wirkt.

> Das Geschenk des Geistes ist für die christlichen Ehegatten ein Lebensgebot und zugleich ein Antrieb, täglich zu einer immer reicheren Verbindung miteinander auf allen Ebenen voranzuschreiten — einer Verbindung der Körper, der Charaktere, der Herzen, der Gedanken, der Wünsche, der Seelen — und so der Kirche und der Welt die neue Gemeinschaft der Liebe zu offenbaren, die durch die Gnade Christi geschenkt wird. (*Familiaris consortio*, Nr. 19)

Das Wirken des Hl. Geist (Sth II-II, 24,2)

Der Hl. Geist ist die Liebe, die innertrinitarische Liebe der göttlichen Personen des Vaters und des Sohnes zueinander. Wenn der hl. Geist dem Menschen geschenkt wird, bewirkt er die Liebe zu Gott. Aus dieser Liebe heraus fängt der Mensch an, in tieferer Weise zu lieben, was Gott liebt, indem er mit Gott, dem Hl. Geist und aufgrund Seiner Hilfe liebt.

> Die Gottesliebe ist eine Art Freundschaft des Menschen mit Gott, die sich gründet in der Mitteilung der ewigen Seligkeit. Diese Mitteilung aber basiert nicht auf Naturgüter, sondern auf Geschenke der Gnade; denn „die Gnade Gottes ist ewiges Leben" (Röm 6,23). Deshalb übersteigt auch die Gottesliebe selbst alles Vermögen der Natur. Was aber das Vermögen der Natur übersteigt, kann weder auf naturhafte Weise noch durch naturhafte Fähigkeiten erworben sein; denn die natürliche Wirkung geht nicht über ihre Ursache hinaus. Deshalb kann die Gottesliebe weder von Natur in uns sein, noch ist sie durch natürliche Kräfte erworben, sondern durch die Eingießung des Heiligen Geistes, der die Liebe von Vater und Sohn und dessen Teilnahme in uns die geschaffene Gottesliebe selbst ist. (Hl. Thomas von Aquin, Sth II-II, 24,2)

Die Frucht übernatürlicher Liebe (Sth II-II, 28-33)

Die übernatürliche Liebe hat *innere* und *äußere* Wirkungen (Früchte).

Die inneren Wirkungen sind:	Die äußeren Wirkungen sind:
• Freude • Friede • Barmherzigkeit (ein barmherziges, mitfühlendes Herz)	• Wohltätigkeit • Hilfe für notleidende Menschen (*Almosen*) • brüderliche Zurechtweisung (eben aus Liebe zum Wohl des Anderen mit einem Geist der Liebe)

Abb. 30: Die inneren und äußeren Wirkungen übernatürlicher Liebe

Die sozialen Wirkungen der Liebe und ihr Einfluss auf die ganze Familie

Die Wirkungen im Inneren der Familie:	Die äußeren Wirkungen der Liebe sind (Auswirkung der Familie in die Kirche und Gesellschaft):
• Friede in der Familie • Verzeihen und sich gegenseitig ertragen können • Einheit der Familie • gegenseitiges Wohltun (gute Taten)	• Zeugnis für die Liebe und Güte Gottes • Wohltätigkeit an den Hilfsbedürftigen • Mithilfe an der Sendung der Kirche (zum Heil der Seelen)

Abb. 31: Die sozialen Wirkungen der Liebe

Biblische Fundierung (1 Kor 13)

Zeugnis für die Bedeutung und die Wirkungen der Liebe (in Hinblick auf das ewige Ziel des Menschen) gibt der Erste Korintherbrief des hl. Apostels Paulus, Kap. 13. Es wird eine absolute **Bedeutung** der übernatürlichen Liebe ausgesprochen:

> Wenn ich in den Sprachen der Menschen und Engel redete, hätte aber die Liebe nicht, wäre ich dröhnendes Erz oder eine lärmende Pauke. Und wenn ich prophetisch reden könnte und alle Geheimnisse wüsste und alle Erkenntnis hätte; wenn ich alle Glaubenskraft besäße und Berge damit versetzen könnte, hätte aber die Liebe nicht, wäre ich nichts. Und wenn ich meine ganze Habe verschenkte, und wenn ich meinen Leib dem Feuer übergäbe, hätte aber die Liebe nicht, nützte es mir nichts.

Dann folgen die Wirkungen der Liebe

> Die Liebe ist langmütig, die Liebe ist gütig. Sie ereifert sich nicht, sie prahlt nicht, sie bläht sich nicht auf. Sie handelt nicht ungehörig, sucht nicht ihren Vorteil, lässt sich nicht zum Zorn reizen, trägt das Böse nicht nach. Sie freut sich nicht über das Unrecht, sondern freut sich an der Wahrheit. Sie erträgt alles, glaubt alles, hofft alles, hält allem stand. Die Liebe hört niemals auf. (1 Kor 13,1–8)

3) Eigenart und Forderung der ehelichen Liebe (*Familiaris consortio*, Nr. 11; Hl. Paul VI., Enzyklika *Humanae vitae*, Nr. 9)

Der Mensch ist in seiner geeinten Ganzheit zur Liebe berufen. Die Liebe schließt auch den menschlichen Leib ein, und der Leib nimmt an der geistigen Liebe teil. Die eheliche Liebe hat so etwas Totales an sich, das alle Dimensionen der Person umfasst. Sie betrifft

- Leib und Instinkt,
- die Kraft des Gefühls und der Affektivität,
- das Verlangen von Geist und Willen;

- sie ist auf eine zutiefst personale Einheit hingeordnet, die über das leibliche Einswerden hinaus dazu hinführt, ein Herz und eine Seele zu werden;
- sie fordert Unauflöslichkeit und Treue in der endgültigen gegenseitigen Hingabe
- sie ist offen für die Fruchtbarkeit.

Es sind die normalen Merkmale jeder natürlichen ehelichen Liebe, jedoch mit einem neuen Bedeutungsgehalt, der sie nicht nur läutert und festigt, sondern so hoch erhebt, dass sie Ausdruck spezifisch christlicher Werte werden.

Beschreibung der Liebe (Hl. Paul VI., Enzyklika *Humanae vitae*, Nr. 9)

Die echte menschliche Liebe kann mit verschiedenen Adjektiven beschrieben werden:

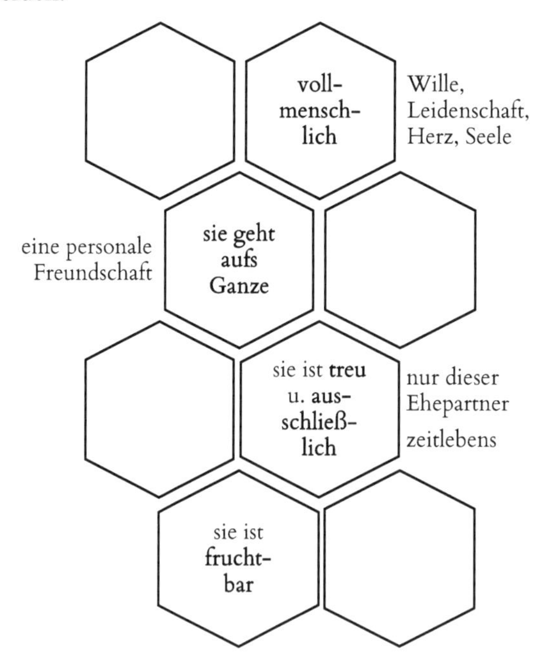

Abb. 32: Beschreibung der echten menschlichen Liebe

An erster Stelle müssen wir sie als ***vollmenschliche Liebe*** sehen, das heißt als sinnenhaft und geistig zugleich. Sie entspringt darum nicht nur Trieb und Leidenschaft, sondern auch und vor allem einem Entscheid des freien Willens, der darauf hindrängt, in Freud und Leid des Alltags durchzuhalten, ja dadurch stärker zu werden: so werden dann die Gatten ein Herz und eine Seele und kommen gemeinsam zu ihrer menschlichen Vollendung.

Weiterhin ist es Liebe, ***die aufs Ganze geht***;

jene besondere Form personaler Freundschaft, in der die Gatten alles großherzig miteinander teilen, weder unberechtigte Vorbehalte machen noch ihren eigenen Vorteil suchen. Wer seinen Gatten wirklich liebt, liebt ihn um seiner selbst willen, nicht nur wegen dessen, was er von ihm empfängt. Und es ist seine Freude, dass er durch seine Ganzhingabe bereichern darf.

Die Liebe der Gatten ist zudem ***treu und ausschließlich*** bis zum Ende des Lebens;

so wie sie Braut und Bräutigam an jenem Tag verstanden, da sie sich frei und klar bewusst durch das gegenseitige eheliche Jawort aneinandergebunden haben. Niemand kann behaupten, dass die Treue der Gatten, mag sie auch bisweilen schwer werden, unmöglich sei. Im Gegenteil. Zu allen Zeiten hatte sie ihren Adel und reiche Verdienste. Beispiele sehr vieler Ehepaare im Lauf der Jahrhunderte sind der Beweis dafür: Treue entspricht nicht nur dem Wesen der Ehe, sie ist darüber hinaus eine Quelle innigen, dauernden Glücks.

Diese Liebe ist schließlich ***fruchtbar***,

da sie nicht ganz in der ehelichen Vereinigung aufgeht, sondern darüber hinaus fortzudauern strebt und neues Leben wecken will ... Ehe und eheliche Liebe sind ihrem Wesen nach auf die Zeugung und Erziehung von Nachkommenschaft ausgerichtet. Kinder sind gewiss die vorzüglichste Gabe für die Ehe und tragen zum Wohl der Eltern selbst sehr bei.

Ist die menschliche Liebe (nur) ein Gefühl?

Das Gefühl bewegt, es treibt an. Das positive Gefühl beflügelt. Die Sympathie zieht an — das Verlieben geschieht oft daraus.

Doch ist Liebe mehr als ein Gefühl. Die Liebe zweier Menschen ist Entscheidung, sie ist gegenseitige Hingabe, ein Wille, der meint: „Ich will, dass es dir gut geht – und wenn es dir gut geht, dann bin ich glücklich und am Ziel“. Die Liebe führt zur Freundschaft. Auch diese setzt eine Entscheidung dazu voraus. Da die Entscheidung die Geistnatur des Menschen betrifft (weniger die Gefühlswelt des Leibes), ist ihr eigentlicher Ort der Wille des Menschen. Das Gefühl kann Folge und Ausdruck dieser inneren, in Freiheit vollzogenen Hingabe sein, doch lässt sich Liebe nicht auf ein Gefühl reduzieren. Das wäre zu wenig. Es ist nicht das Gefühl, das Liebe ausmacht oder bewirkt, sondern die innere Hingabe und Bindung, indem sich jemand zum Geschenk macht. Das ist wichtig zu verstehen, um in Trockenzeiten auszuharren, wenn scheinbar das „Gefühl“ fehlt. Auch wenn es schwierige Zeiten geben wird, die wahre Liebe ist die immer wieder neue und bewusste Entscheidung für den anderen, das stetige „Ja“ zum Partner in allen Lebenslagen. Man wird zusammenbleiben, wenn man zusammenbleiben *will*.

Abb. 33: Die sieben Ziele menschlicher Liebe

4) Das Ziel der menschlichen Liebe

Die menschliche Liebe (von Mann und Frau) strebt zuerst die dauernde **Gemeinschaft** zweier Personen, dann die **Vereinigung** beider an. Das Gegenüber wird dadurch irgendwie „überwunden“ und es kommt zur Einheit. Die körperliche Vereinigung soll darüber hinaus zu einer Einheit von Herz und Seele führen. Ferner strebt die Liebe die Weitergabe der Liebe (Leben) mit dem Geliebten an, indem sie ihr Leben weiterschenken will. Dann zielt die Liebe die Vollendung beider Liebenden an: Durch die Liebe wird *„der Geliebte/die Geliebte zu einem anderen Ich“*, zu einer Ergänzung zur menschlichen Vollendung. Die Liebe strebt dann die Dauerhaftigkeit dieses Zustandes an: Die Liebe, die sich entfaltet und in der Zeit bewährt hat, wird zur Treue (d.h. Liebe in der Zeit). Liebe nur auf begrenzter Zeit wäre ein Widerspruch und keine echte Liebe. Die christliche Liebe nimmt dabei Maß an Jesus. Er hat die Liebe als Ganzhingabe bis zum Tod vorgelebt. Die Eheleute sollen sich an diesem Beispiel orientieren, denn ihre Liebe ist ebenso eine Ganzhingabe, die das ganze Leben betrifft und bestimmt.

Die *Aufgabe* dieser Liebesgemeinschaft (*Familiaris consortio*, Nr. 17)

Die Familie ist nach Gottes Plan als *„innige Gemeinschaft des Lebens und der Liebe“* gegründet (GS 48). Sie hat die Sendung, in dieser Dynamik immer mehr das zu werden, was sie ist — die Gemeinschaft des Lebens und der Liebe:

- Ohne die Liebe ist die Familie keine Gemeinschaft von Personen und
- ohne Liebe kann die Familie nicht als Gemeinschaft von Personen leben, wachsen und sich vervollkommnen.

Die Familie empfängt die Sendung, die Liebe zu hüten, zu offenbaren und mitzuteilen als lebendiger Widerschein und wirkliche Teilhabe an der Liebe Gottes zu den Menschen und an der Liebe Christi, unseres Herrn, zu seiner Braut der Kirche.

Die Sendung in der Gesellschaft

Die Familie entwickelt die Gesellschaft. Sie tritt öffentlich, durch ihr gelebtes Zeugnis, für die fundamentalen Werte ein: Liebe, Treue, Verlässlichkeit,

Verantwortungsbereitschaft, Aufgabenteilung, Zusammenarbeit, Klugheit, Gerechtigkeit, Anteilnahme, ... und „durch den Schutz und die Vermittlung von Tugenden und Werten".[36] Diese kann die Gesellschaft selber nicht machen. Sie muss sie voraussetzen, wenn sie funktionieren will. Die Familie ist es, die sie macht!

Die Sendung der Familie in der Kirche (*Familiaris consortio*, Nr. 49)

Die christliche Familie bildet eine ***Hauskirche***, (*ecclesia domestica* — Hauskirche) und in ihrer Weise stellt sie ein lebendiges Bild und eine Vergegenwärtigung des Geheimnisses der Kirche in der Zeit dar.

Die Familie leistet in der Sendung der Kirche (das Heil der Seelen) einen

- **„mitschaffenden"** Beitrag: Zeugung von Nachkommenschaft.
- einen **bezeugenden** Beitrag: sie bezeugt die Liebe Gottes; sie gibt diese Erfahrung weiter.[37]
- einen **erinnernden** Beitrag: sie erinnert an die Erlösung der Menschheit durch Jesus Christus. Auch Jesus, der die Kirche gegründet hat, kam in einer Familie auf die Welt (Mt 1; Gal 4,4).

---

[36] *Familiaris consortio*, Nr. 43.

[37] Vgl. *Familiaris consortio*, Nr. 13: „Die Eheleute sind daher für die Kirche eine ständige Erinnerung an das, was am Kreuz geschehen ist; sie sind füreinander und für die Kinder Zeugen des Heils, an dem sie durch das Sakrament teilhaben." Der hl. Paulus sagt: „Darum wird der Mann Vater und Mutter verlassen und sich an seine Frau binden, und die zwei werden ein Fleisch sein. Dies ist ein tiefes Geheimnis; ich beziehe es auf Christus und die Kirche." (Eph 5,31–32).

- einen **vollziehenden** Beitrag: als Sakrament vollzieht sie das Heilsgeschehen,[38] indem in der Familie stets der Raum für die Vergebung gegeben ist.

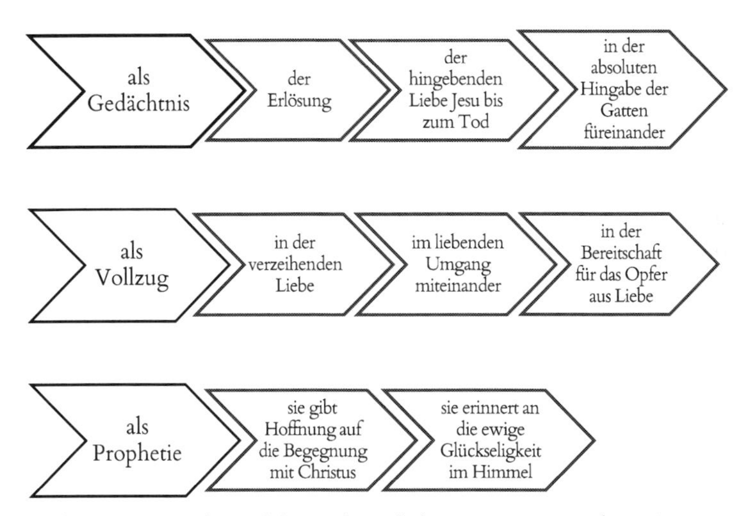

Abb. 34: Die Familie und das Heilsgeschehen Jesu am Kreuz (*Familiaris consortio*, Nr. 13)

Wie jedes andere Sakrament ist die Ehe **Gedächtnis**, **Vollzug** und **Prophetie des Heilsgeschehens**. Damit ist die Erlösung gemeint, die Jesus uns erwirkt hat und die durch die Sakramente bei den Einzelnen ankommt.

[38] Das Heilsgeschehen bezieht sich auf die Gesamtheit des durch Jesus Christus gewirkten Heils.

3. Über die fruchtbringende geistliche Vorbereitung zum Empfang des Sakramentes

Die Zeit vor der Hochzeit ist eine Zeit der Vorfreude und der Dankbarkeit. Die Brautleute blicken auf den wichtigsten Tag ihres Lebens und bereiten sich darauf vor. Zentral ist dabei der *Empfang des Sakramentes*. Es geht um die Bedingungen für den würdigen Empfang, um die sie sich bemühen sollen. Dabei gibt es eine richtige Hierarchie der Dinge nach Wertigkeit.

Das Sakrament bildet die Grundlage für die Hochzeit. Es ist das Wesentliche und der Grund der Feier. Die feierliche Liturgie gibt den würdigen Rahmen dazu.

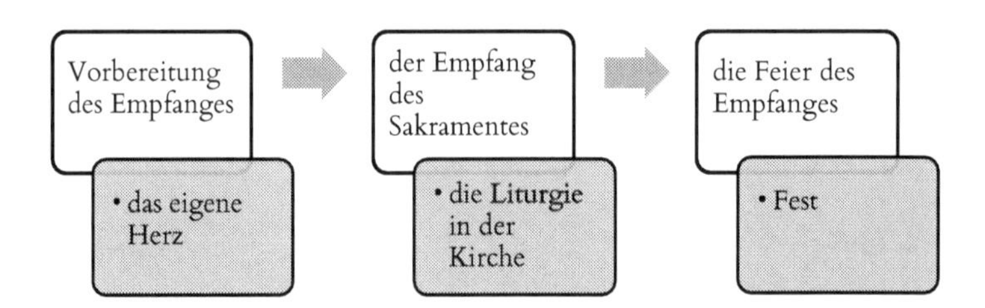

Abb. 35: Die Vorbereitungen in der Wertigkeit der Dinge

Die weltliche Feier danach ist Folge und festliche Ausschmückung von dem, was in der Kirche geschehen ist.

Man kann daher verstehen, dass die richtige Wertigkeit der Dinge folgender ist:

1. An erster Stelle: Die Vorbereitung der Herzen der Brautleute → zum *Empfang* des Sakramentes
2. Zweite Stelle: Die Vorbereitung der Liturgie des Ehesakramentes (in der Kirche) → der *Empfang selbst*
3. Dritte Stelle: Die weltliche Feier der Hochzeit → die *Feier des Empfanges*

Es ergeben sich zwei Feiern (kirchlich, weltlich). Beide haben ihre je eigene Charakteristik und ihre eigenen Elemente. Diese sollen *nicht vermischt* werden. Die kirchliche Feier gehört in die Kirche und die weltliche ins Gasthaus.

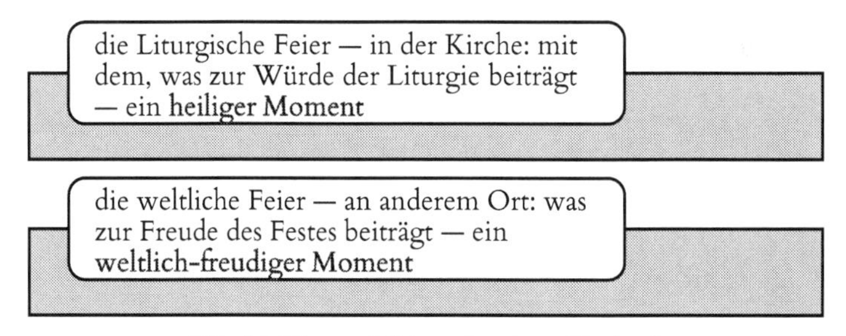

Abb. 36: Die zwei Feiern der einen Hochzeit

In der Kirche tragen zu einer würdigen Feier mehr die Elemente bei, die dem Rahmen der Zelebration „*vor Gott*" entsprechen. Sie drücken liturgisch die Heiligkeit des Momentes aus und unterstreichen ihn.

Manchmal ist zur Unterscheidungsfindung notwendig, mit dem trauenden Geistlichen Klarheit zu erbitten, was zur liturgischen Feier wirklich passt und was nicht. Es wäre unangemessen, Elemente der weltlichen Feier in die liturgische Zelebration hineinzumischen (Art der Musik, Texte, etc.).

In diesem Kapitel soll es um die Vorbereitung gehen. Doch was ist das: *Vorbereitung?* Wenn man sich auf etwas vorbereitet, heißt das nach dem hl. Thomas von Aquin, dass man eine „Anordnung" macht, eine *dispositio*. Gemeint ist, dass die Kräfte geordnet auf den wichtigen Moment ausgerichtet werden, wodurch ein „Zur-verfügung-stellen" geschieht. Das betrifft:

- das hochzeitliche Herz der Brautleute — dafür ist die geistliche Vorbereitung der Ehe notwendig. Es ist eine *innere Vorbereitung*.

- Zu ihr kommt dann auch die *äußere Vorbereitung* hinzu. Doch wenn es an der rechten inneren Vorbereitung fehlt, kann auch die perfekte äußere diese nicht ersetzen.

Die Wichtigkeit der inneren Vorbereitung soll hier deutlich werden.

3.1. Innere Vorbereitung der Brautleute

Oben wurde die **entferntere** und **nähere** Vorbereitung angesprochen. In Hinblick auf *die innere Wirklichkeit* betrifft sie Herz und Seele der Brautleute, aber auch deren ganze Person.

- Zur **entfernteren Vorbereitung** gehört:
  die gut gelebte Verlobungszeit
  - was beide ***nicht*** tun sollen! — es betrifft die Vorbereitung des bräutlichen Herzens durch die sexuelle Enthaltsamkeit vor der Ehe
  - was beide ***schon*** tun sollen — einige Punkte zur Verlobungszeit in Vorbereitung auf Ehe und Familie;
- Zur **näheren Vorbereitung**, unmittelbar vor der anstehenden Trauung; dazu gehört:
  - das Gebet
  - evtl. gute geistliche Exerzitien
  - gute Lektüre
  - der Empfang der heiligen Beichte

Die Vorbereitung für das Leben nach der Hochzeit betrifft verschiedene Aspekte. Aus dem *Ich* wird *Wir* (aus dem individuellen Leben Gemeinschaft). Doch Gemeinschaft ist keine Summe der Individuen, sondern ist Frucht eines Aufbaus von allen Seiten.

Die richtig gelebte Verlobungszeit vor der Ehe (einige Monate bis ein bis zwei Jahre vorher):

Dazu gehört wesentlich die Entwicklung der Liebe und das Sich-Kennen-Lernen. Doch damit das Ganze in Freiheit geschieht, ist es absolut notwendig, sexuelle Enthaltsamkeit zu leben. Es handelt sich um einen *wichtigen* Punkt auch deshalb, weil die momentane Kultur andere Werte vorlebt. Die spätere Treue in der Ehe hängt damit zusammen. Sie wird in der Schule der Verlobung vorbereitet und eingeübt. Sexualität ist nicht etwas Schlechtes, sondern jener Gebrauch von ihr, der nicht die innere Ordnung respektiert, die ihr gebührt. Schließlich betrifft es hier einen Punkt, der sehr verwunden kann, was für die

Liebe nicht förderlich ist. Das zu verstehen, soll Ziel des nächsten Kapitels sein, indem geklärt werden soll, warum die Enthaltsamkeit entscheidend ist.

a. Sexuelle Enthaltsamkeit vor der Ehe?

Wenn Mann und Frau sich körperlich vereinen, drückt diese Handlung eine innere Hingabe aus, die — in Sprache übersetzt — das zum Ausdruck bringt:

> „Ich liebe Dich in vollständig und ganz, in dieser tiefen Weise nur Dich, mit allem was du bist und das dich ausmacht, mit all meinen Kräften, ohne von dir oder mir etwas auszuschließen — und das für immer, was ich hiermit ausdrücke durch meine ganze Hingabe an Dich."

Es geht hier nicht um ein Konsumgut, welches verbraucht wird, sondern um eine menschliche Handlung mit einer Absicht, mit einer Zielsetzung, mit einer Tiefe. Es ist ein körperlicher Ausdruck der Liebe. Die Körpersprache können beide verstehen. Doch es gibt eine Bedingung. Dieser Moment hat eine Innenseite: sie fordert die Wahrheit. Gefordert ist, dass der Ausdruck auch das *meint*, was er bezeichnet. Er setzt voraus, dass es einen echten geistigen Vollzug gibt, der vorausgegangen ist:

> „Weil ich dich so liebe, habe ich mich an dich für immer verschenkt und gebunden! — Und das war ernst gemeint, weshalb ich Dir öffentlich meine Liebe und Achtung versprochen habe, in guten wie in schlechten Zeiten. In dieser Bindung habe ich mich zum Geschenk an dich gemacht für immer."

Man versteht, dass dies am Traualtar geschehen ist. Der innere, geistige Vollzug ist Voraussetzung dafür, dass der körperliche Ausdruck ehrlich und wahr ist.

Die Möglichkeit neuen Lebens setzt in diesem Moment eine feste, beständige und gereifte Beziehung voraus von Menschen, die sich für immer aneinandergebunden haben.

Wenn ein Pärchen noch nicht (kirchlich) verheiratet ist, lässt es sich in diesem Moment die Möglichkeit offen, sich zu trennen. Die Tür bleibt offen, „falls es nicht klappt", und schon wird der körperliche Vollzug unwahr, denn es ist *absolut* und *das doch nicht* im selben Moment: Liebe und doch nicht wirklich Liebe. Wahre Liebe sucht das dauerhafte Geschenk, gemeint ist: das eigene Geschenk an den anderen — nicht umgekehrt, dass man durch den Anderen für sich konsumiert, etwas von ihm nimmt. Die Haltung des Sich-Nehmens ist das Gegenteil von Geben. Sexualität nur als Spaß gesehen schließt die Liebe aus, wie sie von Gott her gelebt werden soll und entstellt sie zudem.

Der körperliche Vollzug setzt das Eheversprechen am Traualtar, vor Gottes Angesicht, voraus. Wenn das Sakrament der Ehe empfangen wurde, ist er der körperliche Ausdruck dessen, was man bereits innerlich-geistlich bewahrheitet hat und das hat durch die Öffentlichkeit der Ehe seine ernstgemeinte Seite bekommen. Klar ist, dass hier eine Zeit der Reifung verlaufen ist, wodurch es zu dieser bewussten Entscheidung gekommen ist. Diese Zeit abzuwürgen (zu verbrennen), um gleich „in die Vollen zu gehen", ist der Liebe gegenläufig und verhindert ihre Reifung, denn sie *verkürzt* sie auf einen Aspekt — in einem unreifen Zustand und verhindert zugleich deren Entwicklung in anderen Bereichen. Sie verhindert, dass sie „von oben" beflügelt werden kann von dem, der sie in einem größeren Horizont erdacht hat.

Die Entwicklung der Liebe würde sich auf den Aspekt der Geschlechtlichkeit reduzieren und ihr darin nicht gerecht werden. Begriffe wie *Liebe* und *Hingabe* können leicht durch *Sex*, *Geschlechtlichkeit* und *sexueller Verkehr* ersetzt werden (zumindest dem Inhalt nach, was die momentane Konsum-Kultur macht), was eine Folge dieser Reduktion ist. Es stellt sich die Frage, um was es dabei geht: Liebe zu sich (Selbstliebe) oder um den Anderen (ehrliche Liebe), Egoismus[39] zu zweit — oder um ein Wachstum hinein in etwas, was beide übersteigt — und daher seine Zeit braucht? Wahre Liebe lässt sich diese Zeit, die sie braucht.

[39] Hier gilt es ehrlich zu sein. Die Liebe braucht dessen „Reinigung", gemeint ist von dem, was zu viel an Ich gesucht wird. Der Mensch liebt sich von Natur aus; das kann auch ins Unmaß gehen, vor allem, wenn das Du ins Leben getreten ist. Das wird immer wieder der Fall sein. In der Beziehung ist es eine ernstzunehmende Realität geworden. Die Reinigung kann reich an Opfer sein, aber dafür wird sie fruchtbar und aufbauend, ja lohnenswert sein.

Wer hier gelernt hat, Abzuwarten, wird es auch in der Ehe können. Wer das nicht gelernt hat, disponiert sich dazu, Fallen aufzustellen, in die man selber tappen kann (berufliche Abwesenheit, Reise, ...).

Die Liebe bedarf einer Reinigung, um nicht auf einer unreifen Stufe zu bleiben, in der sinnliche Leidenschaften aufflackern, die auch zerstörerisch sein können. Die Leidenschaften sind unserer sinnlichen Natur mitgegeben, doch sie bedürfen einer Kanalisierung und Ordnung, ja einer Integration in die Persönlichkeit, so dass sie durch die Vernunft gelenkt werden. Die geglückte Integration meint „Keuschheit“ (KKK 2337). Sie ist ein Weg, der Opfer bedeutet; ganz entgegen dem modernen Denken, indem häufig weniger das Sinnprinzip, sondern das Lustprinzip die entscheidende Rolle spielt. Ein Lebensentwurf, der auf Lust gegründet ist, verliert sein Fundament, wenn die Lust vorbei ist, während ein Sinnentwurf tiefer geht und ein Ziel vor Augen hat. Auch hier wird deutlich, dass das Gefühl nicht das Verhalten bestimmen soll.

Vielleicht hilft ein Bild: Wenn man zwei Papierblätter zusammenklebt, entsteht eine Einheit von einem Blatt. Vielleicht müssen die Blätter aus irgendeinem Grund getrennt werden. Falls man sie auseinanderreißt werden auf jeder offengelegten Seite Teile des anderen Blattes sein. Die Folge der Trennung. Ähnlich ist es in der menschlichen Beziehung. Leider bringen sexuelle Vorerfahrung auch „Teile“ mit in eine „neue“ Beziehung, die damit fertig werden muss.

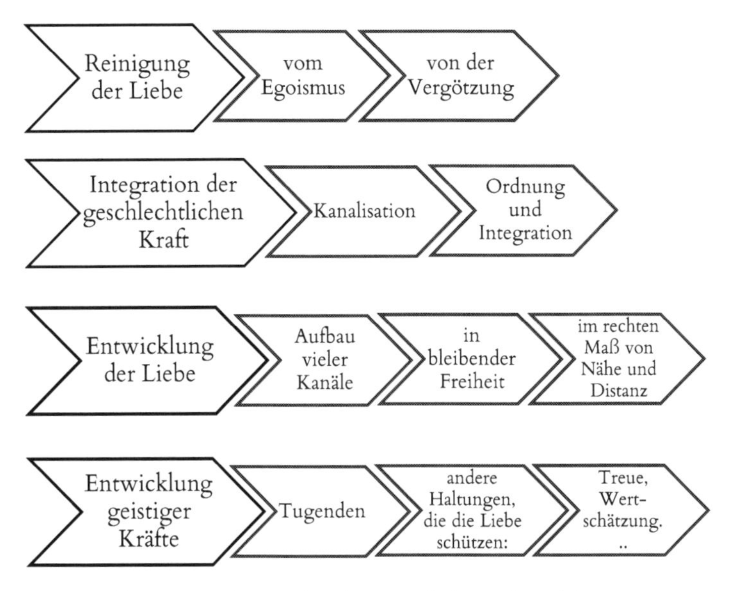

Abb. 37: Sexualität und Liebe — Aufgaben i.d. Verlobungszeit

Die Laienvereinigung für affektive und sexuelle Reife (Almas) hat „10 Gründe zusammengetragen, um die Enthaltsamkeit in der Verlobungszeit zu leben“.[40]

[40] Entnommen aus: Miguel Ángel Fuentes, *La Castidad ¿posible?*, Ediciones del Verbo Encarnado, San Rafael 2006, S. 44–46; im Folgenden: *La Castidad ¿posible?*.
Der Originaltext kann eingesehen werden in:
www.almas.com.mx/almas/artman/publish/article_1008.php.

Die Verlobungszeit als Zeit der Reifung verlangt dazu, damit sie zur Reifung gelangt, die gelebte Grenze. Wenn man hier von *Reinheit* spricht, meint man die *Enthaltsamkeit*, die reinigend für die Liebe ist. Hier die Gründe in einer leicht veränderten Form:

Abb. 38: Zusammenfassung der Gründe für sexuelle Enthaltsamkeit vor der Ehe

Die Gründe zur sexuellen Enthaltung vor der Ehe

1. Die Reinheit hilft, um eine **gute Kommunikation** mit dem Verlobten / der Verlobten zu haben, weil die sexuelle Enthaltsamkeit bewirkt, dass die Verlobten nicht den *Genuss* im Zentrum haben, sondern sich in *freud-voller Weise* darauf zentrieren, um Gesichts- und Lebenspunkte zu teilen. Dadurch werden ihre Dialoge tiefer; die physische Intimität ist eine leichte Form, um Beziehung zu üben, doch sie reduziert andere Formen

der Kommunikation. Sie vermeidet die Arbeit, die die wahre emotionale Intimität voraussetzt, wie das Sprechen über persönliche und tiefe Themen und das Arbeiten an grundsätzlichen Schwierigkeiten, die es zwischen beiden gibt. Und eines der Themen, über die es in dieser Etappe zu sprechen gibt, ist alles, was die eheliche Moral, das geistliche Leben und die zukünftige religiöse Praxis der Eheleute betrifft.

2. Es wächst der **freundschaftliche Aspekt der Verlobungszeit.** Die Verlobungszeit ist eine besondere Form der Freundschaft (wie die Ehe es in einem noch größeren Grad sein wird). In diesem Sinn ist die physische Nähe täuschend, denn sie lässt glauben, dass sich Personen emotional nahe sind, weil sie physisch vereint sind, obwohl es nicht so ist. Viele verheiratete Personen haben Sex, aber leben keine tiefe Freundschaft unter sich. Im Gegenteil, sie können sentimental und geistlich sehr weit voneinander entfernt sein. Es ist dieser Aspekt der Freundschaft, der sein muss, den man exklusiv in dieser Etappe kultiviert, indem man die sexuelle Einheit für die Ehe aufhebt.
3. Es schafft eine **bessere Beziehung zu den Eltern** der Familie von beiden. Viele Eltern möchten, dass ihre Kinder, die noch ledig sind, die sexuelle Enthaltsamkeit leben und sind nicht beruhigt, wenn sie wissen oder annehmen, dass die Kinder die Sexualität ausüben, ohne verheiratet zu sein. Es gibt Ausnahmen davon (und in unserer Gesellschaft sieht man alles Mögliche), aber im Allgemeinen ist das der Gedanke, wenn die Eltern ihre Kinder lieben und eine grundlegende Bildung über die Sexualität und die Ehe haben. Die Reinheit zu leben und wie reine Personen handeln, gibt den Eltern Vertrauen und Ruhe und das führt dazu, leichter die Verlobung ihrer Kinder zu akzeptieren und sie zu ermutigen.
4. Jede der Verlobten hat **mehr Objektivität und Freiheit**, um zu sehen, ob die Verlobung stimmig ist oder nicht. Dahingegen schränken sexuelle Beziehungen diese Freiheit ein bzw. unterdrücken sie (wie ein emotionales Lasso[41]). Wie viele Personen stellen fest, dass ihre Verlobung nicht

[41] Die emotionale Bindung ist eine Hilfe, doch nur dann, wenn beide auch zusammengehören, zusammenpassen als Personen. Wenn das nicht der Fall ist, fällt die Trennung schwer, da die Emotionen binden.

passt oder es unangenehm wäre, sich mit dieser Person zu verheiraten, aber sie fühlen sich gedrängt durch das „Versprechen", das die sexuelle „Hingabe" voraussetzt! Es wird oft gesagt: „Man müsste diese Beziehung beenden, doch ich kann nicht!"

5. Es bildet sich die **Großzügigkeit anstelle des Egoismus**, weil sexuelle Beziehungen in der Verlobungszeit zum Egoismus einladen und zur eigenen Befriedigung.[42]
6. Es gibt **weniger Risiko des Missbrauchs**. Zum Beispiel gibt es doppelt so viele physische Aggression zwischen Paaren, die ohne Versprechen zusammenleben als zwischen verheirateten Paaren. Es gibt weniger Eifersucht und Egoismus bei Verlobten, die die Reinheit leben als bei denen, die sich von den Leidenschaften treiben lassen.[43]
7. Es erhöht sich das **Repertoire der Ausdrücke für Affekt und Zuneigung**, denn Verlobte, die in Enthaltsamkeit leben, entdecken „neue" Details, ihre liebevolle Freundschaft auszudrücken. Sie entdecken und schaffen eine Findigkeit, um die Zuneigung zu geben und sich gegenseitig Interesse zu zeigen. Die Beziehung verstärkt sich und sie haben mehr Möglichkeit, ihren Charakter kennen zu lernen, wie die Gewohnheiten und die Weise, eine Beziehung zu unterhalten.
8. Es lässt die **Chancen wachsen**, dass die Ehe gelingen wird. Es gibt Untersuchungen, die gezeigt haben, dass Paare, die zusammengelebt haben, mehr Scheidungswahrscheinlichkeit haben als diejenigen, die das nicht getan haben.[44]
9. Wenn einer der Beiden die Beziehung „unterbricht", schmerzt es **weniger**, weil die **Lassos** zu stark binden, die die sexuelle „Zuneigung"

---

[42] Es ist sehr leicht, den Menschen zu *gebrauchen* (wie es z.B. leicht in der Arbeitswelt geschieht), doch schwer, ihn zu *lieben*, was etwas ganz Anderes ist.

[43] Die Leidenschaften sind Kräfte, die sich leicht selbstständig machen können. Sie brauchen die Kanalisierung und Ordnung, um als Zugpferde zu dienen und so zu helfen, wo man ihre Hilfe braucht.

[44] Studie von Wisconsin; zitiert in Jorge Loring, *Para salvarte*, Edapor, Madrid 1998[51], S. 380. Die Studie findet sich in: *Diario* YA, 16.7.1989, S. 15.

(Affektivität) aufgrund Natur schafft. Daher ist der Schmerz bei einem Bruch größer.

10. Du identifizierst dich **mehr als Person**, weil die Jugendlichen, die sexuell aktiv leben, häufig ihre Selbstwertschätzung verlieren und zulassen, dass sie mit Schuld leben (es gibt noch kein Recht darauf, weil die innere feste Bindung durch das Eheversprechen noch nicht vollzogen ist); dahingegen, diejenigen, die keusch leben, wachsen als Personen. Wenn man in der Gesellschaft mitschwimmen will, um, „in" zu sein, kann es geschehen, dass man, nur um zu gefallen, sich zu Handlungen überreden lässt, für die man eigentlich noch gar nicht bereit ist.

Es ist schlecht, sich die wertvolle Etappe zu verbauen, wie sie die Verlobungszeit ist. Frühzeitige sexuelle Beziehungen außerhalb der Ehe sind keine gute Vorbereitung auf eine gute Ehe und die gegenseitige Treue in der Ehe.

Was ist, wenn man diesen Punkt nicht oder nur oberflächlich betrachtet hat; oder es schon zu spät ist? Es ist immer Zeit, Veränderungen zu machen, um diesen vorbereitenden Punkt gut zu leben. Das kann Kraft bedeuten und *ist* mit Opfer verbunden. Die Vorbereitung auf alles, was groß ist, bedeutet Opfer — weil es ja etwas Großes ist, aber es lohnt sich. Die geistige Kraft, die durch die Tugend entstehen wird, wird wichtiger sein als was man scheinbar „verpasst".

Hier geht es um die richtige Wertschätzung der ehelichen Liebe und um die *richtige Ordnung* (!), die schließlich auch die Sexualität mit beinhaltet. Die damit verbundene Freude stammt vom Schöpfer selbst. Doch nur in seinem Sinn wird es auch die Erfüllung bringen, die er vorgesehen hat.

Die Sexualität ist ein Geschenk, das mit der Person — sei es als Mann oder als Frau — verbunden ist in ihrer jeweiligen körperlich-psychischen Ausprägung als männlich oder weiblich. Es ist das Geschenk, das sich beide in der Ehe machen und sich so ergänzen.

> Die sexuelle Beziehung ist die volle Manifestation der ehelichen Liebe, weil es dort ist, wo die Eheleute die maximale physische Einheit erreichen und — durch diese, die maximale affektive und geistliche Einheit fördern. Dort sind sie „ein einziges Fleisch" und durch diesen Akt auch „ein einziger Geist". Doch diese Manifestierung ist exklusiv in der Ehe.[45]

[45] Fuentes, *La Castidad ¿posible?*, S. 128.

Die Körpersprache hat hier einen einzigen, unwiederholbaren und unveräußerlichen Sinngehalt, der sagt „ganze Hingabe". Ganze Hingabe ist es, worauf echte Liebe abzielt. Ganze Hingabe ist auch, was glücklich macht. Es betrifft die Ehe selbst.

Eine Hingabe ist ganz, wenn sie beinhaltet:

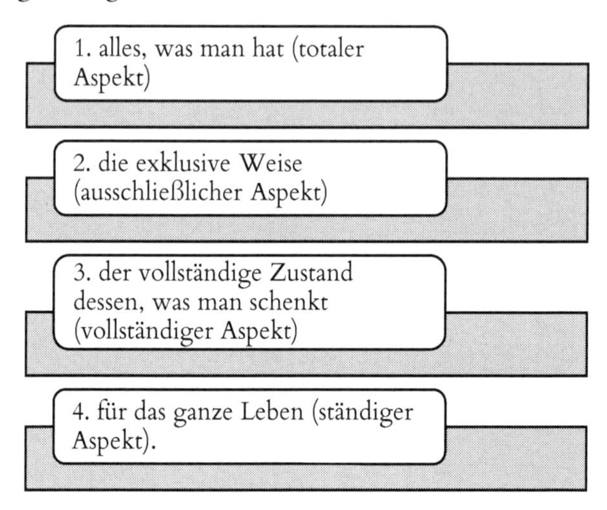

Abb. 39: Die vollständige Hingabe und ihre Aspekte

Angewendet auf die eheliche Liebe: Die vollständige Hingabe der Eheleute ist dann gegeben, wenn sie beinhaltet:

1. **alles, was man hat** (Körper, Seele, Affektivität [Zuneigung], Gegenwart und Zukunft);
2. **in exklusiver Weise** (d.h. eine einzige Person mit Ausschluss aller anderen);
3. **im vollständigen Zustand** (keine Verringerung oder Beeinträchtigung, d.h. keine „Streichung" der Fähigkeiten durch Verhütungsmittel oder Sterilisierung);[46]
4. **für das ganze Leben** (das ist nur garantiert durch das öffentliche Eheversprechen bei der Hochzeit).

[46] Dieser Punkt muss in einem eigenen Kapitel näher ausgeführt werden. Hier soll er nur angeschnitten sein.

Diese Elemente finden sich nur in einer gültig geschlossenen Ehe. Voreheliche Beziehungen vereinen diese Elemente nicht. Denn:

1. Man **gibt nicht alles, was man hat**: denn man hat noch nicht öffentlich „das eheliche Ja“ gesagt, nicht die Zukunft, nicht seinen Namen, nicht das Versprechen; man hat sich für die Handlung nicht öffentlich verantwortlich gemacht. Hingabe als Gabe seiner selbst und die Suche nach Genuss — das sind zwei verschiedene Paar Schuhe. Beim einen ist der Andere der *Beschenkte*, beim anderen Fall der *Gebrauchte*.
2. Es ist (meist) **nicht exklusiv** (d.h. mit dieser bestimmten Person allein), da diese Beziehung häufig mit bestimmten Männern oder Frauen (also mehreren) unterhalten wird im Sinne von „Lebensabschnittspartner“, also wechselnden Personen.
3. Die Sexualität ist **nicht vollständig**. Meist wird die zeugende Kraft „herausgetrennt“ (und der Genuss steht im Vordergrund), indem man Kinder vermeiden will durch Verhütung. Die fehlende Ehesituation ist noch kein Rahmen für den Nachwuchs — für ein Kind, das Vater und Mutter braucht.
4. Es ist **nicht für das ganze Leben**. Der einzige Akt, der dies anzielt, ist das Versprechen der Ehe, öffentlich gegeben bei der kirchlichen Hochzeit.

Die Folgen sexueller Vorerfahrung vor der Ehe

Es handelt sich um eine allgemeine Erwägung, die zeigt, dass die eigentliche Vorbereitung zur Ehe bereits im Jugendalter beginnt. Angeführt wird eine etwas

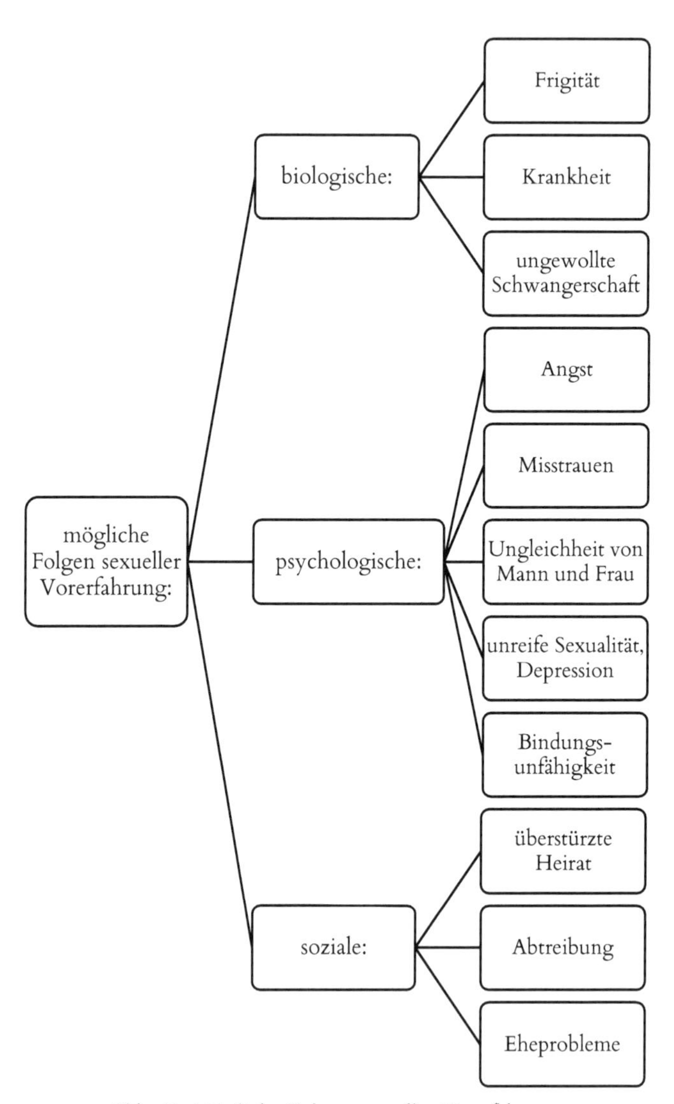

Abb. 40: Mögliche Folgen sexueller Vorerfahrungen

veränderte Kurzfassung der Ausführungen von José María del Col, *Relaciones prematrimoniales.*[47]

Die Folgen sexueller Vorerfahrung

1. **Mögliche biologische Folgen:**
   - **Frigidität** (Gefühlskälte): Man weiß aus medizinischer Sicht, dass sexuelle Aktivität jugendlicher Frauen im Alter von 15–18 Ursache späterer Frigidität sein kann. 45 % der befragten Frauen beziehen den Mangel an sexueller Reaktion als Folge vorehelicher Beziehungen. Manchmal geht diese Frigidität bis zur Pseudo-Lesbität in der Suche nach liebender Begegnung mit anderen Frauen, weil eine Enttäuschung mit Männern besteht.
   - **Krankheiten** im Genitalbereich,
   - **Ungewollte Schwangerschaften**, auch trotz Verhütungsmittel,[48] was häufig dann zur Abtreibung führt.
2. **Mögliche psychologische Folgen:**
   - Vorerfahrungen erzeugen **Angst**: *Angst, entdeckt zu werden, alleine gelassen zu werden, den Partner zu verlieren, schwanger zu werden*, ... es erzeugt zudem Eifersucht: Die ausgelebte Leidenschaft schafft den Hunger nach Genuss und die Suche nach Befriedigung mit einem (auch anderen) Partner, weil es kein Band gibt, das beide untrennbar vereint; es erzeugt Verdacht auf Untreue und reduziert die Beziehungsfähigkeit mit *dem* „Freund" oder *der* „Freundin". Je mehr sexuelle Partner wechseln, desto mehr verringert sich die spätere **Bindungsfähigkeit** an eine einzige Person.
   - Vorerfahrungen geben der Sexualität **zu viel Bedeutung**, wie auch dem sexuellen **Instinkt** und dem sexuellen Genuss.

---

[47] José María del Col, *Relaciones prematrimoniales*, Ed. Don Bosco, Bs. As. 1975, pp. 169–221; zitiert in Fuentes, *La Castidad ¿posible?*, S. 129–135.

[48] Verhütung fördert die Abtreibung, denn sie ist bereits eine Nein-Haltung zum Leben. Das Leben wird zu etwas *Negativem*, da es gilt, es zu verhindern. Die Abtreibung bei erfolgloser Verhütung ist nur der nächste Schritt.

- Sie schaffen **Ungleichheit** zwischen Mann und Frau: oft ist es gerade hier die Frau, die auf schwächerem Posten ist und in die Rolle des „Benützt-werdens" wechselt (der Sex findet im Körper der Frau statt),[49] was eine traurige Erfahrung mit sich bringt und gegen die Würde der Person ist; **Verlustängste** können damit verbunden sein; *sie fühlt sich versklavt (immer häufigere Kontakte), hat Angst, „nein" zu sagen, emotionale Abhängigkeit*, etc.
- Es führt zu **unreifer Sexualität**, Depression und kann bis zum Suizid führen.
- Es ergibt sich die **Gefahr der Abstumpfung**: Bestimmte Bilder von sexuellen Handlungen (auch aus Büchern oder Filmen) bekommt man nicht mehr aus dem Kopf. Sie beinhalten die Gefahr der Nachahmung oder erzeugen falsche Vorstellungen und / oder eine Reizüberflutung. Ein gesundes Wachstum an körperlichen Zärtlichkeiten und Sexualität wird durch Überreizung gehindert. Je mehr und öfter es wird (auch mit wechselnden Partnern) desto unbedeutsamer wird es. Es ist nichts Besonderes mehr und wird banalisiert. Doch der Gegensatz erschreckt: Mehr als sich selbst kann man nicht schenken!

3. **Mögliche soziale Folgen:**
   - **Überstürzte Heirat**
   - **Abtreibungen**: Sie sind oft die traurigste Folge ungewollter Schwangerschaften von nicht-verheirateten Personen mit der evt. Möglichkeit, dadurch nicht mehr schwanger zu werden.
   - **Illegitime Mutterschaft**, sogar schon von Jugendlichen: Durch die fehlende Bindung wird es dem Mann leicht gemacht, auch ungebunden zu sein.
   - **Scheitern der Ehe**: Dr. Lopez Ibor sagt: „Voreheliche sexuelle Beziehungen sind nicht notwendig für eine zukünftige eheliche Harmonie [...] weil die Ehe weit mehr ist als sexuelle Harmonie. Der Beweis: Die Mehrzahl der zerbrochenen Ehen, die beim Psychiater erscheinen, hatten voreheliche sexuelle Beziehungen. [...] Eine Studie,

[49] Es findet ja auch Etwas *im* Körper der Frau statt.

die von Soziologen der Universität von Wisconsin (USA) erstellt wurde über eine Auswahl von 13000 Individuen beiderlei Geschlechter hat klar gemacht, dass die Anzahl der Paare, die vor der Ehe sexuelle Beziehungen hatten, im Scheitern der Ehe weitaus höher liegt als bei Paaren, die diese nicht hatten.“[50]

[50] Jorge Loring, *Para salvarte*, Edapor, Madrid 1998[51], S. 379; zit. in Fuentes, *La Castidad ¿posible?*, S. 135. Die Studie findet sich in: *Diario* YA, 16.7.1989, S. 15.

b. Die gut gelebte Verlobungszeit

Die Verlobungszeit soll eine Zeit des Sich-Kennen-Lernens sein. Es ist eine Zeit der Wertschätzung, der Prüfung, des persönlichen Wachstums und der Zeit, gute Gewohnheiten zu bilden, die für das Zusammenleben, für die Beziehung und die Familie notwendig sind oder diese erleichtern. Diese Weise ist jedem Einzelnen innerhalb des eigenen Freiraums möglich. Freiheit und Freiraum entstehen durch die noch physische Trennung, weil beide noch nicht zusammenleben (sollen).

Es braucht eine gewisse Zeit, um diese Ziele zu erreichen und einen noch ehrbaren Abstand zwischen Beiden. Ziel ist ein „gesundes Wachstum“, bei dem man „noch nicht gleich in die Vollen geht“. Eine langsame Annäherung ist sinnvoll und verhindert Entscheidungen aus rein emotionaler Sicht. Der jedem eingeräumte Ehrenabstand wird gerade darin zum gegenseitigen Ausdruck von Achtung und Respekt. Das gibt der Liebe Raum und Kraft, weil jeder dem Anderen die Freiheit einräumt, sich ernsthaft und frei (ohne emotionales Lasso) auf das gemeinsame Leben vorzubereiten. Das Zusammenleben würde diese Entwicklung „stehlen“. Den Partner durch sexuelle Begegnung binden zu wollen, widerspricht auch der Liebe, weil es die Freiheit des Anderen beeinträchtigt.

In dieser Zeit soll man nichts überstürzen. Es ist wichtig, sich viel Zeit füreinander einzuplanen, gemeinsame Ausflüge, Essengehen, etc., doch mit der Freiheit, dass sich danach jeder für sich zurückziehen kann in seinen eigenen Bereich. Den braucht es, um die Eindrücke des Sich-Näherkommens gut zu verarbeiten — eben in *Freiheit.*

Die Verlobungszeit ist eine Zeit, in der beide bereits ernsthaft das baldige gemeinsame Leben ins Auge fassen und darin zueinander ehrlich sind. Die konkrete Aussicht auf diesen gemeinsamen Weg fördert die eigentliche Entwicklung — die noch eingehaltene körperliche Distanz macht sie möglich.

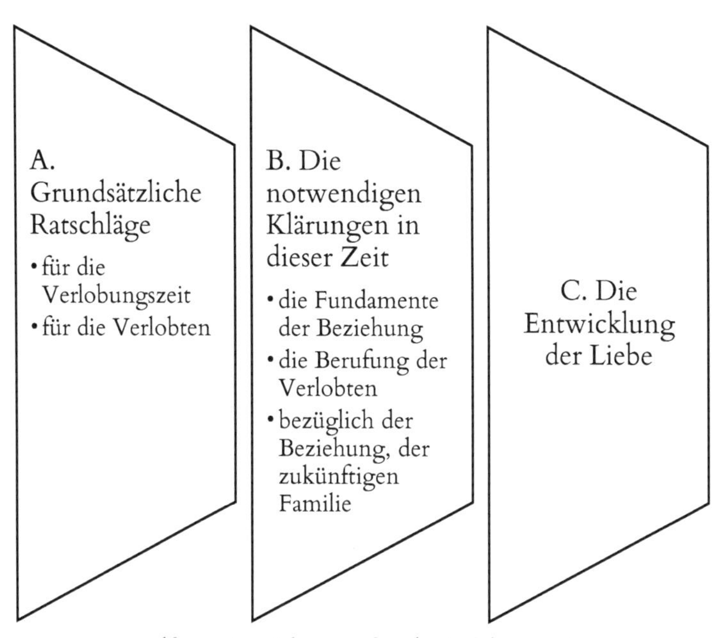

Abb. 41: Die Schwerpunkte der Verlobungszeit

A. Einige *grundsätzliche* Ratschläge, um die Verlobungszeit gut zu leben und zu nützen:[51]

1. **Klugheit in der Beziehung zum Partner:** Verliebtsein ist schön, aber nicht umsonst heißt es „Liebe macht blind". Nicht die eigentliche Liebe macht blind, sondern das *Verliebtsein*, weil in dieser anfänglichen Phase (oft und hauptsächlich) die Gefühle und Emotionen im Vordergrund stehen. Die Verlobungszeit soll jedoch nicht nur von Gefühlen bestimmt sein. Es ist der Geist des Menschen, der klug agieren soll. Dieser schätzt die andere Person in ihrem Wert — in ihrem *Eigenwert* (d.h. nicht nur was Äußerlich ist wie Schönheit und Anziehung). Lebensentscheidungen sollen/müssen jedoch auch oder vor allem mit dem Verstand, also vernünftig getroffen

[51] Vgl. Miguel Ángel Fuentes, in: www.teologoresponde.org; ein ausführlicher spanischer Artikel findet sich hier: http://www.teologoresponde.org/2018/07/10/que-consejos-me-puede-dar-para-vivir-bien-mi-noviazgo/.

werden. Man konstruiert nicht ein Haus gemäß der Innigkeit eines Augenblicks. Man baut vor allem auf dem, was für das Ich wesentlich ist: die Gedanken, die Wünsche, die Träume, die Enttäuschungen, die Beschwerden, die Hoffnungen, die Freuden, die Traurigkeiten. Jeder der Beiden bringt Gewohnheiten von seiner Familie und eigene Traditionen mit wie auch Werte. Diese Dinge sollen Inhalt der Dialoge sein. Darauf kann man bauen.

2. **Ehrlich zu sich selber und zum Anderen sein:** Vielleicht gibt es offene Baustellen im Leben, die angegangen werden sollen. Die persönliche Reifung ist entscheidend. Anstelle zu fragen, „passt mein Partner zu mir?“ soll jeder für sich die Frage klären: „Passe *ich* zu meinem Partner?“. Die Frage ist sicherlich nicht leicht, wenn man nicht Richter des eigenen Falles sein will (was selten klug ist) — dazu kann helfen, Mitmenschen, die eine ernsthafte und ehrliche Antwort geben, um Rat zu befragen (zum Beispiel die Eltern).
3. **Bereitschaft, an sich zu arbeiten:** Es lohnt sich und ist Vorarbeit für eine glückliche, gemeinsame Zukunft und auch der zukünftigen Familie. Es entsteht jetzt schon eine realistische Sicht für das Zusammenleben: Im ganzen Leben geht es darum, an sich zu arbeiten. Wer nicht mehr an sich arbeitet, ist alt geworden, bleibt stehen und entwickelt sich nicht weiter.
4. **Treue gegenüber Gott, seinen Geboten, seiner Stimme im Gewissen:** Da Gott auch der Dritte im Bunde in der Ehe ist, ist es angemessen, ihn schon jetzt bewusst und aktiv mit „ins Boot“ zu nehmen. Dazu ist Gebet notwendig. Vielleicht ist es erforderlich, falls noch nicht geschehen, das Beten zu lernen, sowohl frei und aus dem Herzen wie auch typische, feste Grundgebete. Es ist auch notwendig, gemeinsam zu beten, gemeinsame Zeiten dafür zu finden. Es ist sehr lohnenswert, wenn beide schon jetzt gemeinsame Gebetserfahrung machen, dass Gott die Gebete erhört, dass er vorsorgt, dass er schützt und hilft. Es lassen sich in der Beziehung sicherlich bereits viele Gebetsanliegen finden, für die beide gemeinsam beten können.

B. Dieser Punkt betrifft mehr die Verlobungszeit als eine Zeit der Klärung:

1. Klärungen in Hinblick auf die Fundamente der Beziehung:
   - Welche **Werte** verbinden uns, welche Werte fehlen noch, auf welche Werte können wir bereits aufbauen und welche müssen wir noch verinnerlichen oder erwerben?
   - Welche **Schwierigkeiten** sind in der Beziehung bisher aufgetaucht, die geklärt werden müssen?
2. Klärungen im Hinblick auf das ewige Ziel der Eheleute und ihrer Berufung als Personen:
   - Welche Fragen gibt es noch zu klären in Hinblick auf das gelebte Glaubensleben als Paar, als Menschen mit einer ewigen Berufung, mit einem Leben nach dem Tod?
   - Welche Fragen gibt es zu klären in Hinblick auf die eheliche Moral?
3. Klärungen im Hinblick auf ihre gemeinsame Beziehung, ihr gemeinsames Leben, ihre gemeinsame Familie:
   - Wie werden wir unsere Beziehung als Ehepaar leben und unsere Lebens- und Liebesgemeinschaft entfalten?
   - Wie werden wir unsere Kinder erziehen?
   - Auf welche Ressourcen und welche Stellen können wir als Hilfe und Anlaufstellen zählen?

Diese prinzipiellen Dinge müssen, je nach individueller Ausprägung und Geschichte des Paares, erweitert werden. Je mehr Klarheit vor der Ehe auf beiden Seiten geschaffen wird, desto bewusster kann man „Ja" zur geliebten Person sagen — für ein ganzes Leben.

C. Eine Zeit, um die Liebe zu entwickeln.
Um die Liebe zu fördern, soll man:

1. **Nicht provozierend sein:** Weder in der Kleidung noch im Verhalten. Die sexuelle Attraktivität zieht nur einen Teil des Anderen an, doch Ihr Frauen (oder Ihr Männer) wollt einen ganzen Ehepartner. Männer können gewisse Typen von Frauen suchen, um sich zu vergnügen. Doch sie suchen jemand anderen, um zu heiraten. Sexuelle Provokation verringert den Wert der Person: Sie gibt etwas sehr Wertvolles an ihr leicht preis

und entwertet damit etwas, was heilig ist. Das, was der Person Wert gibt, ist etwas entscheidend anderes: die Tugend, also gute Gewohnheiten.[52]

2. **Elegant sein**, vor allem aber **tugendreich**: Es ist wichtig, gut und anständig gekleidet zu sein, doch noch wichtiger ist die innere Schönheit der Person durch Tugenden. Man will doch nicht oberflächlich, nicht nur äußerlich, sondern auch und vor allem innerlich geliebt sein. Äußerlichkeiten können sich schnell verändern.
3. **Nicht kleinkariert und besserwisserisch sein**: Wichtig ist der gute Ton, aber nicht, zu dominieren oder alles besser zu wissen, mehr zu haben, besser zu sein. Habe ein offenes Ohr, wenn der Andere etwas von sich erzählt und zeige Interesse daran.
4. **Sich bemühen, nicht launenhaft, verwöhnt und wechselhaft zu sein:** Wenn täglich die Stimmung schwankt, wird es schwierig, zusammen zu sein, vor allem, wenn es persönliche Launen sind, die die Person täglich neu bestimmen und nicht Prinzipien, die auf gemeinsame Werte aufbauen. Natürlich gibt es mal gute und schlechte Tage (die auch von nicht beeinflussbaren Faktoren bedingt sein können), aber eine prinzipiell positiv kultivierte Einstellung ist dauerhaft gewinnbringend. Ebenso ist hilfreich zu lernen, wie man mit „schlechten“ Tagen umgeht (Verständnis, Geduld, etc.).
5. **Sich selbst für ein *Zuhause* vorbereiten:** Dazu gehören auch praktische Tätigkeiten, die es gilt zu erlernen wie die Verwaltung der Güter, eines Haushalts, Kochen, Reinigung, etc. Diese Dinge helfen, später eine Ordnung zu leben. Eine gelebte Ordnung verhilft der Liebe, denn sie verhindert Launenhaftigkeit — sie schafft Klarheit und Freiheit, sie bindet sie an Werte und nicht an Gefühle. Eine Ordnung hilft auch später der ganzen Familie. Sie bringt eine gewisse Struktur mit sich, die auch den Kindern guttut, wobei nicht alles idealistisch, sondern realistisch sein muss, im Rahmen der gegebenen Umstände, die bei jedem anders sind.

---

[52] Tugend ist das Gegenteil von Laster (schlechten Gewohnheit). Die Gewohnheit entwickelt eine eigene Kraft, die das Leben und Zusammenleben angenehm macht, weil ihr das Gute leichtfällt und es sucht — das Glück ist vorgezeichnet. Wir werden Tugend eigens behandeln.

6. **Schamgefühl, Sittsamkeit:** Die Scham ist eine innere Wahrnehmung, wodurch sich jemand der Schönheit des Körpers und die Anziehungskraft, die er ausübt, bewusst wird und daher diese bewahrt für den Tag, wo es zum ganzen und vollständigen Geschenk seiner selbst kommt. Die Scham zeigt sich in der Kleidung und im Umgang mit Allem. Die Scham kann das richtige Gleichgewicht finden zwischen angenehm und elegant gekleidet und zwischen provokant und auffallend.
7. **Reinheit des Körpers, des Herzens, der Seele:** Das schönste Geschenk, das sich Vermählte machen können, ist, dass sie jungfräulich sind. Die Reinheit wird geschützt durch die Tugend der Keuschheit, der Scham, der Klugheit und der Achtung voreinander. Dazu ist es notwendig, sich selbst beherrschen zu lernen, nicht an der „Grenze" der Intimität zu spielen und auch Situationen, die wirklich zu einer Gefahr werden können, zu vermeiden.[53] Die Intimität des Anderen und auch Rückzugsorte darin sollen für den anderen Verlobten (der Verlobten) unantastbar sein und heiliggehalten werden.[54] Als übernatürliche Mittel soll hier das gemeinsame Gebet dienen. Jeder soll Herr seiner Triebe sein, nicht umgekehrt.

---

[53] Wie ist es mit dem Kuss? — Kuss ist nicht gleich Kuss. Es gibt den einfachen Ausdruck von Aufmerksamkeit (Begrüßung) der Liebe ist. Doch es gibt auch Küsse, die in ihrer Art und Weise eher die Bestimmung haben, die körperliche Vereinigung vorzubereiten oder zu begünstigen (aus Rücksicht auf die verlangsamte, weibliche Erregungskurve), was so innerhalb der Ehe Teil der Nächstenliebe ist. Außerhalb der Ehe ist die Lage anders. Hier gilt es, zu vermeiden, was die Sinnlichkeit entfesselt, um nicht in Situationen zu kommen, wo es „zu spät" sein wird. Auch hier muss das Sinnprinzip entscheidend sein, nicht das Lustprinzip. Die Ehrlichkeit ist hier notwendig, damit Liebe und Lust nicht verwechselt werden. Dieser Punkt ist wichtig. Gute Vorsätze alleine reichen nicht. Doch ein unkluger Moment, ein schwacher noch dazu und man verliert die Selbstbeherrschung; vielleicht aus Selbstüberschätzung, vielleicht aus Unwissenheit über die Kraft, die entfesselt werden kann. Vorsicht und Wachsamkeit helfen weiter.

[54] Wenn das Paar bereits zusammenwohnt, kann dieser Punkt sehr schwierig werden. Ganz realistisch: Es kann sogar unmöglich werden, reinzubleiben, wenn man bereits dasselbe Zimmer zum Schlafen und/oder das Bett teilt. Zumindest wird man sich vieler Gefahren aussetzen. Hier darf man nicht spielen. Daher hilft nur Mut und Ehrlichkeit, die richtige Ordnung der Dinge. Wahre Liebe zur anderen Person geht über die Keuschheit (Reinheit).

Niemand muss sich von seinen Trieben beherrschen lassen, wenn er nicht will.

8. **Ehrlichkeit zueinander:** Es wäre nicht gut, den guten Koch / die gute Köchin zu simulieren und nach der Hochzeit dem Anderen das Erwachen in der Realität zu geben. Dieses Beispiel soll nur demonstrieren, dass es der Beziehung und dem Einzelnen schadet, dem Partner Dinge zu verbergen, die ein Zusammenleben erschweren oder unmöglich machen. Es ist unfair, dem Partner zu verschweigen, wenn man weiß, dass man selber unfruchtbar ist und keine Kinder bekommen kann.
9. **Das Kennenlernen des Anderen anstreben, doch nicht sündigen:** Die Sünde bringt nie Segen, sondern entzieht den Segen Gottes. Es ist natürlich, dass sich das Vertrauen aufbaut und daher ein näherer Umgang miteinander entsteht, um sich inniger kennen zu lernen. Doch soll man sehr diskret sein in der Manifestation von Liebe, wenn man nicht die Beziehung ablenken, ja *entehren* möchte. Es kann einige Dinge geben, die man sogar verweigern muss, falls ein Partner darum bittet, um die Liebe zueinander zu schützen.
10. **Sich gute Gewohnheiten aneignen:** Dazu gehört nicht nur die Formung der eigenen Persönlichkeit, sondern auch Gewohnheiten, die das Zusammenleben erleichtern werden: *Großzügigkeit, Ehrlichkeit, Vertrauensseligkeit, Liebenswürdigkeit, Gerechtigkeit, Selbstbeherrschung, Demut, Dienstbereitschaft …*
11. **Gott um viel Licht bitten**, um zu erkennen, welche Dinge vor der Ehe noch zu ordnen und zu klären sind.
12. **Gemeinsame Zeiten des Gespräches mit Gott verwirklichen:** Er steht hinter der Liebe von Mann und Frau, hinter meinem eigenen Leben. Er hat mich geschaffen, er kennt und liebt mich und weiß, was ich — was *wir* brauchen, damit die Beziehung in seinem Sinne gut verläuft.

Es ist für ein Paar gut, wenn es sich auch geistliche Unterstützung bei einem Priester holen kann, der sie begleitet, bei dem sie die Sakramente empfangen können, der sie beraten kann und der für sie betet.

c. Das bräutliche Herz — die Kraft der Beichte

Egal was geschehen ist. Es gibt den Neuanfang. Manchmal ist er notwendig, immer ist er möglich. Die sakramentale Wirklichkeit der Ehe ist eine wunderbare Dimension. Sie hebt zu Gott empor — und empfängt von ihm. Die Ehe ist ein Sakrament. Es gibt noch eines, das die Reinigung zum Ziel hat. Die Beichte ist nicht Schnee von gestern. Das Sakrament der Beichte ist eines der großen Geschenke, die Jesus uns nach der Auferstehung hinterlassen hat. Sie ist der Besen, der das Herz und die Seele reinigt.

Der heilige Franz von Sales fasst die wunderbaren Wirkungen der sakramentalen Beichte in folgender Weise zusammen:

> Durch die Beichte erhältst du … nicht nur die Lossprechung von den … Sünden, die du bekennst, sondern darüber hinaus viel Kraft, um sie in Zukunft zu meiden, Licht, um sie klar zu erkennen, reiche Gnade, um den ganzen Verlust auszugleichen, den sie dir verursacht haben. Du übst dabei auch Demut, Gehorsam, Einfalt und Liebe, somit bei der Beichte mehr Tugenden als bei irgendeiner anderen Handlung.[55]

Die Beichte hilft der Ehe und sie bereitet das Herz vor, gut in ihr hineinzugehen, so dass versichert ist, dass das göttliche Geschenk angekommen ist.

Die Beichte hat viele gute Wirkungen:

- sie bringt in den Zustand der Freundschaft mit Gott, den man „Gnade“ nennt;
- sie befreit von Schuld;
- sie stärkt und belebt;
- sie erfüllt mit Frieden und Tröstung;
- sie erhöht die Gnade;
- sie sorgt dafür, dass für die weiteren Geschenke Gottes auf Empfang geschaltet wird;
- sie bereitet auf die Ehe vor.

---

[55] Hl. Franz von Sales, *Philothea*, II, 19.

Die Brautleute bereiten sich vor, ein Sakrament zu empfangen, dass sie ihr Leben lang begleiten wird. Sie empfangen es von Gott, der hinter ihrem eigenen Leben steht. Von daher ist es verständlich, dass der Empfang dann würdig und fruchtbringend ist, wenn sie auch seelisch mit Gott, dem Schöpfer vereint sind in dem Moment, wo sie „vor dem Angesicht Gottes" stehen.

Es kann sein, dass bei einigen Brautleuten die letzte Beichte bei der Firmung war. Nur Mut, dann lohnt es sich besonders, Altlasten abzuwerfen und aufzuräumen.

Manche meinen, nicht mehr zu wissen, wie das geht. Keine Scheu. Bitten Sie einfach den Priester um Hilfe. Sie brauchen nur ihre fünf Finger betrachten — und sich an die „5-Bs" erinnern:

- Beten
- Besinnen
- Bereuen
- Beichten
- Buße — und sich bessern

Punkt 1 können Sie sicherlich allein;

für Punkt 2 gibt es den Gewissensspiegel (am Ende des Buches).

Punkt 3 ist der wichtigste Punkt. Für die Reue hilft es, darüber nachzudenken, was Sie im Leben alles geschenkt bekommen haben. Der hl. Jakobus schreibt: *jede gute Gabe und jedes vollkommene Geschenk kommt von oben, vom Vater der Gestirne* (Jak 1,17). Gott hat Sie überreicht beschenkt, Er ist der Urheber des Guten in Ihrem Leben. Jetzt verbinden Sie mit den Gaben Ihre Antwort darauf. Kann ich sagen, dass ich der Güte Gottes entsprochen habe? Eine andere Weise, die zur Reue hilft: Denken Sie an die Passion unseres Herrn am Kreuz (Nägel, Wunden, Blut, Verlassenheit, Schmerz). Das war die Sünde, die das getan hat.

Punkt 4 ist vielleicht der schwerste Punkt. Ein Trost: die Beichte kann anonym geschehen, so dass das Werkzeug Gottes auf der anderen Seite nicht einmal weiß, wer hier bekennt. Er kann auch helfen, falls Sie dies wollen. Außerdem hat der Priester eh schon Vieles gehört und da er selbst Sünder ist, wird er sie verstehen. Denken Sie daran, Jesus hat dann die Beichtvollmacht seinen

Aposteln übertragen, in einem Moment, wo diese die Beichte zuerst benötigt hätten (da sie Jesus im Stich gelassen haben; vgl. Joh 20,23).

Punkt 5 wird bestimmt einfach, wenn Sie das Vorherige schon geschafft haben.

Beichten ist wirklich nicht schwer. Ein Trick — oder besser: eine wichtige Information. Es gibt auch hier Bedingungen, damit die Beichte gültig ist, nämlich:

1. dass Sie alle schweren Sünden beichten (Hand aufs Herz)
2. dass Sie nichts verheimlichen (Augen zu)
3. dass Sie bereuen (Blick aufs Kreuz)

Für die Beichte hilft auch der Beichtspiegel, der am Ende dieses Vorbereitungsbuches im Anhang eingefügt ist.

Sehen Sie den Geschenkcharakter, dann wird es einfacher. Die Beichte kann sogar ein richtiges Bedürfnis sein, wenn es darum geht, sich für das Große bereit zu machen. So wie es damals geschehen ist, als Jesus sie den Jüngern anvertraute und die Beichte damit einsetzte: *„Nachdem er das gesagt hatte, hauchte er sie an und sprach zu ihnen: Empfangt den Heiligen Geist! Wem ihr die Sünden vergebt, dem sind sie vergeben; wem ihr die Vergebung verweigert, dem ist sie verweigert.“* (Joh 20,22–23)

Vielleicht mag hier ein Einwand kommen: Funktioniert das, dass ein „Mensch“ die Lossprechung spricht? Es ist in Wirklichkeit Jesus, der Herr, selbst, der hier vergibt und am Werk ist. Er ist es ja auch, der für die Sünde gestorben ist. Der Priester ist ein Werkzeug, dem diese schwere Aufgabe der Lösevollmacht anvertraut wurde, notwendig zum Einen, dass das Sakrament zu Stande kommt und gespendet wird, aber auch, damit der Beichtende leibhaftig hört, dass die Vergebung geschehen ist. Oft darf er auch noch spüren, dass das Herz leichter geworden ist.

Das bräutliche Herz ist die Frucht einer guten Beichte. Dafür lohnt es sich.

Fassen wir die innere Vorbereitung zusammen:

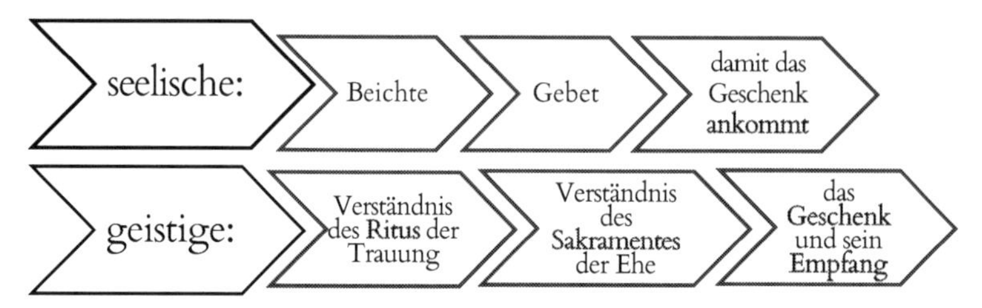

Abb. 42: Die innere Vorbereitung der Brautleute

Zur wesentlichen, *inneren seelischen* Vorbereitung kommt die *innere geistige* hinzu. Es betrifft das rechte Verständnis, was am Hochzeitstag geschieht, was beide Ehepartner empfangen. Dazu im Folgenden die Hochzeitsliturgie und ihren Sinngehalt.

3.2. Vorbereitung der Hochzeitsliturgie

a. Verständnis der Liturgie

Alles ist feierlich, wenn das Brautpaar zum Altar schreitet. Die ganze Liturgie lässt die Erhabenheit des Augenblicks verspüren. Was nun geschieht, hat seinen Ausdruck. Der Ablauf ist dabei weise geordnet. Man nennt es Ritus, den genauen Ablauf, in den das Sakrament gespendet und empfangen wird. Die Eheleute tun das gegenseitig, wie wir schon gehört haben. Der singende Chor, Blumen, festliche Gewänder, Licht. Es ist einfach wunderbar, ein ganz besonderer Tag, an dem sich Himmel und Erde berühren — und Gott im Leben des Paares etwas ganz Großes macht. Mit staunender Liebe soll es nun um den Eheritus gehen. Es ist gut, ihn vorher durchzugehen und mit dem trauenden Geistlichen zu besprechen. Je bewusster die Brautleute wissen, was geschieht, desto fruchtbringender können sie auch das heilige Sakrament empfangen und den Hochzeitstag erleben. Dazu sollen diese Zeilen dienen.

a.1. Verständnis des Eheritus

Die Ehe ist etwas Heiliges. Daher kann man auch verstehen, dass sich diese Heiligkeit in der liturgischen Feier ausdrücken soll. Es ist notwendig, diesen wesentlichen Teil der Hochzeit vor allem geistlich zu verstehen und mit dem Glauben zu sehen. Die weltliche Feier kommt später und ist die Folge von dem, was in der Liturgie geschieht. In der Kirche jedoch stehen wir vor Gott: *„N. vor Gottes Angesicht nehme ich dich an als meinen Mann/ meine Frau…“*.

Es empfiehlt sich, wenn man die Liturgie vorbereitet (mit dem Priester), beim eigentlichen *Ritus der Spendung des Ehesakramentes* zu beginnen. Er ist der Kern der Hochzeit. In ihm wird ausgedrückt, dass sich die Brautleute gegenseitig (und vor Gottes Angesicht) das heilige Sakrament spenden. Der Ritus der Trauung drückt in der Form aus, was geistig geschieht. Als Sakrament hat es den wahrnehmbaren Teil der Worte (aufgrund der Form der Spendung durch die Spendeformel) — doch es gibt auch den unsichtbaren Teil der Gnade, der durch den sichtbaren Teil bezeichnet und durch die Worte des Ehekonsenses bewirkt wird. Das wurde schon erwähnt. Nun soll die Bedeutung der Trauungsformel erklärt werden, um die Hochzeit zu verstehen. Die anderen Elemente der Liturgie (Lieder, Lesungen, Gebete, Segnungen) unterstreichen und beleben diesen Moment.

Die Brautleute können sich mit der Form der Eheschließung gut vertraut machen, wenn sie den Text gut kennen (z.B. die Trauungsformel). Als Empfehlung würde ich raten, die Formel auswendig zu lernen („N. vor Gottes Angesicht…“). Durch das Memorisieren verinnerlichen sie, was sie am Traualtar feierlich versprechen. Man könnte die Formel abschreiben, zum Beispiel auf die Rückseite eines Fotos des Anderen, um sich bereits auf den Moment vorzubereiten.

Doch bei der Hochzeit sollte dann nicht auswendig rezitiert, sondern der Text vom liturgischen Buch, das ein Altardiener hinhält, abgelesen werden, damit er bewusst, ruhig und sicher gesprochen werden kann. Manche Paare hängen die Trauungsformel, schön verziert und eingerahmt später an einem sichtbaren Bereich ihres Zuhauses auf, um sich an das Eheversprechen zu erinnern.

Die Zeremonie der Spendung findet nach Evangelium und Homilie statt. Sie ist gleichsam eine Antwort der Eheleute auf den Ruf Gottes, der im Evangelium an beide ergangen ist: Ja, wir wollen die Liebe durch diesen Bund als Ruf Gottes für unser Leben verwirklichen.

Der Aufbau der eigentlichen Ehezeremonie hat 5 Teile

- die Befragung der Bereitschaft der Eheleute durch den Priester oder Diakon: Beide werden abwechselnd gefragt und am Ende gemeinsam.
- die Segnung der Ringe.
- die Vermählung, bei der es *zwei Formen* gibt. Dabei stecken sich die Eheleute die Ringe gegenseitig an die Hand.
- die Bestätigung der Vermählung durch den Priester, der um die Hände beider die Stola legt.
- der Brautleutesegen.

Die zwei Formen der Spendung des Sakramentes sind:

- Die Spendung durch den Vermählungsspruch
- Die Spendung durch das Ja-Wort

Im ersten Fall sprechen beide Partner zum anderen die Formel der Annahme unter Nennung des Namens der Braut bzw. des Bräutigams aus. Im zweiten Fall spricht der Priester und die einzelnen Eheleute geben ihr „Ja" dazu. Die Form als Ja-Wort kann geeignet sein, wenn man sehr aufgeregt ist. Die Eheleute können sich entscheiden, welche Form (Ja-Wort oder Vermählungsspruch) sie wählen. Die Worte sind jedoch festgelegt, hier gibt es keine Alternative, die man wählen kann.

Damit das Ganze anschaulicher wird, wird der gesamte Ritus in den zwei Formen abgedruckt. Dann wird die Trauungsformel erklärt, die einen Einblick gibt in das Sakrament, das gespendet bzw. empfangen wurde.

Ritus der Befragung zur Bereitschaft

Die Befragung, zuerst der einzelnen Brautleute, dann beider gemeinsam, lässt den unmittelbaren Trauritus beginnen. Ein heiliger Moment. Die Eheleute werden an ihre Freiheit erinnert, mit der sie hierhergekommen sind, um sich aus dieser Freiheit heraus in Liebe zu schenken. Die Freiheit ist gleichsam die Bedingung für das Geschenk — ohne Freiheit keine Liebe — denn eine „erzwungene Liebe" wäre ein Sich-Nehmen. Beide Partner benützen das wertvollste, was sie haben (ihre Willens- und Entscheidungsfreiheit), um damit einen Akt der Liebe zu machen, der von nun an ihr ganzes Leben prägen wird und lassen die Freiheit damit an ihr Ziel gelangen, zur Hingabe in Liebe. Paulus verbindet es mit dem Vorbild der Liebe Christi (Eph 5,31–32). Die Hingabe ist analog zur Liebe, wie es Gott bei der Menschwerdung und der Gottmensch bei der Erlösung getan hat.

Der Zelebrant beginnt:

Liebes Brautpaar! Sie sind in dieser entscheidenden Stunde Ihres Lebens nicht allein. Sie sind umgeben von Menschen, die Ihnen nahestehen. Sie dürfen die Gewissheit haben, dass Sie mit dieser (unserer) Gemeinde und mit allen Christen in der Gemeinschaft der Kirche verbunden sind. Zugleich sollen Sie wissen: Gott ist bei Ihnen. Er ist der Gott Ihres Lebens und Ihrer Liebe. Er heiligt Ihre Liebe und vereint Sie zu einem untrennbaren Lebensbund. Ich bitte Sie zuvor, öffentlich zu bekunden, dass Sie zu dieser christlichen Ehe entschlossen sind.

(*Der Zelebrant fragt zuerst den Bräutigam, dann die Braut:*)

Zelebrant: N. (*Name des Bräutigams/der Braut*), ich frage Sie: Sind Sie hierhergekommen, um nach reiflicher Überlegung und aus freiem Entschluss mit Ihrer *Braut N. / Ihrem Bräutigam N.* den Bund der Ehe zu schließen:

Bräutigam/Braut: Ja.

Zelebrant: Wollen Sie Ihre Frau/Ihren Mann lieben und achten und ihr/ihm die Treue halten alle Tage ihres/seines Lebens?

Bräutigam/Braut: Ja.

Die folgenden Fragen richtet der Zelebrant an beide Brautleute gemeinsam.

Zelebrant: Sind Sie beide bereit, die Kinder anzunehmen, die Gott Ihnen schenken will, und sie im Geist Christi und seiner Kirche zu erziehen?

Braut und Bräutigam: Ja.

Zelebrant: Sind Sie beide bereit, als christliche Eheleute Mitverantwortung in der Kirche und in der Welt zu übernehmen?

Bräutigam und Braut: Ja.

Ritus der Segnung der Ringe

Anschließend werden die Ringe gesegnet. Der Ring, als gesegnete Realität, verbleibt an der Hand der Eheleute, ihr ganzes Leben lang. Er erinnert sie an den Liebesbund und sie tragen den Segen am eigenen Leib. Der Ring ist durch seine Form eine vollkommene Realität. Er ist eine Einheit, so wie durch die Ehe auch die beiden Partner zu einer vereinten Wirklichkeit geworden sind, zu einer sich vervollkommnenden, gemeinsamen Einheit. Es lässt an die Worte Jesu erinnern: *Sie sind also nicht mehr zwei, sondern eins. Was aber Gott verbunden hat, das darf der Mensch nicht trennen.* (Mt 19,6) Der Ring drückt als äußeres Zeichen die Bindung aus, die durch die Ehe entsteht, eine Bindung des Einen an den Anderen und umgekehrt, wechselseitig, die nur gerade darin ihre Vollkommenheit erreicht und darstellt, dass sie ein *wechselseitiges Dem-Anderen-Gehören in Liebe* ist, was Paulus mit diesen Worten ausdrückt: *Einer ordne sich dem andern unter in der gemeinsamen Ehrfurcht vor Christus.* (Eph 5,21) und *Nicht die Frau verfügt über ihren Leib, sondern der Mann. Ebenso verfügt nicht der Mann über seinen Leib, sondern die Frau.* (1 Kor 7,4)

Der Zelebrant wendet sich an die Brautleute mit folgenden oder ähnlichen Worten:

Zelebrant: Sie sind also beide zur christlichen Ehe bereit. Bevor Sie den Bund der Ehe schließen, werden die Ringe gesegnet, die Sie einander anstecken werden.

Die Ringe werden vor den Zelebranten gebracht. Er spricht darüber eines der folgenden Segensgebete. Anschließend kann er die Ringe mit Weihwasser besprengen.

Zelebrant: Herr und Gott, du bist menschlichen Augen verborgen, aber dennoch in unserer Welt zugegen. Wir danken dir, dass du uns deine Nähe schenkst, wo Menschen einander lieben. Segne diese Ringe, segne diese Brautleute, die sie als Zeichen ihrer Liebe und Treue tragen werden. Lass in ihrer Gemeinschaft deine verborgene Gegenwart unter uns sichtbar werden. Darum bitten wir durch Christus, unseren Herrn.

Alle: Amen.

oder:

Zelebrant: Treuer Gott, du hast mit uns einen unauflöslichen Bund geschlossen. Wir danken dir, dass du uns beistehst. Segne diese Ringe und verbinde die beiden, die sie tragen, in Liebe und Treue. Darum bitten wir durch Christus, unseren Herrn.

Alle: Amen.

Erste Form der Eheschließung: durch das Ja-Wort

Das Bisherige war Vorbereitung. Es betraf Herz und Sinn der Brautleute und auch das äußere Zeichen des Ringes. Jetzt wird das Sakrament selbst gespendet und empfangen. Bereits die Worte drücken aus, was geschieht. Es wird zunächst der Text abgedruckt und im Anschluss erklärt. Es gibt, wie schon erwähnt, zwei Formen der Eheschließung: a) durch das Ja-Wort, b) durch den Trauspruch (Vermählungsspruch). Hier zunächst die erste Form:

a) **Zelebrant:** So schließen Sie jetzt vor Gott und vor der Kirche den Bund der Ehe, indem Sie das Ja-Wort sprechen. Dann stecken Sie einander den Ring der Treue an. Der Zelebrant fragt zuerst den Bräutigam.

Zelebrant: N. (*Name des Bräutigams*), ich frage Sie vor Gottes Angesicht: Nehmen Sie Ihre Braut N. (*Name der Braut*) an als Ihre Frau und versprechen Sie, ihr die Treue zu halten in guten und bösen Tagen, in Gesundheit und Krankheit, und sie zu lieben, zu achten und zu ehren, bis der Tod Sie scheidet? (Dann sprechen Sie: Ja.)

Bräutigam: Ja.

Zelebrant: Nehmen Sie den Ring, das Zeichen Ihrer Liebe und Treue, stecken Sie ihn an die Hand Ihrer Braut und sprechen Sie: „Im Namen des Vaters und des Sohnes und des Heiligen Geistes".

Der Bräutigam nimmt den Ring, steckt ihn der Braut an und spricht:

Bräutigam: Im Namen des Vaters und des Sohnes und des Heiligen Geistes.

Der Zelebrant fragt nun die Braut.

Zelebrant: N. (*Name der Braut*), ich frage Sie vor Gottes Angesicht: Nehmen Sie Ihren Bräutigam N. (*Name des Bräutigams*) an als Ihren Mann und versprechen Sie, ihm die Treue zu halten in guten und bösen Tagen, in Gesundheit und Krankheit, und ihn zu lieben, zu achten und zu ehren, bis der Tod Sie scheidet? (Dann sprechen Sie: Ja.)

Braut: Ja.

Zelebrant: Nehmen Sie den Ring, das Zeichen Ihrer Liebe und Treue, stecken Sie ihn an die Hand Ihres Bräutigams und sprechen Sie: „Im Namen des Vaters und des Sohnes und des Heiligen Geistes".

Die Braut nimmt den Ring, steckt ihn dem Bräutigam an und spricht:

Braut: Im Namen des Vaters und des Sohnes und des Heiligen Geistes.

Zweite Form der Eheschließung: durch den Vermählungsspruch

Diese Form ist bezeichnend. Sie bringt mehr zum Ausdruck, dass der Christ / die Christin, aufgrund der Taufe, das Sakrament der Ehe dem anderen Ehepartner spendet, der es so vom Partner empfängt. Er empfängt so auch Gottes Gnadengeschenk durch den Partner, eben das Sakrament.

b) **Zelebrant:** So schließen Sie jetzt vor Gott und vor der Kirche den Bund der Ehe, indem Sie das Vermählungswort sprechen. Dann stecken Sie einander den Ring der Treue an.

Die Brautleute wenden sich einander zu. Der Bräutigam nimmt den Ring der Braut und spricht:

Bräutigam: N. (*Name der Braut*), vor Gottes Angesicht nehme ich dich an als meine Frau. Ich verspreche dir die Treue in guten und bösen Tagen, in Gesundheit und Krankheit, bis der Tod uns scheidet. Ich will dich lieben, achten und ehren alle Tage meines Lebens.

Der Bräutigam steckt der Braut den Ring an und spricht:

Bräutigam: Trag diesen Ring als Zeichen unserer Liebe und Treue: Im Namen des Vaters und des Sohnes und des Heiligen Geistes.

Braut: N. (*Name des Bräutigams*), vor Gottes Angesicht nehme ich dich an als meinen Mann. Ich verspreche dir die Treue in guten und bösen Tagen, in Gesundheit und Krankheit, bis der Tod uns scheidet. Ich will dich lieben, achten und ehren alle Tage meines Lebens.

Die Braut steckt dem Bräutigam den Ring an und spricht:

Braut: Trag diesen Ring als Zeichen unserer Liebe und Treue: Im Namen des Vaters und des Sohnes und des Heiligen Geistes.

Die Bestätigung des Ehebundes durch den Geistlichen

Ab jetzt sind beide ein Ehepaar. Das Weitere ist eine Ergänzung, eine Ausschmückung, die verdeutlicht, was geschehen ist. Der Priester bestätigt im Namen der Kirche den Ehebund, bei dem er assistiert hat und gibt dazu den Segen.

Die Bestätigung ist eine offizielle Anerkennung, bei der auch die Trauzeugen und alle Anwesenden mit hineingenommen werden.

Der Priester bittet die Eheleute, sich die rechte Hand zu reichen und windet um die beiden Hände seine Stola, legt ebenfalls seine Hand darauf und betet:

Zelebrant: Reichen Sie nun einander die rechte Hand. Gott, der Herr, hat Sie als Mann und Frau verbunden. Er ist treu. Er wird zu Ihnen stehen und das Gute, das er begonnen hat, vollenden.

Zelebrant: Im Namen Gottes und seiner Kirche bestätige ich den Ehebund, den Sie geschlossen haben.

Er wendet sich an die Trauzeugen und die übrigen Versammelten:

Zelebrant: Sie aber (*Name der Trauzeugen*) und alle, die zugegen sind, nehme ich zu Zeugen dieses heiligen Bundes. „*Was Gott verbunden hat, das darf der Mensch nicht trennen.*" (Mt 19,6)

Der Ehesegen

Die beste Haltung, um den Segen zu empfangen, ist das Knien. Daher empfiehlt es sich, dass das Ehepaar, wie auch die gesamte Versammlung, sich in diesem Moment niederkniet. Zur Bestätigung der Ehe gibt Gott durch den Priester (oder Diakon) nun seinen Segen auf das Paar, das er verbunden hat, mit folgenden Worten:

Wir preisen dich, Gott unser Schöpfer, denn im Anfang hast du alles ins Dasein gerufen. Den Menschen hast du erschaffen als Mann und Frau und ihre Gemeinschaft gesegnet. Einander sollen sie Partner sein und ihren Kindern Vater und Mutter. Wir preisen dich, Gott, unser Herr, denn du hast dir ein Volk erwählt und bist ihm in Treue verbunden. Du hast die Ehe zum Abbild deines Bundes erhoben. Dein Volk hat die Treue gebrochen, doch du hast es nicht verstoßen. Den Bund hast du in Jesus Christus erneuert und in seiner Hingabe am Kreuz für immer besiegelt. Die Gemeinschaft von Mann und Frau hast du so zu einer neuen Würde erhoben und die Ehe als Bund der Liebe und als

Quelle des Lebens vollendet. Wo Mann und Frau in Liebe zueinanderstehen und füreinander sorgen, einander ertragen und verzeihen, wird deine Treue zu uns sichtbar. So bitten wir dich, menschenfreundlicher Gott, schau gütig auf N. und N. (Namen der Brautleute), die vor dir knien (oder stehen) und deinen Segen erhoffen. Dein Heiliger Geist schenke ihnen Einheit und heilige den Bund ihres Lebens. Er bewahre ihre Liebe in aller Bedrohung; er lasse sie wachsen und reifen und einander fördern in allem Guten. Hilf ihnen, eine christliche Ehe zu führen und Verantwortung in der Welt zu übernehmen; verleihe ihnen Offenheit für andere Menschen und die Bereitschaft, fremde Not zu lindern. Schenke ihnen das Glück, Vater und Mutter zu werden, und hilf ihnen, ihre Kinder christlich zu erziehen. Gewähre ihnen Gesundheit und Lebensfreude bis ins hohe Alter, schenke ihnen Kraft und Zuversicht in Not und in Krankheit. Am Ende ihres Lebens führe sie in die Gemeinschaft der Heiligen, zu dem Fest ohne Ende, das du denen bereitest, die dich lieben. Amen.

Das Verbleiben in Betrachtung und Gebet

An dieser Stelle empfiehlt sich, dass das Ehepaar diesen heiligen Moment innerlich verlängert. Es wäre daher unpassend, sofort mit den Fürbitten fortzusetzen oder sogar Glückwünsche auszusprechen. Es ist etwas Heiliges geschehen und dieser heilige Moment braucht auch seine Zeit, um sich diesem bewusst zu werden. Daher empfiehlt sich an dieser Stelle entweder einen Moment der Stille einzuplanen oder ein passendes Lied zu singen oder spielen zu lassen, das den Moment beleuchtet. Gut wäre es, wenn das Paar in Dankbarkeit gegenüber Gott persönlich betet, über die göttliche Vorsehung staunt, der beide Eheleute verbunden hat für das ganze restliche Leben: „Was Gott verbunden hat, das darf der Mensch nicht trennen!“ Man kann bereits innerlich auch der Gottesmutter Maria, die auch in einer Ehe gelebt hat, die gemeinsame Ehe anvertrauen und auch die hl. Engel um ihre Hilfe bitten.

Es empfiehlt sich hier, die Hochzeitskerze zu segnen (wenn noch nicht erfolgt) und dann auf dem Altar zu entzünden. Sie ist sichtbarer Ausdruck dafür, dass das Feuer der göttlichen Liebe nun durch das Ehesakrament entzündet ist in beiden Herzen, die sich sakramental verbunden haben und von nun an ein Licht göttlicher Liebe, ein Zeugnis für Gott ausstrahlen sollen. Es empfiehlt sich, dass die Kerze mit dem Namen der Eheleute, dem Datum der Hochzeit und evtl. mit einem Trauspruch, einem Leitgedanken für die Ehe, versehen ist. Vorschläge für Trausprüche findet man in der unten angegebenen Trauungsmappe.[56]

Dann erfolgen die Fürbitten und die Liturgie wird fortgesetzt.

a.2. Vertiefung der Trauungsformel

Der eigentliche Kern der Trauung geschieht durch den gegenseitigen mündlichen Ausdruck der Hingabe, wodurch der Ehekonsens entsteht. Es ist das Eheversprechen, das sich beide gegenseitig geben und das Sakrament dadurch spenden. Die Spendeformel, die nun im Detail erklärt werden soll, hat 7 Teile.

Zunächst fällt auf, dass sich bei der Formel Bräutigam und Braut einander zuwenden und dem Anderen die wunderbaren Worte zusprechen, die Trauungsworte. Er spricht mit seinem Ja die Braut konkret an, er sagt „ja" zu ihr und nimmt sie an, so wie sie vor Gott ist, ohne Bedingung, ohne wenn-und-aber, so wie sie vor ihm steht — und ebenso macht die Braut es mit ihrem Mann.

[56] Siehe: https://www.bistum-eichstaett.de/sakramente/ehe/trauungsmappe.

Der Moment erinnert an die bedingungslose Liebe, mit der Gott den Menschen liebt. Wie es der Prophet Hosea ausdrückt, dass sich Gott dem Volk Israel verpflichtet hat in eheähnlicher Beziehung: *„Ich traue dich mir an auf ewig; ich traue dich mir an um den Brautpreis von Gerechtigkeit und Recht, von Liebe und Erbarmen, ich traue dich mir an um den Brautpreis meiner Treue: Dann wirst du den Herrn erkennen."* (Hos 2,21–22)

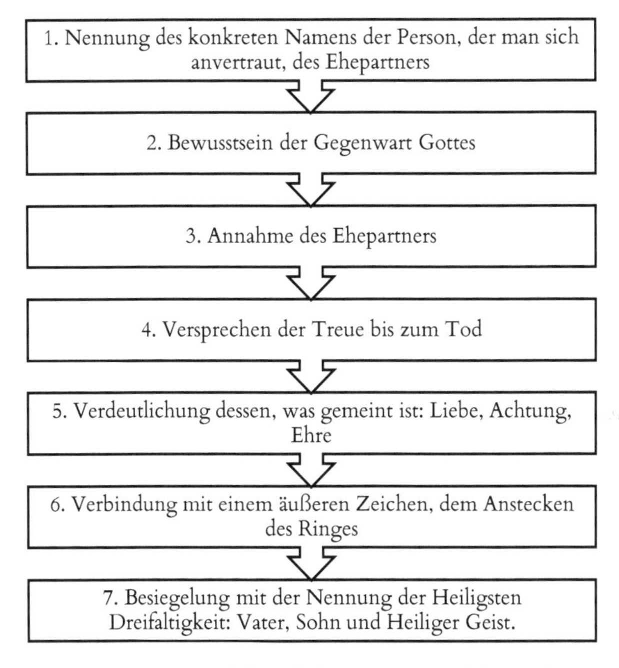

Abb. 43: Die Spendeformel der Trauung und ihre Teile

1. Nennung des konkreten Namens des Ehepartners, dem man sich anvertraut

Bei der Priesterweihe werden die Kandidaten zu Beginn mit Namen gerufen. Der Name erinnert daran, dass es eine persönliche Berufung des Einzelnen ist. Auch bei der Ehe ist die bewusste Nennung des Namens des Ehepartners ein sehr persönlicher Moment der Annahme. Dieser Name, der für den/die Geliebte(n) eine besondere Bedeutung bekommen hat und den er (sie) daher anders ausspricht. Es ist mit liebendem Bewusstsein, das den Worten eine Stimme gibt, denn es ist nicht mehr ein Name wie jeder andere. Der Name steht für die geliebte Person. Mit ihr/ihn wird von nun an das gemeinsame Leben als Ehepaar geteilt. Es ist der Name, mit dem sich beide, Braut und Bräutigam, kennen gelernt haben und der sich in der Zeit der Freundschaft mit Inhalt angereichert hat. Das eigene Leben geht mit dem Namen einher — und das für den Rest des Lebens, bis zum Tod.

Auch Gott nennt den Menschen beim Namen, wenn er ihn anspricht. So gibt es viele Beispiele in der Heiligen Schrift. Wir denken an Mose: „*Als der Herr sah, dass Mose näher kam, um sich das anzusehen, rief Gott ihm aus dem Dornbusch zu: Mose, Mose! Er antwortete: Hier bin ich.*" (Ex 3,4) Auch der Engel spricht im Neuen Testament den heiligen Josef mit Namen an: „ *Während er noch darüber nachdachte, erschien ihm ein Engel des Herrn im Traum und sagte: Josef, Sohn Davids, fürchte dich nicht, Maria als deine Frau zu dir zu nehmen; denn das Kind, das sie erwartet, ist vom Heiligen Geist.*" (Mt 1,20)

Das Evangelium erzählt vom Guten Hirten (Jesus Christus), dass er die einzelnen Schafe, die zu ihm gehören, mit Namen kennt und ruft: „E*r ruft die Schafe, die ihm gehören, einzeln beim Namen und führt sie hinaus. Wenn er alle seine Schafe hinausgetrieben hat, geht er ihnen voraus, und die Schafe folgen ihm, denn sie kennen seine Stimme.*" (Joh 10,3-4)

Dieser Name hat in der Biografie des Paares Geschichte gemacht. Er ist dabei, einen großen Teil des Lebenskapitels zu bilden, das nun beginnt. Der Name wird die *Identität* sein, mit der jeder seinen Ehepartner anderen Menschen vorstellen wird (N., meine Frau, ... N., mein Mann). Der Name drückt Bekanntschaft aus, die unverwechselbar ist und genau diese Person bezeichnet, die mit ihrer Geschichte, mit ihrem Charakter, ihrer Herkunft, ihrem Geist, ihrer Eigentümlichkeit vor mir steht, vor Gottes Angesicht. Die Nennung des Namens drückt aus, dass genau diese Person gemeint ist, die zu Braut und Bräutigam erwählt wurde. Nicht die Anonymität, sondern eine bekannte, gewollte, geliebte Wirklichkeit in ihrer Einzigartigkeit; eben die geliebte Person, mit der von nun an das ganze Leben geteilt wird und die beide einander als Paar unverwechselbar erkennen lässt und ihre Zugehörigkeit zueinander bezeichnen wird.

2. *„… vor Gottes Angesicht …“*

Das ist bewusste Annahme. Es handelt sich nicht um ein passives Geschehen, nicht um ein unabwendbares Ereignis, nicht um ein Schicksal, nicht um etwas Toleriertes, Geduldetes oder Geschuldetes. Nein, ein freier, innerer Akt, das ist es, mit dem jeder Einzelne seine Lebenswahl trifft. Es ist ein Versprechen eigener Treue, die Wahl inniger Freundschaft vor demjenigen, der mit seinem göttlichen Namen für die Treue bürgt. Der Herr ist es, der geheimnisvoll das Leben verwebt, mit einer Geschichte, die seit Langem begonnen hat und sie bestätigt und vervollkommnet. Dieser Moment verändert alles. Es ist nicht mehr eine menschliche Freundschaft, um die es geht. Es ist eine Einheit, die ihr Inneres in die Sphäre des Heiligen hebt, des Übernatürlichen, des Geheimnisvollen — vor das Angesicht Gottes, bewusst, gewollt und klar. Es ist Antwort und betrifft einen tieferen Plan, der sich nun verwirklicht. Das Leben zweier Menschen ist zu einer gemeinsamen Berufung geworden, mit einer Lebensberufung, die dabei ist, sich zu realisieren. Darüber steht Gott, der diese Berufung von Anbeginn gegeben hat: *„Der Herr hat mich schon im Mutterleib berufen; als ich noch im Schoß meiner Mutter war, hat er meinen Namen genannt.“* (Jes 49,1) *„Um meines Knechtes Jakob willen, um Israels, meines Erwählten, willen habe ich dich bei deinem Namen gerufen; ich habe dir einen Ehrennamen gegeben, ohne dass du mich kanntest.“* (Jes 45,4) — *„Fürchte dich nicht, denn ich habe dich ausgelöst, ich habe dich beim Namen gerufen, du gehörst mir.“* (Jes 43,1).

Es macht Sinn, dass nach dem Namen sofort Gott ins Spiel kommt, der Leben und Sein gegeben hat. Wenn die Nennung des Namens der geliebten Person die *natürlichen* Augen auf jene fallen ließ, erhebt der Sich-Vermählende nun seine *übernatürlichen* Augen zu dem, der diese Fähigkeit gegeben hat. Nur Gott ist Garant für Segen, Glück und Frieden. Von ihm erhoffen sie Wohlergehen und alles Gute, was sie als Paar und als Familie zum Leben brauchen werden und von dem sie wissen, dass er alleine diese Güter geben kann: *„In seiner Macht kann Gott alle Gaben über euch ausschütten, so dass euch allezeit in allem alles Nötige ausreichend zur Verfügung steht und ihr noch genug habt, um allen Gutes zu tun, wie es in der Schrift heißt: Reichlich gibt er den Armen; seine Gerechtigkeit hat Bestand für immer.“* (2 Kor 9,8–9)

Das, was jetzt geschieht, kann nur rückversichert, ja geheiligt werden, wenn in die Beziehung Gott selbst mit hineingenommen wird. Zur Horizontalen von Braut und Bräutigam kommt die Vertikale hinzu. Sie verbindet beide in ihrer Beziehung und durch sie mit Ihrem Ursprung, mit Gott. Gott ist der Dritte — oder besser, der Erste im Bunde, den Bund, den beide jetzt knüpfen und mit Gott verbinden; den Bund, den Gott jetzt knüpft und der beide tief vereint mit dem Siegel, mit dem Gott selbst bezeichnet. Es ist ein Akt des Glaubens, was hier geschieht. Beide vertrauen ihre gemeinsame Liebe diesem Gott an, der Liebe ist, der allmächtig ist. So können sie sicher sein, dass ihre Ehe Bestand haben kann und wird, wenn die Vertikale zur Quelle wird. Gott selbst versichert, seinen Segen zu geben, wenn er auch teilnehmen *darf.* Beide Ehepartner vertrauen die eigene und gemeinsame Liebe nicht der eigenen Kraft an, das kann kein Mensch, sondern sie vertrauen ihre Liebe und Treue demjenigen an, der allein des größten Vertrauens, der größten Liebe würdig ist. Er enthält seine Gnade dem nicht vor, der darum bittet: „*Darum sage ich euch: Bittet, dann wird euch gegeben; sucht, dann werdet ihr finden; klopft an, dann wird euch geöffnet.*" (Lk 11,9).

3. „*… nehme ich dich an als meine Frau / als meinen Mann …*"

Die Annahme als „Frau", als „Mann", drückt das Besondere des Anderen aus. Es ist die Andersartigkeit und die Ergänzung zur eigenen Person. Es ist das Sich-Einfügen in die Ordnung der Schöpfung, die Gott am Anfang erstellt hat: „*Gott schuf also den Menschen als sein Abbild; als Abbild Gottes schuf er ihn. Als Mann und Frau schuf er sie. Gott segnete sie, und Gott sprach zu ihnen: Seid fruchtbar, und vermehrt euch, bevölkert die Erde, unterwerft sie euch, und herrscht über die Fische des Meeres, über die Vögel des Himmels und über alle Tiere, die sich auf dem Land regen.*" (Gen 1,27–28) Es ist die Demut, die hier spricht — und die Weisheit, die bekennt, dass es Gott gut gemeint hat, wie er es gemacht hat.

Gott hatte einen Plan. Er wollte ihn so, sein Menschenkind, als Mann, als Frau. Er wollte die Anziehungskraft von beiden zueinander, dass sich ergänzen, gegenseitig helfen; dass Auftrag und Sendung von ihnen Gemeinsamkeit wird und dass sie sich in gemeinsamer Liebe vervollständigen. Gott wollte damit, dass die Menschheit selbst und ihre Zukunft der Liebe von Mann und Frau anvertraut wurde. In diesem Geheimnis liegt das Schicksal der Menschheit, in der Familie, in der Heiligen Familie! Denn es war Gott selbst, der in einer Familie Mensch geworden ist, geboren in einem Stall in Betlehem, seiner Mutter und einem (Pflege-) Vater anvertraut. Der Gottessohn wurde so selbst zum Beschenkten der Familie und er besiegelte ihren Plan: Er heiligte sie.

Die Annahme und Hingabe wird absolut, sie wird zur Ehe. Im Schöpfungsbericht heißt es, dass Adam und Eva nackt waren und sich nicht schämten. Es war noch vor dem Sündenfall. Sie hatte noch nicht die Scham der Sünde, die Scham der Angst voreinander durch das, was geschehen war. In einem heiligen Moment gehen beide zurück an diesen Anfang, indem sie die Andersartigkeit von Frau- und Mann-sein nützen, um in und durch die Liebe Frucht zu bringen. Sie bestätigen das Werk des Schöpfers und sie fügen sich ein in seinen Plan. Sie akzeptieren seine Ordnung und werden zu seinen Mitarbeitern.

Nicht mehr „eine" oder „einer" (als Mensch), sondern *diese* „Eine", *dieser* „Eine" (als Person), in der sich beide gehören werden und dies auch wollen. Im „Sich-Gemeinsam-Haben" gehören Beide Gott. In ihrer spezifischen Berufung als „dieser Mann mit seiner Frau" und „diese Frau mit ihrem Mann" werden beide dieses *bestimmte* Paar, um Vater und Mutter zu werden, wie Gott es will.

4. *„... ich verspreche dir die Treue, in guten wie in bösen Tagen ... bis der Tod uns scheidet."*

Das Eheversprechen folgt. Die Annahme des Anderen ist nicht einfach ein „Sich-Nehmen", sondern ein „Sich-geben", indem man Liebe und Treue verspricht. Sie können das, da der Schöpfer ihnen Freiheit gegeben hat. Wenn die Liebe den Moment erfüllt, ist es die Treue, die die Zeit erfüllt, in der die Liebe zur Treue wird und bedingungslos vollkommen wird. Es ist eine Liebe, die nicht mehr fragt, wie es mir, sondern wie es Dir geht, und die will, dass dem Du das Glück zuteilwird, was geschieht. Es ist eine feste und ernsthafte Entscheidung, ein ernstgemeintes „Ja". Es ist eine reife Person, die handelt und die in realistischer Weise auch jene Facetten des Lebens mit hineinbezieht, wo es um Opfer gehen wird. Opferbereitschaft bekommt im Glauben einen Wert. Nicht nur, dass es die Liebe stärken kann, sondern sie ist selbst Ausdruck der Liebe, um sie zu bestätigen und diese wachsen zu lassen.

Die *guten* Tage sind die Tage des Getragen-seins, der Freude und der Tröstung. Die *bösen* Tage sind die Tage der Versuchung, der Schwierigkeiten und Enttäuschung, die opferreichen: Es können äußere Umstände sein (Verlust von Arbeit, Umzug, Krankheit, etc.) oder auch innere Schwierigkeiten (Trauerfall, Enttäuschungen verschiedener Art, spirituelle Trockenheit, etc.). Es kann den Einzelnen in seiner Gesamtheit betreffen oder durch Krankheit bestimmte Facetten. Die einzelnen Lebensmomente der Zukunft sind ungewiss. Bekannt und gewiss ist jedoch, dass Beide in Treue zueinanderstehen werden, das haben sie versprochen. Die Liebe allein wird siegen. Sie wird großmütig sein, weil sie sich Gott anvertraute, der Treue ist und der es ist, der die Treue schenken wird. „*Die Liebe ist langmütig, die Liebe ist gütig.*" (1 Kor 13,4) „*Sie erträgt alles, glaubt alles, hofft alles, hält allem stand. Die Liebe hört niemals auf.*" (1 Kor 13,7–8) Die christliche Hoffnung kommt zum Zug. Nur in diesem Kontext können diese Worte verstanden werden, die nun gesprochen sind. „*Die Hoffnung [...] lässt nicht zugrunde gehen; denn die Liebe Gottes ist ausgegossen in unsere Herzen durch den Heiligen Geist, der uns gegeben ist.*" (Röm 5,5) Gott selbst hat die Liebe ausgegossen und er wird es weiter tun.

Die Liebe überwindet den Tod, weil sie die Ewigkeit im Blick behält und die Unsterblichkeit der Seele berührt. Auch Jesus hat den Tod besiegt. Es war in Liebe, womit er das getan hat. So ist es die Liebe, die es sogar mit dem Tod aufnimmt: „*Stark wie der Tod ist die Liebe, [...] Auch mächtige Wasser können die Liebe nicht löschen; auch Ströme schwemmen sie nicht weg.*" (Hoh 8,6–7) Die Liebe ist stärker als der Tod und sie überwindet ihn. Wie die Liebe Jesu nicht erkaltet ist, als er am Kreuz starb, denn gerade das war Liebe, Hingabe und Sühne, so strahlt er als Auferstandener eine lebendige Liebe aus, die alles wandelt, wenn sie mit hineingenommen wird. Und das tun Beide in diesem Moment.

5. „*... ich will dich lieben, achten und ehren, alle Tage meines Lebens ...*"

Die Liebe wird hier konkret. Der Alltag wird im direkten Zusammensein die Gelegenheiten schaffen: *das Teilen der Güter, ein gemeinsames Leben, Streben, Wirken, Handeln, in wachsender Denk- und Gesinnungseinheit.* Die Ehrfurcht und die Achtung vor dem Anderen sind der Ausdruck und der Rahmen, notwendig für den, der durch die Liebe zum *zweiten Ich* geworden ist. Die

Erfordernisse der Liebe erhalten durch die Ehrfurcht und Achtung den Raum, indem die Liebe wächst: „*Vor allem aber liebt einander, denn die Liebe ist das Band, das alles zusammenhält und vollkommen macht.*" (Kol 3,14) und „*Ahmt Gott nach als seine geliebten Kinder, und liebt einander, weil auch Christus uns geliebt und sich für uns hingegeben hat als Gabe und als Opfer, das Gott gefällt.*" (Eph 5,1–2)

Das Fundament ist gelegt, konkrete Akte müssen folgen. Das wird das **Wort** betreffen:

- wie jemand *über* seinen Partner sprechen wird, wie er ihn beachtet, begrüßt und ihm gegenüber achtsam ist,
- wie er *mit* ihm spricht und mit ihm umgeht, wie er von nun an Entscheidungen fällt, die beide meint,
- wie er sich *ab- und bespricht*, wie der eine den anderen einbezieht in Achtung, am Morgen, am Mittag, am Abend, in Freud und Leid, in Gegenwart und Zukunft, in Arbeit und Freizeit, in der Gemeinsamkeit und der jeweiligen Zeit für sich.

Es wird die **Tat** betreffen, den Umgang und die Haltung, Dienst und Sorge.

Beide sind eine Einheit geworden, von denen der eine nicht mehr den anderen übergehen kann in seiner Gesinnung, in der Empfindung und in seinem Denken, Sprechen und Tun.

6. *„... trage diesen Ring als Zeichen unserer Liebe und Treue"*

Und damit das nicht vergessen wird, braucht es ein Zeichen, das daran erinnert. Es kommt zum Geschenk des äußeren Zeichens, das zeitlebens an der Hand strahlen wird. Mit diesem Zeichen drücken Braut und Bräutigam aus, dass sie zusammengehören, dass sie verbunden sind. Es strahlt nach außen und gibt Zeugnis. Und es ist ein Schutz: „Ich bin vergeben — ich gehöre jemand — wir gehören einander — und wir gehören darin Gott, Er hat diesen Bund für uns besiegelt, für unser ganzes Leben!".

7. *„... im Namen des Vaters und des Sohnes und des Heiligen Geistes."*

War es nicht auch am Anfang so? Die Benennung der Heiligsten Dreifaltigkeit führt uns zur Trauformel zurück. Während es am Anfang der Name des geliebten Menschen war, erscheint nun Gott. In seinem Namen wird die Ehe geschlossen, besiegelt und vollendet. In diesen Namen wurde der geliebte Name eingebettet, und die eigene Beziehung zu ihr, zu ihm.

Das Geheimnis wird berührt, das Gott umgibt, der in sich dreifaltig ist, der eine liebende Beziehung „lebt" und von dessen göttlicher Liebe das Ehesakrament gespendet wird, das zum bleibenden Brunnen wird. Gott hat den Menschen als sein Bild erschaffen und die Ehe erinnert daran. Der Mensch soll selbst Vater und Mutter werden und Gott begleitet diesen Weg. Er hat ihn ja auch erdacht. Jedes Mal, wenn das Paar gemeinsam beten wird, können sie sich durch das Kreuzzeichen an diesen Moment erinnern: *„Im Namen des Vaters und des Sohnes und des Heiligen Geistes."* Es ist die Formel, mit der sie getauft wurden, es ist die Formel, mit der sie sich vermählten. Mit ihr bekreuzigt sich der Christ, wenn er das Gebet beginnt und beendet es damit. Alles geschehe im Namen unseres Herrn und Gottes, des Vaters, des Schöpfers — des Sohnes, des Erlösers — und des Heiligen Geistes, des Vollenders.

Hier die gesamte Formel:

> **N., vor Gottes Angesicht nehme ich dich an als meine Frau. Ich verspreche dir die Treue in guten und bösen Tagen, in Gesundheit und Krankheit, bis der Tod uns scheidet. Ich will dich lieben, achten und ehren alle Tage meines Lebens.**
>
> *Der Bräutigam steckt der Braut den Ring an und spricht:* **Trag diesen Ring als Zeichen unsrer Liebe und Treue: Im Namen des Vaters und des Sohnes und des Heiligen Geistes.**

b. Vorbereitung der Hochzeitsliturgie

Der Ritus der Trauung fügt sich ein in die ganze Liturgie. Er hat seinen Platz nach Evangelium und Homilie. Dieser Ort steht für die Antwort auf den Ruf, der von Gott ergangen ist. Er spricht auch in den Lesungen zu uns.

Die liturgische Feier der Trauung kann eingebettet sein:

1. in die Feier eines festlichen Wortgottesdienstes

2. in die Feier einer heiligen Messe

Beide Formen integrieren im Kern die Eheschließung und bleiben beim Sakrament der Trauung gleich. Nach dem hl. Papst Johannes Paul II. soll die Zeremonie nämlich gültig, würdig und fruchtbar sein: *„Die christliche Eheschließung erfordert an sich eine liturgische Feier, die in sozialer und gemeinschaftlicher Form die wesentlich kirchliche und sakramentale Natur des Ehebundes zwischen Getauften ausdrückt."* (*Familiaris consortio*, Nr. 67)

Die Berücksichtigung der Glaubenssituation

„Die Feier der Trauung muss in der Gestaltung die Situation des Brautpaares berücksichtigen. Es ist davon auszugehen, dass auch nach einer guten Ehevorbereitung die Unterschiede im Glaubensleben zwischen den Brautpaaren, aber auch zwischen Bräutigam und Braut groß sein können. Das Rituale zur Feier der Trauung enthält verschiedene Formulare, die auf die unterschiedlichen Glaubenssituationen Bezug nehmen. Die wichtigste Unterscheidung dabei ist, ob die Feier der Trauung in der Eucharistiefeier oder in einem Wortgottesdienst stattfindet. Diese Frage ist im Traugespräch zu klären. Die „pastorale Einführung der Bischöfe des deutschen Sprachgebiets" in das Rituale gibt dazu nähere Hinweise. Weiterhin sind die grundsätzlichen Bestimmungen über den Empfang der Eucharistie zu beachten."[57]

Auch wenn einer der Brautleute nicht-katholisch oder sogar nicht-getauft ist, ist eine kirchliche Trauung sinnvoll und möglich. Das wird dann in einem festlichen Wortgottesdienst geschehen können.[58]

[57] Die deutschen Bischöfe, *Auf dem Weg zum Sakrament der Ehe.* Überlegungen zur Trauungspastoral im Wandel, 28.9.2000, Sekretariat der Deutschen Bischofskonferenz, Bonn 2000. S. 52.

[58] Das hat nicht zuletzt auch den Grund, weil ein Empfang der heiligen Kommunion, wie es in der heiligen Messe geschieht, nur möglich ist, wenn es eine vollständige Eingliederung in die katholische Kirche gibt, die den katholischen Glauben voraussetzt und Bedingung für den Empfang ist.

Die Auswahl der veränderlichen Teile[59]

Jetzt gilt es, eine Wahl zu treffen. Im Konkreten sollen, neben der Form der Trauung (also Trauungsspruch oder Ja-wort) folgende Entscheidungen in Hinblick auf die ganze Liturgie getroffen werden, in Absprache mit dem trauenden Geistlichen:

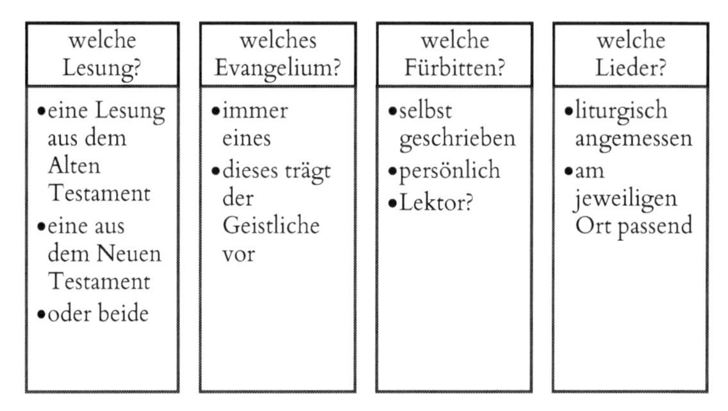

Abb. 44: Die Auswahl der veränderlichen Teile der Liturgie

Die Lesungen stammen ausschließlich aus der Bibel. Sie sind so ausgewählt und von der Kirche für die Trauung bestimmt, dass sie einen Aspekt der christlichen Ehe zum Ausdruck bringen, z.B. *die Begründung in der Natur, Gottes Plan mit dem Menschen, die menschliche Liebe im Heilsplan Gottes, Aspekte der ehelichen Liebe,* etc. Die Liste kann bei der Vorbereitung helfen (Lektoren, persönliche Betrachtung).

<u>Lesungen:</u>

Die Grundlegung der Ehe in der Natur des Menschen:

- o die Erschaffung des Menschen als Mann und Frau und ihr Auftrag zur Fruchtbarkeit: Gen 1.1.26–28.31a

---

[59] Für diese Punkte gibt es von der Diözese Eichstätt eine sog. Trauungsmappe, in der unter verschiedenen Unterpunkten Orientierungshilfen und Vorschläge sowie eine Aufstellung der möglichen Lesungen angeboten wird. Siehe: https://www.bistum-eichstaett.de/sakramente/ehe/trauungsmappe/.

- die Erschaffung von Mann und Frau und ihre gleiche Würde: Gen 2,18–24

Beispiele der Ehe in der Heiligen Schrift (mit einigen wertvollen Details):
- die Ehe und die göttliche Vorsehung (Eheschließung von Isaak und Rebekka): Gen 24,48–51.58–67
- das Eheband und die Unauflöslichkeit bis zum Tod: Rut 1,14b–17
- die Ehe und der Segen Gottes, ein Weg zur Heiligkeit: Tob 7,6–14
- der Plan Gottes und Zusammenwirken des Menschen, die innere Haltung bei der Eheschließung: Tob 8,4b–8

Die Weisheitsliteratur besingt (betrachtet) die Liebe, etc.:
- eine Betrachtung über Liebe und Treue: Spr 3,3–6
- eine Betrachtung über die Würde der Frau: Spr 31,10–31
- eine bildliche Beschreibung der ehelichen Liebe: Hoh 2,8–10.14.16a; 8,6–7
- eine Betrachtung über die gute Frau als Segen: Sir 26,1–4.13–16

Die Ehe als Sinnbild für die Liebe Gottes zu seinem Volk:
- über den Bund Gottes mit seinem Volk (Ehe als Bild dafür): Jer 31,31–32a.33–34a
- die eheliche Beziehung Gottes zu seinem Volk: Hos 2,21–22
- die prophetische Dimension der Ehe (Hochzeit des Lammes): Offb 19,1.5–9a (Osterzeit)
- die Liebe Christi (die Ehe als Abbild dieser Liebe): Röm 8,31b–35.37–39

Elemente (Charakteristik) der ehelichen Liebe:
- über Tugenden innerhalb der Ehe (Leben in der Ehe): Röm 12,1–2.9–18
- über die Schuldigkeit der Liebe zueinander (Gebot der Liebe): Röm 13,8–10
- über Einmütigkeit und Hingabe in der Ehe: Röm 15,1b–3a.5–7.13
- über die Würde der ehelichen Liebe und ehelichen Keuschheit — der Leib als Tempel des Hl. Geistes: 1 Kor 6,13c–15a.17–20
- eine Beschreibung der Liebe (Hohelied der Liebe). 1 Kor 12,31–13,8a

- in der Liebe verwurzelt sein und immer mehr von der Liebe Gottes erfüllt werden: Eph 3,14–21
- einige Haltungen innerhalb der Ehe (Tugenden): Eph 4,1–6
- die Ehe und Haltungen darin, die zur Nachahmung Gottes führen: Eph 4,23–24.32 — 5,2
- die Liebe als Weg zur Heiligkeit in der Kirche: Eph 5,1–2,25–32
- einige Lebenshaltungen in der Ehe und der Friede, der daraus entspringt: Phil 4,4–9
- Liebe als Band, das zusammenhält und alles vollkommen macht: Kol 3,12–17

Die Sendung der Ehe bzw. die mit der Ehe verbundene übernatürliche Berufung:

- die Ehe in ihrer Sendung nach außen (Haltungen): Hebr 13,1–4a.5–6b
- die übernatürliche Dimension in der Ehe (nicht vergessen): 1 Petr 3,1–9
- das Leben in der Gegenwart Gottes verhilft zur Liebe: 1 Joh 3,18–24
- die Liebe in der Beziehung zu Gott, der Liebe ist: 1 Joh 4,7–12

Evangelien:

Die Sakramentalität der Ehe:

- Ehe als Antwort auf Gott — Bauen auf dem Fundament des Wortes Gottes: Mt 7,21.24–29
- über die Unauflöslichkeit der Ehe aufgrund des Sakramentes: Mt 19,3–6
- als Sakrament und ihre Unauflöslichkeit: Mk 10,6–9

Das Leben der Liebe:

- Seligpreisungen als Zusammenfassung des Evangeliums und Vorgeschmack auf den Himmel: Mt 5,1–12a
- über den gegenseitigen Dienst aus Liebe innerhalb der Ehe: Mt 20,25–28
- Liebe als Erfüllung der Gebote: Mt 22,35–40
- Liebe wie Jesus geliebt hat als neues Gebot: Joh 15,9–12

- Liebe als Freundschaft und Hingabe: Joh 15,12–17
- Sendung des Christen (Wirkung der Ehe nach außen Zeugnis): Mt 5,13–16

Der größere Plan Gottes mit Ehe und Familie, der auch die zeitliche Ordnung einschließt:

- Über die Hierarchie der Werte und die Vorsehung Gottes in den zeitlichen Dingen: Mt 6,19–21.24–33
- über die Vorsehung Gottes und die rechte Sorge: Lk 12, 22b–31
- die Ehe als erstes öffentliches Wunder im Leben Jesu: Joh 2,1–11
- Vereinigung mit Gott (Weg der Ehe als Weg der Heiligkeit): Joh 14,12–17.21
  - Gebet Jesu für die Jünger (analog Fürbitte auch für die Eheleute): Joh 17,20–26

Fürbitten:

Die Fürbitten kommen nach der Vermählung. Sie sind ein Gebet, das die kirchliche Gemeinschaft mit einbezieht, um im Gebet für das Brautpaar und die zukünftige Familie zu beten. Für die Erstellung der Fürbitten ist es möglich, sich an bereits vorgefertigte Formulierungen zu halten[60]. Es empfiehlt sich, darin um den Segen Gottes für das Brautpaar zu beten, für verstorbene Angehörige, für die Familien, evtl. in Bezug auf eine besondere Situation, eines besonderen Umstandes des Ehepaares.

Ferner ist zu erwägen, *wer* Lesung und Fürbitten vorträgt. Das kann ein Lektor oder ein Mitglied einer der beiden Familien des Brautpaares sein oder eine befreundete Person. Sie soll laut und vernehmlich die Texte vortragen. Damit ein würdiger Rahmen bewahrt bleibt, empfiehlt sich, die Texte vorab einzuüben.

Alle Lesungen stehen im entsprechenden Lektionar, d.h. dem Lesungen-Buch, das in der Liturgie verwendet wird. Das erübrigt, dass Zettel oder Papierblätter von den Lektoren mit nach vorne gebracht werden müssen.

---

[60] Siehe https://www.bistum-eichstaett.de/sakramente/ehe/trauungsmappe/.

b.1. Zu den Liedern

Singen ist doppeltes Gebet. Die geeignete Liederauswahl ist wichtig. Sie verleiht dem Heiligen Ausdruck und würdigen Rahmen. Es gibt Lieder, die in diesem kirchlich-liturgischen Kontext geeignet und angemessen sind (*liturgische Lieder*) und andere, die es nicht sind (*weltliche Lieder*).

In der Kirche bedarf es des Sinns für das Heilige, um gut zu wählen. Es braucht Verständnis dafür, was geschieht.

Als Kriterium: Während es in der Liturgie mehr um den heiligen Text geht, der musikalisch dargeboten wird, ist es bei den weltlichen Liedern eher umgekehrt. Hier ist es der Inhalt, der die Musik bestimmt. Sie bildet nur die Tragfläche, um den Inhalt wiederzugeben, der den Vorzug hat. Die Musik wurde daher auf den Text abgestimmt und der Text auf den liturgischen Moment.

Es versteht sich von selbst, dass ein geeignetes Lied hier dem Heiligen nicht widersprechen wird. Ein Lied ist dann gut und angemessen, wenn das Heilige Beachtung findet und es respektiert, untermalt und nicht ersetzt oder banalisiert. Erst dann wird es groß und schön.

Weiterführende Anregungen:

- Welche Lieder sollen von der Festgemeinde gesungen werden (was deren Beteiligung ist)?
- Gibt es einen Organisten, der begleitet?
- Gibt es einen Sänger/in, einen Chor?
- An welchen Stellen in der Liturgie können Lieder erscheinen?
- Möglicherweise könnten Liederheftchen (mit den Texten der Lesungen) angefertigt werden, damit alle singen können.

Falls die Trauung innerhalb der heiligen Messe stattfindet, ist zu berücksichtigen, dass hier an vielen Stellen nicht irgendeine Liedauswahl möglich ist, sondern ganz bestimmte Teile der Messe auch ganz bestimmte Lieder erfordern, wenngleich es eine Auswahl dazu gibt. Das liegt an den festen Teilen der Messliturgie deren Lieder oft einfach Gebete derselben sind.

Musikalisch empfehlenswerte Stellen:

- Am Anfang des Gottesdienstes / zum Einzug

- Unmittelbar vor der Trauung (zwischen Homilie und Trauungszeremonie)
- Unmittelbar nach der Trauung (nach dem Ehesegen)
- Am Ende des Gottesdienstes / zum Auszug

Als Lieder können noch hinzukommen:

Die Liedauswahl (und die Strophenzahl) verlängert den Gottesdienst. Hilfreich kann auch die Trauungsmappe sein.[61]

Bei einem festlichen Wortgottesdienst:	Bei einer heiligen Messe (hier gibt es engere Erfordernisse der Lieder):
•evtl. Zwischengesang (hier entspricht der Psalm) zwischen Lesung und Evangelium •evtl. zwischen Bestätigung der Ehe und dem Ehesegen •vor dem Schlussgebet	•evtl. Kyrie-Rufe •evtl. Gloria •evtl. Zwischengesang oder der Psalm gesungen •evtl. zwischen Bestätigung der Ehe und Ehesegen •zur Gabenbereitung •zum Sanktus (Heilig) •zum Lamm Gottes •bei oder nach der Kommunion

Abb. 45: Über die Liedauswahl

[61] Siehe https://www.bistum-eichstaett.de/sakramente/ehe/trauungsmappe/.

b.2. Weitere Elemente und Details

Für die Trauung ist noch an folgende Dinge zu denken:

Weitere wichtige Elemente:
• Brautkerze • Eheringe (evtl. mit Kissen) • Unterschrift der Trauzeugen (oft nach der Trauungszeremonie oder am Ende des Trauungsgottesdienstes)

Abb. 46: Weitere Elemente, an die gedacht werden muss

Es sind Dinge zu klären bezüglich des Blumenschmucks (mit Brautstrauß), der beteiligten Ministranten, der fotografischen Dokumentation (am besten mit einem einzigen offiziell bestellten Fotografen, so dass die Aufnahmen die Liturgie nicht stören). Es empfiehlt sich die Rücksprache mit dem Geistlichen.

Zur Ehevorbereitung gehören auch jene Elemente, die zur Treue in der Ehe verhelfen.

Im zweiten Teil werden wir uns mit dem Leben in der Ehe beschäftigen. Dabei werden wir vier Aspekte besonders beleuchten, die der Treue und dem Gelingen der Ehe förderlich sind.

Teil II: Früchtetragendes *Leben* der Ehe

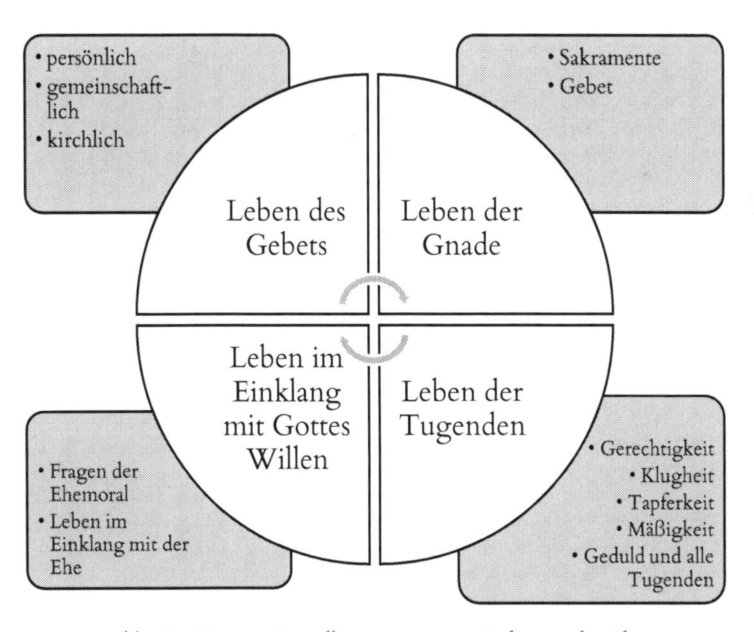

Abb. 47: Die vier Grundkonstanten zum Gelingen der Ehe

Teil II: Früchtetragendes Leben der Ehe

Ist die Hochzeit vorbei, geht das Leben der Ehe erst los. Wie schön, denn das Sakrament dauert an. Es soll seine Frucht gerade im Leben bringen. Der ganze Lebensentwurf von Ehe und Familie ist damit verbunden. Die Ehe ist die Zelle der ganzen Gesellschaft und sie schenkt Zukunft.

Was kann man über ihr Gelingen sagen? Es gibt einige wesentliche Grundkonstanten. Das Glück des Paares ist damit verbunden – und das Wohl der Kinder.

Das Wachstum

Es liegt in der Natur, zu wachsen, sich zu erneuern, größer und stärker zu werden. Es ist ein Naturgesetz. Auch die Liebe ist auf Wachstum ausgelegt. Wenn Paulus sagt, dass die Liebe das ist, was nie aufhört (1 Kor 13,8), so ist damit ein Wachstum impliziert. Jesus spricht in einem Geheimnis der Verbundenheit mit ihm (durch die Liebe) über die Fruchtbarkeit, die die Folge des Wachsens und der Verbindung durch die Liebe ist.

> „Bleibt in mir, dann bleibe ich in euch. Wie die Rebe aus sich keine Frucht bringen kann, sondern nur, wenn sie am Weinstock bleibt, so könnt auch ihr keine Frucht bringen, wenn ihr nicht in mir bleibt. Ich bin der Weinstock, ihr seid die Reben. Wer in mir bleibt und in wem ich bleibe, der bringt reiche Frucht; denn getrennt von mir könnt ihr nichts vollbringen." (Joh 15,4–5)

Die Mittel der Treue

Bei dem, was nun folgt, handelt es sich um Mittel zur Treue. Sie entspringen einer bestimmen Sicht, die die natürliche und übernatürliche Anthropologie im Blick behält. Nur mit beiden bleibt das Ziel im Focus und erst von dort her kann man die Ordnung der Dinge verstehen.

Die Mittel der Treue (wie ich sie nennen möchte) können als Eckpunkte dienen, um mit ihnen zu agieren. Ich möchte hier folgende These aufstellen: Es gibt Mittel des menschlichen Zusammenlebens, die die Ehe sicher gelingen lassen. Es gibt eine Ordnung der Dinge. Wenn der Mensch diese Ordnung einhält, wird sein Leben und seine Beziehung zum Ziel führen.

Auf folgende Fragen sollen Antworten gefunden werden:

1) Was sind die Elemente, die die eheliche Treue begünstigen?
2) Sind diese Elemente ausreichend?
3) Decken sie alle Facetten des Menschen und seines Zusammenlebens ab?
4) Was soll das Paar konkret im Alltag tun?
5) Was tun, um Schwierigkeiten zu überwinden?
6) Welche Hilfen bleiben?
7) Was ist am Ende das Ziel des Ganzen?

4. Vier wesentliche Elemente der Treue

4.1. Hinführung

In dieser Hinführung sollen die vier Elemente abgeleitet werden.

Treue ist *Liebe in der Zeit* und ihre Entfaltung in der Zeit. Bei der Treue geht es um die Liebe. Die Liebe hat ihre Regeln (Gebote, Verbote) — und die Treue wird davon abhängen.

Es sollen zwei Studien folgen, die man über dauerhafte Beziehungen gemacht hat und durch die man versucht hat, die tragfähigen Elemente herauszufiltern, die die Ehe auf den sicheren Felsen stellen (Mt 7,25). Bei diesen Elementen kann angenommen werden, dass sie erfolgsversprechende Mittel zur ehelichen Treue sind. Interessant ist, dass es hier um die religiöse Praxis gehen wird, die auch die Ehemoral berücksichtigt, wie sie von Gott her gedacht ist. Das geht einher mit der Ordnung, die durch die Gebote geschützt wird:

> Die ‚Gebote Gottes' sind aber eben dieses ‚Gesetz der Liebe', eine Grammatik der Liebe, eine Gebrauchsanweisung für die Liebe, eine Anleitung dafür, wie die Liebe wachsen, existieren und durch alle Mühseligkeiten hindurch überleben kann! Und wenn die Kirche „das sechste Gebot" verkündet, will sie dies und nur dies tun: vermitteln, was Liebe ist, wie Liebe „gelingt" und wovor man sie schützen muss![62]

---

[62] Andreas Laun, *Liebe und Partnerschaft aus katholischer Sicht*, Franz-Sales-Verlag, Eichstätt 2003, S. 23.

1. Studie:

Aus den USA gibt es die wissenschaftliche Studie, die Folgendes besagt:[63]

- Paare, die nur zivilrechtlich heiraten: 50% enden in Scheidung
- Paare, die in der Kirche heiraten: 33% enden in Scheidung
- Paare, die in der Kirche geschlossen werden und in die Kirche gehen: 2% enden in Scheidung
- Paare, die mit der Natürlichen Empfängnisregelung[64] leben: 2–5% enden in Scheidung
- Paare, die in der Kirche heiraten, in die Kirche gehen und gemeinsam beten: nur **1 von über** 1000 endet in Scheidung![65]

2. Studie:

Dies Liste ist durch eine Studie[66] zu ergänzen, die den Punkt der Religiosität vertieft.

Die Scheidungshäufigkeit in Beziehung zur religiösen Praxis:

> Um die religiöse Praxis der Teilnehmer einheitlicher beurteilen zu können, wurden die befragten Personen in eine von drei Gruppen eingeteilt,

---

[63] Vgl. Janet Smith, *Humane vitae: A Generation later*, 1991, S. 127 (dort weitere interessante Quellenangaben); Ph. Lauter, "The New Counter Culture", *Wall Street Journal*, 13.8.1993.

[64] Im Weiteren: NER. In diesem Punkt soll nicht vorgegriffen werden, was in einem eigenen Kapitel darüber gesagt werden wird (Umstände, Bedingungen, etc.).

[65] Andreas Laun, *Liebe und Partnerschaft aus katholischer Sicht*, Franz-Sales-Verlag, Eichstätt 2003, S. 104.

[66] Die Studie wurde 2008 bei 1131 INER-Mitgliedern in Deutschland, Österreich, der Schweiz und Italien (Region Südtirol) durchgeführt. Es wurden dazu Fragebögen mit je 14 Fragen mit 37 detaillierten Antwortmöglichkeiten verwendet. Die Fragen bezogen sich auf Alter, Geschlecht, Schuldbildung, Zivilstatus, Beschäftigung, finanzielle Situation, Kinderzahl, religiöses Bekenntnis, religiöse Praxis, Praxis der NER, sowie persönliche Konsequenzen infolge des Lebens mit NER. Siehe W. Rhomberg, M. Rhomberg, H. Weißenbach, *Neue Aspekte der Natürlichen Empfängnisregelung*. Eine Umfrage zur sympto-thermalen Methode, Medizin und Ideologie, 2/2010; W. Rhomberg, *Umfrage zur Natürlichen Empfängnisregelung*, Kirche heute, 11/2010; siehe auch www.iner.org. Die Studie findet sich in Maria Eisl, Andreas Laun (Hg), *Die Dynamik der Liebe*. Neue Gesichtspunkte zur sympto-thermalen Methode nach Rötzer, S. 8-16.

entsprechend ihrer Antworten bezüglich Gottesdienstbesuch, persönlichem Gebet und Gebet mit dem Ehepartner.[67]

Siehe folgende Tabelle:

Bildung von drei Gruppen zur Beurteilung der religiösen Praxis der Befragten[68]				
	Regelmäßig	Gelegentlich	Selten	Nie
Gottesdienstbesuch	4 Punkte	2 Punkte	1 Punkt	Kein Punkt
Persönliches Gebet	4 Punkte	2 Punkte	1 Punkt	Kein Punkt
Gebet mit dem Ehepartner	4 Punkte	2 Punkte	1 Punkt	Kein Punkt

Tab. 1: Gruppen der Scheidungsstudie zur Beurteilung der religiösen Praxis

Gruppe I: 8 bis 12 Punkte; optimale religiöse Praxis
Gruppe II: 4 bis 7 Punkte; mittelgute religiöse Praxis[69]
Gruppe III: 0 bis 3 Punkte; nicht-optimale religiöse Praxis

Die nächste Abbildung zeigt die Scheidungshäufigkeiten in Relation zur religiösen Praxis entsprechend der Gruppeneinteilung I bis III. Dabei überrascht es nicht, dass eine Korrelation zwischen optimaler religiöser Praxis (Gruppe I) und einer niedrigen Scheidungsrate besteht, aber es muss auch auf die relativ niedrige Scheidungsrate von 12,5% bei den Personen mit „nicht-optimaler religiöser Praxis“ (Gruppe III) im Vergleich zu nicht gelebter Religiosität hingewiesen werden.

[67] Maria Eisl, Andreas Laun (Hrsg.), *Die Dynamik der Liebe. Neue Gesichtspunkte zur Natürlichen Empfängnisregelung nach Rötzer*, Verlag Ehefamiliebuch, Jeging ^{2}2013, S. 10–13. Im Folgenden: *Die Dynamik der Liebe.*

[68] Ebd., S. 10.

[69] Zur Einordnung in Gruppe II müssten zumindest Kirchenbesuch und persönliches Gebet 4 Punkte erreichen.

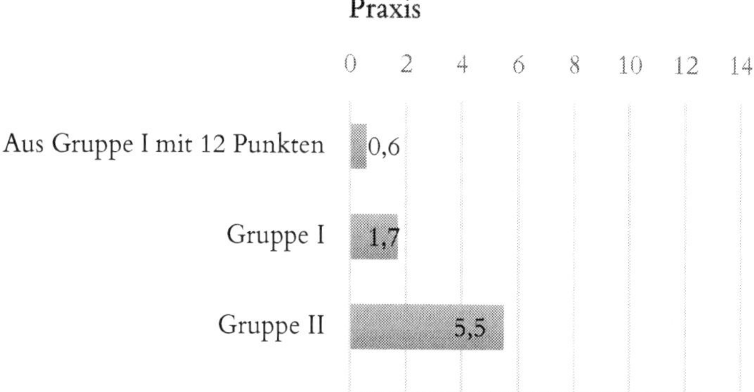

Tab. 2: Scheidungshäufigkeit in Relation zur religiösen Praxis

Der Durchschnitt aller Befragten (d.h. alle zusammengerechnet): 3% Scheidungen. Der geringe Wert ist aufgrund religiöser Praxis! Das ist ein starker Wert, dem große Bedeutung beizumessen ist.

Beide Studien zusammen führen uns bereits zu zwei wichtigen Elementen, die offensichtlich die Treue in der Ehe fördern:

1) die **religiöse Praxis**
2) die **Praxis der natürlichen Empfängnisregelung (NER)**:
   Offensichtlich ist das Praktizieren von NER ein eigenständiger Faktor, der die Stabilität einer Ehe unabhängig von der religiösen Praxis fördert, und man darf wohl annehmen, dass ein kausaler Zusammenhang zwischen einer geringeren Scheidungshäufigkeit und dem Praktizieren von NER besteht. Was stabilisiert, abgesehen von Elementen der Religion, eine Ehe besser als eine gute Kommunikation, gegenseitiges Vertrauen, Selbstbeherr-schung und das Gefühl der Geborgenheit? All dies wird durch die sympto-thermale Methode (STM) nach Prof. Rötzer eindeutig gefördert.[70]

[70] Eisl/Laun, *Die Dynamik der Liebe*, S. 12.

Die Auswertung der Studien brachten diese zwei Punkte zum Vorschein. Das kann überraschen, denn es soll ein vernünftiger Gegenentwurf zur heutigen Mentalität und Kultur (Verhütungsmentalität) gemacht werden. Der Entwurf wird viele positive Früchte zeigen und eine Haltung bilden, die beziehungsfördernd ist. Es geht damit um eine Lebensweise, die lebensbejahend ist. Sie vereint dabei Gründe, die auch zu einer Bejahungshaltung gegenüber dem Partner, zum Leben, zum Plan Gottes wird.

Ein Ehepaar, dass die Religion lebt, sieht seine Beziehung in einem anderen Licht als ein Paar, welches das nicht tut. Ein christliches Ehepaar, das christliche Werte lebt, sieht Liebe in einem größeren Zusammenhang. Die *religio* (Rückbindung) macht, dass es sich mit dem zurückbindet, der Kraft zur Liebe gibt, mit dem Ziel vor Augen. Gott schenkt seine Hilfe, da er angerufen wird.

Hier soll es konkret um Hoffnung gehen. Liebe und Treue sind (nach wie vor) möglich und wünschenswert.

Bevor wir weitergehen, ist eine Ergänzung notwendig. Es soll ein *doppelter* Blick auf den Menschen genommen werden. Erst dann lassen sich die vier Mittel der Treue verstehen. Das meint:

1. einen **natürlichen Blick** auf den Menschen, auf das Paar; er betrifft auch die Erreichung des natürlichen Zieles der menschlichen Natur, seine natürliche Verfasstheit, seine natürliche Beziehungsbegabung und die Weitergabe des Lebens als Ziel der Natur.
2. einen **übernatürlichen Blick** auf den Menschen, auf das Paar in Hinblick auf ihre Berufung und Mitwirkung mit Gott, auf das Erreichen eines übernatürlichen Zieles und die Mittel, die sie von Gott her bekommen und wie sie ankommen.

4.2. Der Blick auf den Menschen: eine Symphonie

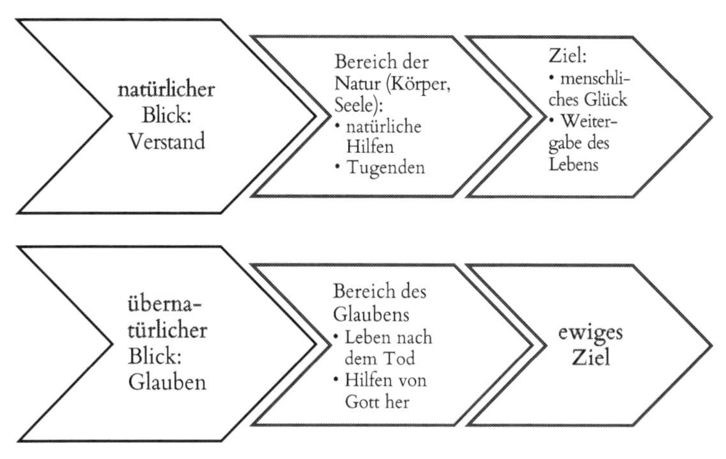

Abb. 48: Der doppelte Blick auf den Menschen

Der natürliche Blick geschieht mit dem *Verstand*, der übernatürliche mit dem *Glauben*. Zuerst das Eine, dann das Andere. Erst beide Panoramen ergeben eine vollständige Sicht des Menschen.

a. Der natürliche Blick auf den Menschen

Der Mensch ist konstituiert aus einer Leiblichkeit (Körper mit Sinnen, Gefühlen, ...) und einer Geistigkeit (Geistseele). Nur in dieser Einheit ist er voll und ganz Mensch. Wenn man das mit anderen „Größen" der Schöpfung vergleicht: Der Unterschied zum Stein ist, dass er Leben hat; der Unterschied zur Pflanze, dass er sehen kann; der Unterschied zum Tier, dass er verstehen und wollen kann. Die Geistseele ist es, die ihn zum Menschen macht. Sie beinhaltet Leben, Sinneswahrnehmung und auch Denkvermögen mit Verstand und Willen. In ihr wurzelt seine Freiheit. Die Seele ist das „*erste* Lebensprinzip". Sie bewirkt, dass ein Körper lebt, west und wirkt. Der Tod ist nur die Trennung von ihr. Der Leib zerfällt, wenn er nicht mit dem Lebensprinzip verbunden ist.

Die Unsterblichkeit der Seele

Auch wenn der Mensch eine Einheit von Seele und Leib ist und das Leben durch die Seele kommt, heißt das nicht, dass die Seele nicht ohne den Leib existieren kann. Die Seele des Menschen ist *subsistent.*[71] Das meint, dass sie für sich bestehen kann, getrennt vom Leib und dass sie darin eine Selbstständigkeit hat. Das lässt sich daraus folgern, da sie selbständige Akte (d.h. eigenständige Äußerungen, Handlungen) hat, bei der eine selbstständige Ordnung vorauszusetzen ist, die anders als die Materie ist.[72] Die Folge: Sie ist unsterblich, da ihr die Grenzen und Bedingungen für den Zerfall fehlen, wie es die materielle Schöpfung betrifft, deren chemisch-biologische Prozesse andersartig sind. Die Seele übersteigt diesen Bereich in eine andere Dimension. Das Verstehen (wie auch das Wollen) ist eine eigene, a-materielle Operation.[73] Der hl. Thomas von Aquin nennt uns das folgende, wichtige und philosophisch-richtige Prinzip: „*Nichts kann für sich tätig sein, wenn es nicht für sich besteht.*“[74]

---

[71] Hl. Thomas von Aquin, *Summa Theologiae*, Sth I, 75, 2.

[72] Diese sind nicht einfach nur Denken, sondern sind die ganze Geistigkeit, die damit betroffen ist. In ihr liegen Verstehen und Wollen des Menschen, die materiell unabhängig sind und nur in diesem Leben mit dem Leib verbunden sind. Die Seele bedient sich des Gehirns (sie ist ja gerade die Seele des Körpers und daher mi ihm vereint als Einheit Mensch), doch das Verstehen, Folgern, Planen, das „Aha-Erlebnis“ sind nicht eine chemisch-biologische Reaktion eines determinierten Gehirnapparats.

[73] Vgl. hl. Thomas von Aquin, Sth I, 75, 2, „Wenn nun der Urgrund des Verstehens (in der Seele) die Natur irgendeines Körpers in sich trüge, könnte er nicht alle Körper erkennen. Jeder Körper hat aber eine bestimmte Natur. Es ist somit unmöglich, dass der Grund des Verstehens ein Körper ist. Desgleichen ist es unmöglich, dass er durch ein körperliches Organ erkenne. Denn auch die bestimmte Natur dieses körperlichen Organs würde die Erkenntnis aller Körper verhindern.“

[74] Ebd.

Die Herkunft der Seele von Gott

Es gibt eine wichtige weitere Folge. Sie betrifft den Ursprung. Wenn die Seele a-materiell ist, kann sie sich nicht aus bio-chemischen Prozessen herleiten und bilden. Sie ist nicht determiniert durch das Naturgesetz. Selbst wenn die Körperlichkeit von Mann und Frau zusammen weitergegeben wird, die dadurch zu Eltern werden, ist das bei der Seele nicht der Fall. Wenn der Körper durch die Genetik bestimmt ist, so ist es die Seele nicht. Sie ist kein Charaktertyp oder eine Menschenart, sondern sie hat eine eigene Identität als diese spezifische Person, die von Gott gewollt ist.

Daher kann die Seele nicht von den Eltern stammen, denn sie entspringt außerhalb des biochemischen Vorgangs der Vereinigung von Ei- und Samenzelle, einem heiligen Moment der Schöpfung. Die Seele, da sie rein geistig ist, kann nur von einer höheren Erstursache stammen, aus der die ganze Schöpfung hervorgegangen ist. Daher ist der Mensch kein Produkt des Zufalls, sondern ein Zusammenwirken von Mann und Frau mit Gott, so dass sich beim Geheimnis des Lebens Natur und Übernatur berühren.

Die Seele kann nur durch die Schöpfung direkt von Gott entstehen:

> Die Kirche lehrt, dass jede Geistseele unmittelbar von Gott geschaffen ist [...] — sie wird nicht von den Eltern „hervorgebracht" — und dass sie unsterblich ist [...]: sie geht nicht zugrunde, wenn sie sich im Tod vom Leibe trennt, und sie wird sich bei der Auferstehung[75] von neuem mit dem Leib vereinen. (KKK 366)

Hier stehen Mann und Frau vor einem Geheimnis, in das sie in ihrer Mitarbeit mit Gott, dem Schöpfer, hineingezogen werden, um mit ihm mitzuwirken.

Gott erwirkt das, damit der Mensch selbst die Würde des „Ursache-Seins" erfahren darf.

Bei diesem heiligen Moment der Zeugung verbinden sich *zwei Teile* (von zwei unterschiedlichen Menschen) in einer Art und Weise, dass biologisch und

[75] Dieser Moment ist voraus angekündet durch das Evangelium (Mt 22,28–32; Lk 14,14; Joh 5,28–29: Wundert euch nicht darüber! Die Stunde kommt, in der alle, die in den Gräbern sind, seine Stimme hören und herauskommen werden: Die das Gute getan haben, werden zum Leben auferstehen, die das Böse getan haben, zum Gericht. (Joh 5,28–29).

genetisch *eine neue Einheit* entstanden ist, die im gleichen Moment ihres Entstehens nach Beseelung, nach Leben, nach dem Lebenshauch (Gen 2,7), also nach der Seele „*schreit*" und die sie nicht aus sich dazugeben kann. Gott schenkt sie, da er seiner Schöpfung treu ist. Er „haucht" sie ein. Aus der „Empfängnis" wird etwas Doppeltes: eine Frau empfängt neues Leben — aber auch das Leben selbst wird empfangen in der Erschaffung eines neuen Menschen, der gekommen ist und der unsterblich ist. Das Weitere ist nur die Entfaltung des Menschen, der schon da ist, die Entwicklung des Menschen *als Menschen*, bis über die Geburt hinaus zum Lebensende.

Die Seele nach dem Tod

Da die Seele ein selbständiges, für-sich-bestehendes Etwas ist, ergibt sich die Frage über das Leben nach dem Tod. Das ist an dieser Stelle wichtig, weil sich damit die Berufung jedes Menschen weiter sieht als vielleicht gedacht. Der Mensch als Mensch hat für sich bereits eine Dimension, die über den Tod hinausgeht. Es ergibt sich eine persönliche, unübertragbare Berufung zu ewigem Leben für jeden Menschen. Das kann tröstlich sein für all diejenigen, die sehr früh ihren Ehepartner verloren haben, die in Krankheit und Einsamkeit leben, denen Nachkommen versagt blieb, die verwitwet sind oder nie einen Ehepartner finden konnten oder die trauern um einen lieben Angehörigen der Familie oder gar um ein verlorenes Kind, sei es in der Schwangerschaft oder später.

Gott hat einen tiefen Plan mit jedem Menschen vor, er hat ihn mit einer ewigen Berufung geschaffen. Die Ehe als Weg und Realisierung eines konkreten Menschenlebens bekommt hier eine Tiefendimension und sie betrifft die Ewigkeit. Zunächst geht es nur darum, sich dessen bewusst zu werden. Die Konsequenzen daraus folgen in einem gläubig-religiösen Leben.

Die Menschheit und die Sexualität

Nicht nur der Einzelne besteht weiter. Gott wollte den Bestand der Menschheit, von Generation zu Generation in einer fortgesetzten Schöpfung. So hat er dem Menschen durch die Sexualität etwas Wunderbares geschenkt. Das Leben wurde in der Liebe verankert. Dieser ursprüngliche Sinn ist oft entstellt, verkauft, erniedrigt, banalisiert und missbraucht. Es ist nicht mehr stimmig, wenn

Gott so etwas Heiliges wie das Leben, die Seele, im Rahmen der liebenden Vereinigung schenkt, dass der Mensch jedoch diesen Akt missbraucht — zum Spaß. Die Sexualität braucht ein reines Bewusstsein ihres Planes und sie braucht den Schutzraum, den Gott dafür vorgesehen hat: Die Ehe.

Gibt es ein Zeichen für das Leben nach dem Tod? Die *Sehnsucht* selbst nach Ewigkeit (ewigem Leben), nach Glück wird zu einem Zeichen, das hindeutet auf die Wirklichkeit des Lebens nach dem Tod. Wir berühren hier den Punkt des Glaubens und mit ihm die übernatürliche Sicht des Menschen.

b. Der übernatürliche Blick auf den Menschen — sein ewiges Ziel

Die Wirklichkeit dieses Zieles

Der *übernatürliche* Blick des Menschen ist anderer Art als bisher. Der natürliche, rationale Blick beseelt sich, wenn wir durch den Glauben auf den Menschen schauen. Hier wird der Mensch *Geschöpf*, hinter dem der Schöpfer steht. Er hat sein Werk in einer Art und Weise gemacht, dass es bereits die Ewigkeit berührt. Er hat dem Menschen ein ewiges Ziel mitgegeben, das es durch sein Mittun zu erreichen gilt. Dazu gibt es folgende biblische Begründungen: Jesus spricht an vielen Stellen über das ewige Leben: Mt 18,8; 19,16; 19,29; 25,46; Mk 10,17; 10,30; Lk 10,25; 18,18; 18,30; Joh 3,15–16; 3,36; 4,36; 5,24; 5,39; 6,27; 6,40; 6,47; 6,54; 12,25; 17,3).

Die religiöse Dimension der Ehe

Die Ehe als Berufung bekommt eine starke religiöse Dimension, wenn sie auf dieses Ziel hin ausgerichtet wird. Sie soll gerade einen Lebensentwurf verwirklichen, der die Ehegatten heiligt, und so dazu verhelfen, dieses Ziel gemeinsam zu erreichen. Damit wird Gott zum wichtigsten „Element" im Ganzen. Es geht nicht mehr nur um einen menschlichen Partner. Er ist nicht die wichtigste Person in der Beziehung, so wunderbar und schön er auch ist und sympathisch zugleich, um das Leben mit ihm zu teilen.

Die wichtigste „Person“ ist Gott. Wenn der Partner diese Stelle einnehmen soll, überfordert man ihn — und illusioniert ihn zugleich, da kein Mensch perfekt bzw. vollkommen ist.

Die Erreichung des Zieles durch die Ehe

Der Mensch kann dieses Ziel aus eigener Kraft nicht erreichen. Da es übernatürlich ist, braucht es Mittel, die diesem Ziel entsprechen. Ein Vergleich: Ein Fahrrad nützt nicht, um den Mond zu erreichen. Das Ziel bestimmt bereits das Mittel. Es braucht eine Rakete.

Das hat auch eine Kehrseite. Der Mensch hat „die Macht“ dieses Ziel zu verlieren. Er kann sich trennen von Gott. Sein freier Wille ermöglicht es.

Das übernatürliche Leben hier auf der Erde

Das übernatürliche Leben beginnt nicht erst nach dem Tod. Die Seele ist unsterblich. Doch Gott macht noch mehr. Das übernatürliche Leben ist das, was mit dem Begriff Gnade gemeint ist. Es ist Teilhabe am Leben Gottes und das beginnt mit der Taufe (vgl. 2 Petr 1,4):

> Die Gnade ist eine Teilhabe am Leben Gottes; sie führt uns in das Innerste des dreifaltigen Lebens: Durch die Taufe hat der Christ Anteil an der Gnade Christi, der das Haupt seines Leibes ist. Als ein „Adoptivsohn“ darf er nun in Vereinigung mit dem eingeborenen Sohn Gott „Vater“ nennen. Er empfängt das Leben des Geistes, der ihm die Liebe einhaucht und der die Kirche aufbaut. (KKK 1997)

Als Jesus auf die Welt kam, konnte er uns die Gnade schenken, die uns an Gott teilnehmen lässt, weil er Gott ist:

> Die Gnade Christi besteht darin, dass uns Gott ungeschuldet sein Leben schenkt. Er gießt es durch den Heiligen Geist in unsere Seele ein, um sie von der Sünde zu heilen und sie zu heiligen. Das ist die heiligmachende oder vergöttlichende Gnade, die wir in der Taufe erhalten haben. Sie ist in uns der Ursprung des „Heiligungswerkes“. (KKK 1999)

Ein Motor ist stärker, wenn alle Zylinder arbeiten; das Kraftfeld der Liebe auch, wenn die Seelen beider Eheleute in sich Gott tragen. Die theologische Lösung für die Liebe (und der Treue) ist darin begründet. Wenn Gott zur

Quelle geworden ist, kann „der Ofen" nie ausbrennen. Dann gilt es zu bewahren, was gegeben wurde.

Eine Trennung von Gott wirft den Einzelnen auf sich zurück und reduziert ihn auf seine eigene Kraft, eine Illusion, zu glauben, das genügt. Das Zusammenleben wird schwer, vielleicht zu schwer, wie man es heute zunehmend sieht. Wo Gott in einer Beziehung fehlt, kann sie kann kaum halten.

Ein gemeinsames Leben der Gnade — die theologische Lösung

Wenn beide das Geschenk bewahren, ziehen sie an einem Strang. Wenn nicht, kann sich der Egoismus seinen Weg suchen und mit ihr die ungeordnete Leidenschaft. Beide sind Folgen dessen, was am Anfang geschehen ist und sie können den Keil in die Beziehung treiben, der spalten will.[76]

Die Notwendigkeit der Gnade aufgrund der Schwäche des Menschen

Die Folgen der Erbsünde sind im Menschen erfahrbar: die Unordnung von Geist und Sinnlichkeit, von Wollen und Sollen, ein Gesetz, das in eine negative Richtung zieht und das in uns steckt:

> Ich weiß, dass in mir, das heißt in meinem Fleisch, nichts Gutes wohnt; das Wollen ist bei mir vorhanden, aber ich vermag das Gute nicht zu verwirklichen. Denn ich tue nicht das Gute, das ich will, sondern das Böse, das ich nicht will. Wenn ich aber das tue, was ich nicht will, dann bin nicht mehr ich es, der so handelt, sondern die in mir wohnende Sünde. Ich stoße also auf das Gesetz, dass in mir das Böse vorhanden ist, obwohl ich das Gute tun will. (Röm 7,18–21)

Die Umsetzung von dem, was gut ist, verlangt mehr, als es nur zu *erkennen*: das Gute, das den Ehepartner betrifft, die Familie, die Kinder. Hier wird mehr

---

[76] Die Erbsünde hat Folgen hinterlassen. Siehe dazu KKK 388–421. Dort heißt es in KKK 390: Der Bericht vom Sündenfall (Gen 3) verwendet eine bildhafte Sprache, beschreibt jedoch ein Urereignis, das zu Beginn der Geschichte des Menschen stattgefunden hat (vgl. GS 13, 1). Die Offenbarung gibt uns die Glaubensgewissheit, dass die ganze Menschheitsgeschichte durch die Ursünde gekennzeichnet ist, die unsere Stammeltern freiwillig begangen haben (vgl. K. v. Trient, Dekret über die Erbsünde, Kan. 3, DS 1513; Pius XII., Enz. *Humani Generis*: DS 3897; Paul VI., Ansprache vom 11. Juli 1966).

verlangt als Intelligenz. Der Mensch braucht Kraft und muss sich überwinden und das kann er oft nicht, wenn sich Bequemlichkeit oder eine ungeordnete Suche nach Lust breitmacht. Es kann aber auch schon an einfachen Opfern liegen, vor denen man kapituliert, vor allem, wenn Gefühl und Leidenschaft wollen, was sie nicht sollen.

Die Erbsünde verkehrt die Liebe zur Selbstliebe und nagt sie im Kern an. Diese kann die Ehe zu einer Zerreißprobe bringen oder die Beziehung auf Eis legen. Es kann sein, dass die eigene Kraft nicht mehr reicht, um den Wagen in der Spur zu halten.

Es verlangt einen Weg, der wirkungsvoll ist. Er ist von Gott gegeben. Ach, würde man ihn dauernd suchen und nicht erst dann, wenn die Fassade bröckelt.

Die Hilfe von Gott ist anders, als wie sie die Welt anbieten kann. Seine Gnade ist mächtig, wirkungsvoll, ordnend, friedlich. Erleuchtung, Stärkung, Belebung von dem, was tot geworden ist. Der Mensch bedarf der Gnade. Sie hilft ihm im Kampf mit sich selbst, mit seinem Inneren, seinen Emotionen, seinem Wollen und Sollen.

Das Ehesakrament und in der Art und Weise, wie es gelebt werden soll, ist der Weg. So kann sie zu der Quelle werden, die sie sein soll und will und den Eheleuten die Gnade schenken, die sie brauchen.

Zusammenfassung

Die bruchstückhaften Teilchen sollen nun zusammengesetzt werden, bevor wir zu den vier Mitteln der Treue kommen:

A. Die natürliche Dimension des Menschen

1. Der Mensch ist zusammengesetzt aus Körper und Geistseele und nur so ist die menschliche Natur vollständig.
2. Die Seele des Menschen kann für sich bestehen, sie kann nach der Trennung von ihrem Leib weiterleben.
3. Da es ein Weiterleben nach dem Tod gibt, sollen wir einen Lebensentwurf verwirklichen, der das berücksichtigt.
4. Die Unsterblichkeit der Seele berührt eine religiöse Dimension und tritt damit in den Bereich des Glaubens ein. Die religiöse Dimension wird wichtig. Der Mensch spürt das. Zahlreiche Grabbeigaben sämtlicher

Kulturen drücken dies aus und zeigen, dass der Mensch *von Natur* ein religiöses Wesen ist, das an ein Leben nach dem Tod glaubt.

B. Die übernatürliche Dimension

5. Die Ehe ermöglicht dem Ehepaar eine Begegnung mit ihrem Ursprung. Sie stehen bei der Zeugung vor dem Geheimnis, das sie selbst betrifft. Das Entstehen neuen Lebens fordert sie heraus, *kraft natürlicher Ordnung*, über den Ursprung ihres eigenen Lebens und dessen Sinn nachzudenken und sich für Gott zu öffnen.
6. Die Zeugung von Nachkommenschaft ist, aus religiöser Sicht, ein Mitwirken mit dem Schöpfer und lässt uns die Würde der Ehe in ihrer großen Dimension erscheinen.
7. Da die Ehe ein das ganze Leben umspannende Verwirklichung des (göttlichen) Planes ist, kann das Leben nach dem Tod nicht einfach ausgeblendet werden. Gerade sie ist die konkrete Verwirklichung eines Planes, der weitergeht. Das zu entdecken ist Lebensaufgabe zu zweit, wie auch die Weitergabe des Glaubens.
8. Gnade ist Etwas, was ganz übernatürlich ist. Sie ist die übernatürliche Hilfe, die dem Einzelnen wie dem Paar auf dem Weg helfen wird, dass das Eheleben gelingen wird, vorausgesetzt, dass keine Hindernisse dafür aufgebaut worden sind. Das Sakrament der Ehe ist ihre Quelle. Wachstum und Verbleiben der Gnade, das ist es, um was es geht.

Diese Überlegungen verhelfen nun zum nächsten Schritt, der entfaltet.

Folgende Dimensionen müssen darin berücksichtigt werden:

Abb. 49: Die Dimensionen des Menschseins

Diese vier Dimensionen sollen in die **vier Mitteln der Treue** einmünden. Gott spielt dabei die entscheidende Rolle, doch ebenso wichtig ist auch der Teil, wo es um den Menschen geht — und um sein Zusammenwirken mit Gott und seiner Gnade.

Grafisch könnte man es so darstellen:

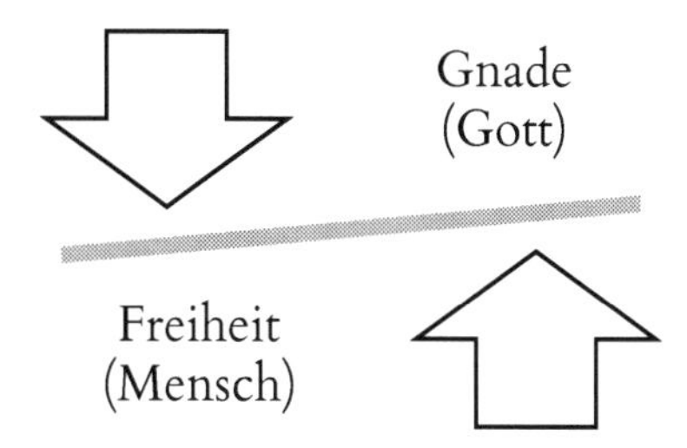

Abb. 50: Zusammenwirken von Gnade und Freiheit

Wenn die Freiheit den Menschen betrifft, so die Gnade Gott. Er allein gibt sie. Der Mensch kann mit ihr zusammenwirken, wodurch gute Haltungen, Gewohnheiten, Tugenden entstehen. Er kann sich um die Gnade bemühen im Gebet und noch anderer Mittel. Doch es ist am Ende auch entscheidend, dass er im Segen Gottes — in seinem Willen bleibt. So kann die Gnade ankommen. Und so kann das Sakrament seine Wirkung zeigen.

4.3. Die vier Mittel zur Treue einer geglückten Ehe

Hier sollen die vier Mittel aus dem vorherig Aufgezeigten abgeleitet und ausgeführt werden.

Die vier Mittel der ehelichen Treue sind:

Abb. 51: Die vier Mittel der Treue in der Ehe

Die **Wirkungen** dieser vier Mittel sind:

- eine geordnete Beziehung mit **Gott**
- eine geordnete Beziehung zum **Ehepartner** — und auch zur Familie
- eine geordnete Beziehung zu **sich** selbst

Konkret führen diese vier Mittel zu:

1. einem **Leben der Freundschaft mit Gott**, der *Liebe und Güte* ist, *vorsorgend, allmächtig und gerecht und barmherzig*,

2. einem **Leben, in dem es ein persönliches Wachstum gibt** in menschlicher und übernatürlicher Sicht und eine persönliche Formung; je mehr Tugenden beide Partner realisieren, desto leichter wird das Zusammenleben,
3. einem **Leben mit einer gesunden Menschlichkeit**, in Ordnung und Beziehungsfähigkeit,
4. einem **Leben im Einklang mit der Schöpfungsordnung**,
5. einer **gemeinsamen Einheit des Paares**, das sich gegenseitig ergänzt,
6. besonderen **Quellen zur Hilfe** für die *Beziehung* und das *Eheleben*,
7. besonderen **Quellen zur Hilfe** für die *Familie* und das *Familienleben*.

Das wird ein Fundament darstellen, auf dem gebaut werden soll. Es soll mit konkreten Tipps erläutert werden.

a. Das Leben des Gebetes

Das Gebet als Atem der Seele

Der hl. Papst Johannes Paul II. sagte: „*Eine Familie, die vereint betet, bleibt eins.*“[77] Das Gebet ist Atem für die Seele. Sie bringt uns paradiesische Luft.

Der Mensch lebt durch das Gebet zu Gott verbunden mit seinem Ursprung, was seine Berufung beflügelt und beseelt.

Die heiligende und heilende Berührung Gottes

Das Gebet führt im Glauben zur „*Berührung* mit Gott“. Sie ist heilsam und heiligend und sie verwandelt. Das erinnert an das Gebet Jesu auf dem Berg Tabor, wo es heißt: „*Und während er betete, veränderte sich das Aussehen seines Gesichtes, und sein Gewand wurde leuchtend weiß.*“ (Lk 9,29) Das Gebet verwandelt, wenn wir nicht oberflächlich, sondern tief aus dem Herzen beten, persönlich wie gemeinschaftlich. Es hat verändernde Kraft und formt eine

[77] Hl. Johannes Paul II., Apostolisches Schreiben *Rosarium Virginis Mariae* über den Rosenkranz, 16.10.2002, Nr. 41. Im Folgenden *Rosarium Virginis Mariae*.

geistliche Persönlichkeit, weil Gott zum Zug kommen kann. Das Gebet vereint uns mit der großen Familie des Himmels.

Das Gebet als Mittel der Gnade

Das Gebet ist Mittel der Gnade. Durch das Gebet wird uns Gnade geschenkt, wenngleich in anderer Weise als durch die Sakramente.[78] Das Gebet ist Kommunikation mit Gott. Es bringt Gott in die Familie, belebt die Beziehung und Freundschaft mit ihm. An Gottes Segen ist alles gelegen. Von ihm hängen alle Dinge ab, so auch das Glück der Ehe.

Die Aktualisierung des Eheversprechens

Wenn die Ehepaare beten, aktualisieren sie das Eheversprechen *„vor Gottes Angesicht*". Denn sie erinnern sich, dass sie in Gottes Angesicht blickten, am Traualtar, als sie in den Hafen der Ehe eingetreten sind. Auf der weiteren Reise gilt es, auf dem richtigen Weg zu bleiben, immer das Ziel vor Augen: das Gebet blickt auf das Ziel. Es öffnet den Himmel: *Und während er betete, öffnete sich der Himmel* (Lk 3,21). Wenn beide Eheleute dies tun, beide in die gleiche Richtung laufen, entsteht eine Einheit, in der gefestigt wird, was am Traualtar geschehen ist: Gott verbindet die Zwei, indem beide auf ihn blicken. Zugleich nimmt uns Gott die Last, indem wir mit Vertrauen ihm die Sorgen und Mühen anvertrauen, weil er allmächtig und vorsehend ist.

Das Gebet bringt eine Vertikale in die Beziehung

Jedes Schiff braucht Segel und dafür eine Vertikale, wo diese aufgehängt werden können. So ist es auch in der Beziehung. Wenn diese lebendig sein soll (es handelt sich um die horizontale Beziehung zweier Menschen), braucht diese vor

[78] Die Wirkungsweise des Gebetes als Mittel der Gnade ist „ex opere operantur", d.h. in der Weise, wie gut gebetet wird, ist es mehr oder weniger Mittel der Gnade, während die Sakramente wirken in der Weise „ex opere operatur", d.h. schon in der Weise, dass sie gespendet werden, sind sie Mittel der Gnade in Fülle, sogar unabhängig von der Heiligkeit des Spenders und eigentlich nur begrenzt durch die Empfänglichkeit des Empfängers.

allem das Schöpfen aus der Vertikalen, aus der gemeinsamen Beziehung zu Gott in der Kommunikation mit ihm. Das

> Beten [ist] die lebendige Beziehung der Kinder Gottes zu ihrem unendlich guten Vater, zu seinem Sohn Jesus Christus und zum Heiligen Geist. Die Gnade des Gottesreiches ist „die Vereinigung der ganzen heiligsten Dreifaltigkeit mit dem ganzen Geist" des Menschen (hl. Gregor v. Nazianz, *or.* 16,9). Das Leben des Gebetes besteht somit darin, dass wir immer in Gegenwart des dreimal heiligen Gottes und in Gemeinschaft mit ihm sind. (KKK 2565)

Das Gebet vereint mit Gott

Wenn das Gebet uns mit Gott vereint, der Liebe ist, wird es verständlich, dass wir aus dieser Vereinigung — aus übernatürlicher Quelle — die Kraft zur Liebe bekommen, auch dort, wo es schwer wird oder „es was kostet", wenn die natürliche Kraft dazu nicht mehr ausreicht (z.B., wenn persönliche oder berufliche Schwierigkeiten auftreten, Krankheit, berufliche Abwesenheit, Arbeitslosigkeit, persönlicher Misserfolg, … Durchhänger — eben die Kreuze des täglichen Lebens).

Beim Gebet geht es sowohl um Gott als auch um den Menschen, da im Gebet beide in Kommunikation zueinander gebracht werden.

„*Das christliche Gebet ist eine Bundesbeziehung zwischen Gott und dem Menschen in Christus. Es ist Handeln Gottes und Handeln des Menschen.*" (KKK 2564) Auch der Ehebund ist verbunden worden mit Gott (*vor Gottes Angesicht nehme ich dich an …*) und der Bund der Ehe kann mit dem Handeln Gottes rechnen, wenn das Paar es will und zulässt. Im Gebet öffnen wir uns Gott und lassen sein gnadenreiches Wirken zu, im eigenen Leben wie im Leben als Ehepaar und in der Familie.

Die Ehe lebt aus dem Gebet

Die Ehe braucht das Gebet. Es braucht das Gebet des Einzelnen und als Paar. Es braucht feste Zeiten dafür, regelmäßig und täglich. Als freies Gebet, wo jeder der Beiden seinen persönlichen Dank und seine persönlichen Anliegen vor Gott bringt oder im gemeinsamen Gebet. Es wird belebend, beziehungsreinigend und -fördernd. Man könnte nach freien persönlichen Formulierungen gemeinsam mit dem *Vater-unser* enden. Die persönlichen Anliegen im Gebet vor Gott ausdrücken ist Intimität, tiefe innerste Dinge kommen zur Sprache. Das Anteilgeben am eigenen Herzen schafft Einheit mit dem Anderen — durch die Einheit mit Gott.

Der heilige Papst Johannes Paul II. formulierte es so:

> In diesem Zusammenhang möchte ich, dass ihr [...] mit der tiefen Überzeugung nach Hause zurückkehrt: Wir müssen jeden Tag in der Familie beten; wir haben die vorrangige Pflicht, unsere Kinder beten zu lehren, in der festen Überzeugung, dass ein »unersetzliches Grundelement der Gebetserziehung das praktische Beispiel und lebendige Zeugnis der Eltern ist« (*Familiaris consortio*, Nr. 60, 2). Denn die christliche Familie findet und festigt ihre Identität im Gebet. Bemüht euch, jeden Tag Zeit zu finden für das gemeinsame Sprechen mit Gott und das gemeinsame Hören auf seine Stimme. Wie schön ist es, wenn in einer Familie am Abend auch nur ein Rosenkranzgesätz gebetet wird! Eine Familie, die miteinander betet, bleibt miteinander verbunden: **eine Familie, die betet, ist eine Familie, die rettet!** Macht euer Zuhause durch das Gebet in Gemeinschaft zu Stätten des christlichen Glaubens und der christlichen Tugend![79]

Vielleicht kann es sogar ein fester Gebetsritus in der Familie sein

„Viele Probleme der heutigen Familien, insbesondere in der wirtschaftlich hochentwickelten Gesellschaft, hängen damit zusammen, dass die Kommunikation untereinander immer schwieriger wird. Es gelingt nicht mehr, gemeinsam Zeit zu verbringen, und sogar jene wenigen Augenblicke des Zusammenseins werden von den Bildern des Fernsehens beherrscht. Die Wiederbelebung des Rosenkranzgebetes in der Familie bedeutet, ganz andere Bilder in das alltägliche Leben hineinzulassen, und zwar die der Heilsmysterien:[80] das Bild des Erlösers, das Bild seiner heiligsten Mutter [und das Bild und Leben der Heiligen

---

[79] Hl. Johannes Paul II., *Ansprache an Eheleute*, 11.9.1983; zitiert in Johannes Paulus II., Norbert und Renate Martin (Hrsg.), *Die Familie, Zukunft der Menschheit: Aussagen zu Ehe und Familie 1978–1984*, Communio personarum, Bd. 3, Patris Verlag, Vallendar-Schönstatt 1985, S. 313.

[80] Gemeint sind die *Ereignisse des Lebens Jesu*, die Heil und ewiges Leben bei Gott für uns gebracht haben.

Familie]. Die Familie, die zusammen den Rosenkranz betet, gibt ein wenig das Klima des Heimes von Nazareth wieder: sie stellt Jesus in den Mittelpunkt, sie teilt mit ihm Freud und Schmerz, sie legt Bedürfnisse und Vorhaben in seine Hände, von ihm schöpft sie Hoffnung und Kraft für den Lebensweg."[81]

b. Das Leben der Gnade

Zurück zur Heimat

Auf unserem Lebensweg gibt es viele Hürden zu meistern. Wir sind vielen Gefahren und Schwierigkeiten ausgesetzt. Dafür brauchen wir Kraft und Stärke und oft eine besondere Hilfe, um durchzuhalten. Es ist die Gnade, die uns dabei hilft, Versuchungen zu überwinden, Schwierigkeiten zu ertragen, durchzuhalten, immer wieder neu anzufangen, zu vergeben, zu beten und lieben zu können.

Die übernatürliche Wirklichkeit der Gnade

Gnade ist „*Teilhabe am Leben Gottes*" (KKK 1997). Durch die göttliche Macht *wurden uns die kostbaren und überaus großen Verheißungen geschenkt, damit ihr der verderblichen Begierde, die in der Welt herrscht, entflieht und an der göttlichen Natur Anteil erhaltet.* (2 Petr 1,4) Sie ist damit ganz **übernatürliche** Wirklichkeit – ein Geschenk, das uns Jesus Christus gemacht hat. Sie ist die entscheidende Hilfe für unseren Lebensweg und eine Dimension, die über die natürlichen Kräfte hinausgeht.

Die Gnade kann in radikaler, tiefer, wirkungsvoller Weise die gegenwärtige Situation verwandeln. Sie kann die einzelne Person in ihren Schwächen und Fehlern verändern und heilen.

[81] Hl. Johannes Paul II., *Rosarium Virginis Mariae*, Nr. 41.

Die Erfahrung der Gnade machen

Der Hochzeitstag ist ein Tag der Gnade. Man kann eine ähnliche Erfahrung auch an einem Wallfahrtsort machen. Es gibt eben heilige Orte und Zeiten. Wenn jemand die Erfahrung der Gnade nie gemacht hat, kann es schwierig sein, zu verstehen, was gemeint ist. Vielleicht war die Erfahrung auch nur unbewusst. Die Augen können sich öffnen, wenn der Blick für sie geschärft wird.

Die mächtige Hilfe der Gnade

Die Gnade wirkt in der menschlichen Seele. Durch die Teilnahme an der göttlichen Natur wird eine **Ähnlichkeit** mit ihr erzeugt oder geschaffen.[82] Dadurch „prägt Gott denen, welche Er zur Erreichung des übernatürlichen ewigen Gutes hinbewegt, gewisse Eigenschaften und Kräfte ein, gemäß denen die entsprechende Tätigkeit bereitwillig und in angenehmer Weise geschieht".[83]

Vielleicht helfen Beispiele mehr zu verstehen, was gemeint ist.

Beispiel 1: Das Ehepaar Robert und Susanne gehen in die Berge. Der Samstag lädt dafür auch wirklich ein, vor allem, wenn die Arbeit der Woche geschafft ist und nun Zeit bleibt, um sie gemeinsam zu verbringen. Auf dem Weg muss irgendwo der Autoschlüssel herausgerutscht sein, als Robert nach einem Taschentuch suchte. Jetzt stehen sie am Parkplatz, müde und erschöpft. Einander Vorwürfe machen? Die Versuchung dazu kann da sein. Beten, Gott um Kraft und Gnade bitten, die Situation zu meistern? — Das ist der richtige Weg. Beide spüren, dass sie im Inneren berührt werden von Etwas, das ihnen Mut macht und ihnen Kraft schenkt. Es kommt nicht zur Eskalation. Gestärkt können sie die weiteren Schritte überlegen.

Beispiel 2: Elisabeth und Heinrich organisieren für ihre Freunde einen Grillabend. Es ist am Nachmittag, als Heinrich sich entschließt, die E-Mails fertig zu beantworten. Es kommt zum Vorwurf. „Soll ich alles alleine machen?" hört er aus der Küche. Die Anspannung bleibt, als die Gäste kommen — und auch, als sie wieder weg sind. Beide wissen, dass sie Versöhnung brauchen. Sie entschuldigen sich, doch sie möchten auch sakramentale Hilfe. Sie können an

---

[82] Hl. Thomas v. Aquin, *Summa Theologiae* I-II, 110,4 co.

[83] Hl. Thomas v. Aquin, *Summa Theologiae* I-II, 110,2 co.

einem Wallfahrtsort zur Beichte gehen. Sie sakramentale Lossprechung befreit sie von der Schuld des Streits. Plötzlich ist die Luft gereinigt und die Spannung weg. Die sakramentale Beichte hat aufgeräumt — die Versöhnung mit Gott und die empfangene Gnade wird helfen, weiter dran zu bleiben.

Beispiel 3: Julias Schwiegermutter kommt — nicht gerade eine gute Nachricht. Die beiden verstehen sich zumindest so weit, dass sie einander grüßen können. Etwas angespannt erwartet sie, bis es klingelt. Sie braucht Geduld mit ihr, wenn die Kritik kommt. Die Sonntagsmesse hat ihr Kraft gegeben für die Woche. Gott war in ihrem Herzen eingekehrt. Mit Frieden beginnt die Begegnung und mit Frieden endet sie. Die Situation ging gut.

Beispiel 4: Max kommt von der Schule heim. Drei Stunden Mathe, zu viel für den Kleinen, der gerade Lesen und Schreiben gelernt hat. Unruhig rutscht er hin und her, als sie am Tisch sind. Seine Mutter Eva ist schon herausgefordert, Ruhe aufzubringen. Schließlich musste sie wegen der kleinen Tochter in der Nacht drei Mal aufstehen. Sie betet (kurzes Stoßgebet) und vertraut auf Gott, dass sie alles schaffen wird. Der Glaube gibt ihr Kraft und sie spürt, wie ihr eine unsichtbare Hand zu Hilfe kommt: eine Erfahrung der Gnade.

Die übernatürliche Hilfe der Gnade

Die (heiligmachende) Gnade ist eine mächtige Hilfe. Sie sichert das Gelingen der Ehe und die Treue des Ehepaares zueinander. Sie hilft der Familie in ihren Belangen und im täglichen Leben. Was kann geschehen, wenn Beide — Papa und Mama — Gott im Herzen tragen; und die Kinder dazu, die „frisch" getauft sind, wo Gott Wohnung in ihnen genommen haben? Es gibt im Leben Schwierigkeiten und Herausforderungen. Das soll nicht verschwiegen werden. Der Unterschied ist, aus welcher Quelle jemand lebt und wie man dadurch mit den jeweiligen Situationen umgeht.

Wie oft ist es im Leben eines Paares nötig, dass sich beide verzeihen? Wie oft brauchen sie die Güte und Geduld füreinander, vor allem dann, wenn äußere oder innere Schwierigkeiten, von denen unser Leben nie ganz frei sein wird, Einfluss nehmen? Wie oft wird Geduld und Demut gebraucht, um einen Neuanfang zu wagen, um Mauern aufzubrechen? Menschlich gibt es Grenzen, anders für Gott, *für ihn ist nichts unmöglich* (Lk 1,37; Mt 17,20). Die Kraft zu

Selbstüberwindung und Opferbereitschaft, die die Natur herausfordert, gibt er, von dem die Natur stammt: „*Doch durch Gottes Gnade bin ich, was ich bin, und sein gnädiges Handeln an mir ist nicht ohne Wirkung geblieben.*" (1 Kor 15,10).

Die Gotteserfahrung in der Ehe durch die Gnade

Die Ehe kann durch die Erfahrung von Gottes Gnade zu einer Gotteserfahrung werden: die Erfahrung der Barmherzigkeit Gottes (im Verzeihen und Verziehen werden), die Erfahrung der Güte Gottes (im Wohlwollen des Partners), die Erfahrung der göttlichen Vorsorge, wenn sich Dinge im Leben fügen, die der Familie helfen werden. Das wird den Glauben stärken.

Die Mittel der Gnade

Für den geistigen Weg sind zwei wichtige Sakramente von fundamentaler Bedeutung, besonders weil sie öfter empfangen werden können:

- das **Sakrament der Beichte**: zur Reinigung
- das **Sakrament der Eucharistie**: zur Stärkung und Vereinigung mit Jesus, *denn getrennt von mir könnt ihr nichts vollbringen* (Joh 15,5)

Weitere Gnadenmittel sind:

- das Gebet
- die Tugenden, die aus Liebe zu Gott geübt werden

Die Mitwirkung mit der Gnade

Jetzt wird es praktisch: Was kann ich tun, damit die Gnade bei mir, bei uns, in unserer Familie gegenwärtig ist?

Gott bindet sein Wirken an die Mittel der Gnade, er selbst ist jedoch frei. Er will ein Mitwirken von uns:

1) Die Vergebung in der Beichte setzt voraus, dass man auch die Beichte empfängt; Streit, Eifersucht, Neid und Bosheit, Zorn und andere Probleme können so gelöst werden. Das gereinigte Herz wird Kraft zum Guten haben. Oft kehrt der Frieden nur über diesen Weg zurück. Wie

einfach wird es, wenn man regelmäßig (z.B. monatlich) dieses Sakrament und die damit verbundene Gnade in Anspruch nehmen kann.

2) Das Gebet setzt voraus, dass sich jemand Zeit dafür nimmt.
3) Die Kraft zur Tugend setzt voraus, dass sich jemand das Ziel gesteckt hat, zu dem man unterwegs ist — einem übernatürlichen Ziel.

Die Hilfe eines Priesters

Nur Gott kann die Sünde vergeben: „*Ihr sollt aber erkennen, daß der Menschensohn die Vollmacht hat, hier auf der Erde Sünden zu vergeben.*“ (Mt 9,6) Jesus übt diese Vollmacht selbst aus. Er hat sie nach der Auferstehung an seine Apostel übertragen und über die Priesterweihe überträgt er sie an die katholischen Priester*: Wem ihr die Sünden vergebt, dem sind sie vergeben; wem ihr die Vergebung verweigert, dem ist sie verweigert* (Joh 20,23).

Das Ehepaar ist nicht allein. Wie gut ist es, wenn es regelmäßig geistlichen Beistand bei einem katholischen Priester aufsuchen kann, der sie begleitet — und durch den sie stets neu anfangen können.

Die Fülle der Gnade: die heilige Eucharistie

Wenn es um Gnade geht, geht es um Sakramente. Der sonntägliche Gottesdienst wird notwendig, besonders wenn wir das Mittel der Eucharistie nützen können. In ihr empfangen wir Jesus selbst, der in der Gestalt der Hostie, leibhaftig gegenwärtig ist.

Wenn er in die Seele von Mann und Frau eintritt, sich mit ihnen vereint, sie von innen her verwandelt, vergöttlicht und ihnen den Himmel bringt, sie stärkt, wenn er sie zu vollkommenen Menschen macht und beide innerlich in sich vereint, gibt es keinen anderen Weg, der mehr Gnade schenkt als Jesus selbst.

Dieses Sakrament hat Heilige gemacht, Märtyrer und Bekenner, heilige Eltern und Ehepaare, heilige Familien und heilige Kinder. Sie haben das Reich Gottes auf die Erde gebracht.

Eine Familie, die gemeinsam zur Kirche geht, wird gemeinsam beschenkt werden. Sie kann nicht fehl gehen. Der Segen daraus wird alle begleiten.

Wenn Jesus gesagt hat „*Seid gewiss: Ich bin bei euch alle Tage bis zum Ende der Welt*“ (Mt 28,20), bezieht er das auf dieses Sakrament der Eucharistie. Dort ist er da, dort erwartet er uns, dort kommt er uns entgegen, um uns nicht allein zu lassen, sondern zu beschenken, weil er Liebe ist:

> Das Abenteuer der Liebe Gottes, der aus sich heraustritt, sich entäußert, um bei uns zu sein, wird in der Eucharistie vergegenwärtigt. Die große Tat, das große Abenteuer der Liebe Gottes besteht in der Demut Gottes, der sich für uns hingibt. In diesem Sinn kann die Eucharistie als Eingangstor zu diesem Weg Gottes angesehen werden.[84]

Auch sehr wirkungsvoll ist es, wenn man zur Anbetung geht, gemeinsam oder ein Ehepartner. Es vereint Gebet und Hingabe, denn dort kann ich Jesus, der vor mir in der Hostie gegenwärtig ist, alles erzählen und darbringen und mich ihm bzw. wir uns ihm ganz anvertrauen.

c. Das Leben der Tugenden

Die Vervollkommnung des Menschen

Unser Leben setzt sich zusammen aus Gewohnheiten. Sie prägen uns. Wenn es gute Gewohnheiten sind, werden diese zu Zugpferden in die gute Richtung. Schlechte Gewohnheiten machen das Gegenteil. Sie zerstören. Man nennt sie Laster. Eine gute Gewohnheit muss gebildet werden. Man nennt sie Tugend. Ein altes Wort? Ihr Inhalt ist bleibende Weisheit, die bereits Platon und Aristoteles gelehrt haben.

Die Arbeit an sich selbst ist mit der Tugend verbunden — und dadurch auch die eigene Vervollkommnung.

Eine Tugend ist eine *feste, beständige Neigung, eine gute Gewohnheit, die Teil des eigenen Wesens wird, dieses formt, ordnet. Die Tugenden bewirken, dass einem gute Handlungen leicht und sogar mit Freude von der Hand gehen* (vgl. KKK 1803).

[84] Benedikt XVI., Gespräch mit den Priestern am 10.6.2010.

Die Tugenden veredeln den Menschen

Die guten Gewohnheiten machen das Zusammenleben leicht, denn was liebenswert ist, ist angenehm. Tugenden haben einen wichtigen Einfluss auf die ganze Person, auf Denken und Fühlen, auf Verstehen und Wollen und auf die Ziele, die sich der Mensch steckt.

In einer kleinen Gemeinschaft wie der einer Familie sind sie notwendig. Sie helfen, dass dort alle glücklich sind. Sie formen liebenswürdige Menschen und sie verhelfen zum friedlichen Zusammenleben.

Vielleicht b es die *Geduld*, die oft gefordert wird: wenn der liebe Gatte schon wieder den Einkaufszettel vergessen hat, wenn die Kinder nachts unruhig sind, wenn der Mann vergessen hat, trotz Aufforderung, die Wäsche in den Trockner zu tun, bei der Betreuung und Erziehung der Kinder — im Ertragen der gegenseitigen Fehler.

Vielleicht braucht es *Barmherzigkeit*: wenn eine unkluge Bemerkung gefallen ist, die verletzt hat, wenn es zum Streit gekommen ist, wenn einem ein Fehler passiert ist.

Vielleicht braucht es *Gerechtigkeit*, um alle Aufgaben gut zu verteilen.

Vielleicht ist *Demut* gefordert: um den ersten Schritt zu machen, wenn es gekracht hat — oder *Sanftmut*, um nach einem Arbeitstag trotzdem positiv zu bleiben, wenn die Kinder abends nörgeln.

Vielleicht geht es in einem anderen Moment um *Klugheit*: wie ein Problem lösen, wie entscheiden? — oder um das rechte *Maß*: bei der Arbeit, beim Einkauf, im Umgang mit den Gütern der Welt und der Verwendung der Zeit: *Was immer wahrhaft, edel, recht, was lauter, liebenswert, ansprechend ist, was Tugend heißt und lobenswert ist, darauf seid bedacht!* (Phi 4,8)

Die Arbeit an den Tugenden

Die Tugenden erfordern beständige und harte Arbeit an sich selbst. Es ist ein Werk, das nicht allein von statten geht. Wie schön ist es, neben sich einen Trainingspartner zu haben, der auch damit zur Himmelsleiter wird. Sich täglich neu üben, im Spielfeld des Lebens. Die Eheleute haben über sich noch die größere Hilfe. Gott begleitet ihren Weg. Er ist im Sakrament, das sie empfangen haben, in ihrem Leben gegenwärtig geworden. Er kann die Tugenden schenken, wo sie fehlen. Ihn darum zu bitten, ist ein Ausdruck demütigen Glaubens und die Demut ist es, die ihn und seine Gnade anziehen:[85] „*Gott tritt den Stolzen entgegen, den Demütigen aber schenkt er seine Gnade.*" (Jak 4,6).

Eine Arbeit mit christlichem Realismus

Wir haben eine ganze Lebenszeit, um an uns zu arbeiten. Es ist kein Riesensprung von uns verlangt, sondern kleine Etappen, Stufen, mit Geduld und Ausdauer auf dem Weg — und mit Gott im Boot. Geduld ist hier auch nötig mit sich selbst, wenn man sich sagen muss: „*schon wieder passiert.*" Der Weg der Tugend verlangt das ständige Neuaufstehen und Weitergehen.

Die Wirkung der Tugenden

Die Tugenden ordnen die Person und auch ihre Kräfte (niedere wie höhere). Die göttlichen Tugenden (Glaube, Hoffnung und Liebe) verbinden mit Gott.

Die moralischen Tugenden (Gerechtigkeit, Tapferkeit, Mäßigkeit, Klugheit) harmonisieren das eigene Leben. Sie halten es im Lot, so dass Ausgeglichenheit und Friede herrschen. Alle anderen moralischen Tugenden lassen sich mit einer der vier, die man auch Kardinaltugenden nennt, in Verbindung bringen. Wichtige Tugenden für die Familie sind:

In Verbindung mit der **Klugheit:** *Verständnis, Fügsamkeit, Umsicht, Vorsicht, Vorhersicht, ökonomische Klugheit;*

In Verbindung mit der **Gerechtigkeit:** *Pietät, Religion, Gehorsam, Ehrfurcht, Treue, Wahrhaftigkeit, Liebenswürdigkeit, Freundschaft, Dankbarkeit, Großzügigkeit;*

In Verbindung mit der **Tapferkeit:** *Geduld, Ausdauer, Hochherzigkeit, Beharrlichkeit, Standhaftigkeit,*

[85] Hl. Thomas von Aquin, Sth II-II, 161, 5 ad 2. Dort heißt es: „Die Tugenden werden von Gott eingeflößt. Ähnlich dem Fundament also, das zuerst aufgelegt wird bei der Ausführung eines Baues, wird zuerst die Demut verliehen … [und bezüglich des Glaubens folgt:] Der Glaube ist so zu sagen der positive Grundstein der Vollkommenheit und nicht bloß die Entfernung von Hindernissen; denn Paulus (Hebr. 11.) schreibt: ‚Wer zu Gott herantritt, muss glauben.'"

In Verbindung mit der **Mäßigkeit:** *Ehrlichkeit, Nüchternheit, Milde, Nachsicht, Bescheidenheit, Demut, Scham, eheliche Keuschheit;*[86]

Die Tugenden vervollkommnen den Menschen innerlich. Die *göttlichen* Tugenden (Glaube, Hoffnung, Liebe) haben ihren Sitz im Verstehen und Wollen (also die geistigen Kräfte der Seele) und sie haben Gott zum Ziel; die *moralischen* Tugenden ordnen vor allem die **Leidenschaften** und regeln das Tun des Menschen, dass es gut und richtig ist. Um das besser zu verstehen, muss erklärt werden, was Leidenschaften sind.

Exkurs Leidenschaften

Die Leidenschaften sind sinnliche Kräfte, die im Leben zu hilfreichen Zugkräften werden können. Es gibt ihrer elf und sie werden in zwei Bereiche eingeteilt. Sie entstehen durch die Wahrnehmung von Gut und Böse. Sie werden auch Emotionen genannt.

Sie bedürfen einer Ordnung und werden so zu Zugpferden, wenn sie in den Dienst des Guten genommen werden. Dann helfen sie dem Menschen auf dem Weg. Das macht die Tugend.

[86] Gemeint ist nicht die Enthaltsamkeit wie außerhalb der Ehe, sondern der standesgemäße Umgang mit der Sexualität, in vernünftiger Weise und im Einklang mit der natürlichen Ordnung, so wie Gott sie gedacht hat. Das wäre ein eigenes Kapitel.

Da die Leidenschaften die sinnliche Natur des Menschen betreffen, die stark mit seiner körperlichen Seite verbunden ist, sind sie eine sinnliche Erscheinung. Mit der Wahrnehmung von Gut (bzw. Übel) erfolgt eine Einschätzung derselben und je nach Ergebnis folgt die Leidenschaft.

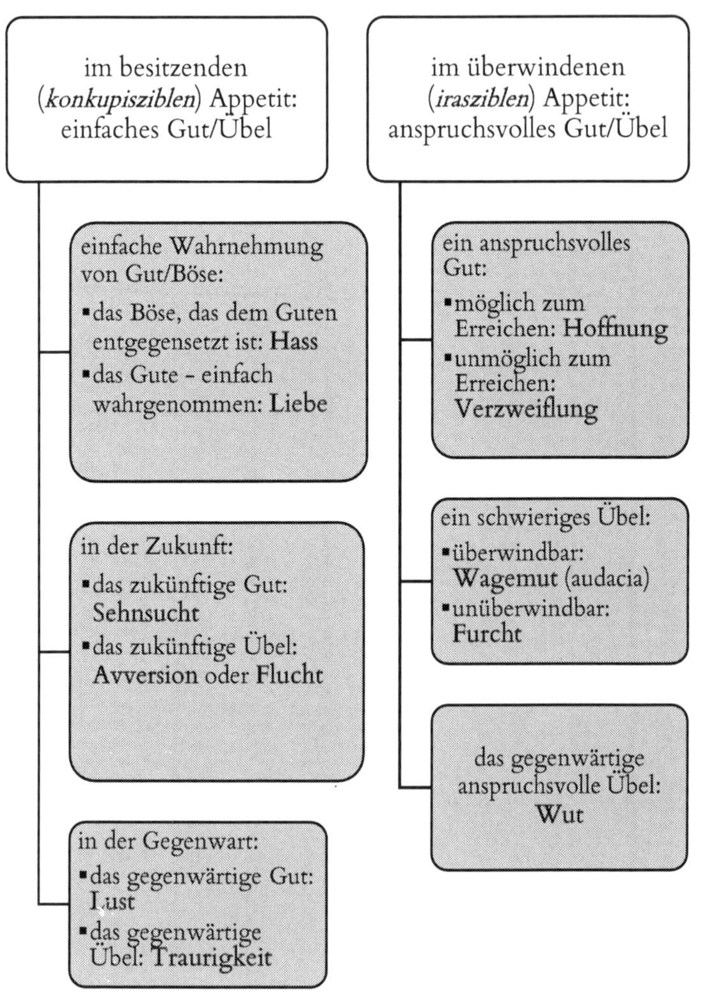

Abb. 52: Die Einteilung der Leidenschaften nach ihrer Entstehungsdynamik

Beispiel: Ein Gut (allgemein), das wahrgenommen wird, erzeugt *Liebe* (man hat es gern); wenn es zukünftig bevorsteht, folgt daraus die *Sehnsucht*; wenn es möglich ist zu erreichen zudem auch die *Hoffnung*; wenn es gegenwärtig ist (man gleichsam davon betroffen ist), die *Lust*.

- Die **Gerechtigkeit** ordnet das menschliche Miteinander: Sie hilft, jedem das zu geben, was er verdient und was man ihm schuldet.
- Die **Tapferkeit** lässt uns Schwierigkeiten überwinden und mit Geduld Widerwärtigkeiten ertragen.
- Die **Mäßigkeit** regelt die Triebnatur des Menschen. Sie zügelt den Egoismus, die ungeordnete Selbstliebe, die Selbstgenügsamkeit und öffnet damit das Herz zur Liebe für den Anderen;
- Die **Klugheit** ist die Königin der moralischen Tugenden. Sie wählt die richtigen Wege, um in vernünftiger und vorausschauender Weise, in Umsicht und Vorsicht, abwägend und ratsuchend, in korrekter Abschätzung des Einzelfalles, die richtigen Wege im Leben einzuschlagen.

Die innere Verbundenheit aller Tugenden untereinander — ein gesamter Lebensentwurf

Die Tugenden hängen zusammen. Ein gerechter Mensch wird viele andere Eigenschaften in sich vereinen, die wichtig sind für das Zusammenleben: *Barmherzigkeit, Wohltätigkeit, brüderliche Zurechtweisung, Fügsamkeit, Bedachtsamkeit, Umsicht, Vorsicht, Voraussicht, Ratsuche, Reinheit, Keuschheit, Schamhaftigkeit, Milde, Sanftmut, Bescheidenheit, Demut, Ausdauer, Treue.*

Ein riesiges Feld eröffnet sich, mit vielen weiterführenden Möglichkeiten. In der Kürze geht es hier nur darum, auf dieses Feld zu führen. Für eine spezifische Betrachtung einzelner Tugenden empfiehlt sich eine eigene Literatur.

Hilfreich dazu kann ein geeigneter geistlicher Begleiter sein, der die Familie begleiten und helfen kann, die entsprechenden guten Gewohnheiten zu erwerben.

Eine konkrete Schule der Tugenden durchlaufen

In der Familie werden viele Situationen kommen, die Tugenden zu üben — und im Training darin zu wachsen. Wie kann man jedoch gezielter vorgehen? Dazu einige Tipps:

1) Sich einen geeigneten Zeitraum vornehmen, indem man eine bestimmte, gute Gewohnheit einüben möchte (z.B. ein Monat).
2) Die zu erwerbende Tugend „studieren", kennenlernen (Fachliteratur).
3) Die Tugend im Alltag anwenden. Gemeint ist, das Ziel (z.B. der Erwerb dieser Tugend) im konkreten Leben umzusetzen. Das geschieht, wenn das Ideal auf konkrete Handlungen übertragen wird, die man machen und überprüfen kann.
4) Um die Gnade beten.
5) Den Fortschritt beobachten — sich dabei nicht entmutigen lassen, sondern am Ball bleiben. Das geschieht, wenn ein konkretes Ziel (eine Tugend) im Auge behalten wird.

Zwei Beispiele: Bei dem ersten ist ein positiver Ansatz gegeben. Es geht um den Erwerb einer guten Eigenschaft. Beim zweiten geht es um die Bekämpfung einer ernstzunehmenden Sache, die die Ehe betrifft. Es ist ein negativer Ansatz, da angestrebt wird, einen Fehler abzulegen. Aufgezeigt werden soll jeweils a) ein Ziel; b) ein möglicher Arbeitspunkt in diese Richtung (es gibt viele andere Möglichkeiten); c) ein konkreter Vorsatz.

Positiver Ansatz:

Beispiel 1: Wachstum in der Nächstenliebe — ein positiver Ansatz.

1. **Arbeitspunkt dazu:** *Ausreden lassen*;

2. **Umsetzung im Alltag durch einen konkreten Vorsatz:** „*Am Tisch werde ich versuchen, nie ins Wort zu fallen.*"

Negativer Ansatz:

Beispiel 2: Probleme mit Ausrasten (Schreien).

1. **Ziel:** Treue zum Ehepartner sichern durch Sanftmut.

2. **Arbeitspunkt:** Selbstbeherrschung lernen.

3. **Umsetzung im Alltag, konkreter Vorsatz:** a) Umsicht: alles präventiv entfernen, was zum Streit führen kann; evt. Arbeit am Wort; den Raum verlassen, bevor man den anderen anschreien möchte, durchatmen; b) Arbeit am Willen, Selbstbeherrschung: Fasten — Verzicht auf Süßigkeit (oder Alkohol, Fleisch, ...) am Mittwoch und Freitag; c) tägliches Gebet um Sanftmut;

Erklärung des Ansatzes

Im Vergleich der zwei Beispiele sieht man, immer einen Schritt der *Konkretisierung*. Es gibt eine notwendige Vorarbeit (Entscheidung, Ziel, Vorsatz) und dann die konkrete Arbeit im Alltag. Vielleicht sind weitere Schritte notwendig. Stets muss ein *konkreter* und überprüfbarer *Vorsatz* dabei herauskommen. Das meint, dass man täglich sagen kann: Habe ich das gemacht oder nicht? — Das will sagen, dass man nicht allgemein bleiben soll, also nicht: „ich will in der Liebe wachsen" (das ist zu unspezifisch), sondern „ich werde A. freundlich grüßen" (ist konkret). Die Beispiele sollen helfen, das Prinzip zu verstehen. Eine regelmäßige „Gewissenserforschung" über die Beziehung und das gemeinsame Leben, in Ehrlichkeit und Offenheit, wird die Punkte aufzeigen, an denen gearbeitet werden kann: die Arbeit bedeutet Wachstum — das Wachstum ist Investition in die Beziehung — die Frucht ist Glück und Friede.

Die Freude und Hilfe Gottes

Harte Arbeit muss belohnt werden. Gott wird die Mühe sehen und belohnen. Sein Segen wird den Erfolg bringen. Die Arbeit wird ermutigendes Zeugnis für alle anderen. Das Paar heiligt den Alltag, es schöpft aus den Quellen und baut sich das Glück auf Dauer auf.

Beide bewegen sich in Richtung Ziel, sie ziehen an einem Strang und können damit auf die Hilfe Gottes zählen, der die Vervollkommnung wünscht: „*Ihr sollt also vollkommen sein, wie es auch euer himmlischer Vater ist.*" (Mt 5,48)

Das Zeugnis der Tugend

Die Ehe bekommt durch die Tugend Tiefgang. Sie wird verschieden sein vom Rest der Welt, für die sie zum Zeugnis wird: „*Gleicht euch nicht dieser Welt an, sondern wandelt euch und erneuert euer Denken, damit ihr prüfen und erkennen könnt, was der Wille Gottes ist: was ihm gefällt, was gut und vollkommen ist.*" (Röm 12,2) Das wird der Liebe förderlich sein, die zusammenschweißen wird. „*Vor allem aber liebt einander, denn die Liebe ist das Band, das alles zusammenhält und vollkommen macht.*" (Kol 3,14)

Die Ausrichtung auf das Gute

Tugend führt zu einer neuen Sicht. Sie macht das Leben positiver. Das liegt daran, da sie das Gute im Blick behält, das damit Einfluss nimmt. Es ist ein Gegenentwurf dazu, wenn die schlechten Eigenschaften des Anderen ins Auge fallen wollen. Kritik und Ungeduld können die erste negative Folge sein und es kann noch weiter gehen in der Abwärtsspirale.

Wenn die Eheleute jedoch auf die Tugenden schauen, ändert sich alles zum Positiven. Wenn sie sich auf diese richten und sie erwerben wollen, verhilft das zu einer *positiven* Sicht. Gemeint ist auf den Nächsten, der sich ebenso bemüht, wie in einem Wettkampf. Man wird ihn wertschätzen in seinen Anstrengungen, es macht ihn liebenswürdig. Es verhilft dazu, dass sich die gegenseitige Liebe intensiviert.

Die zehn kleinen Tugenden des hl. Champagnat

Der hl. Marcellin Champagnat, der Gründer der Maristenbrüder, machte einmal einen Spaziergang mit seinem Mitbruder Bruder Lorenz, der ihm von einer Gemeinschaft erzählte, wo zwar die Einzelnen gut waren, man aber ständig dort streitete. Er formulierte folgende These, die konkrete praktische Folgen hat. Der hl. Marcellino Champagnat sagte: „*Gut und glücklich in einer Gemeinschaft zu leben, hängt nicht von großen Theorien von Freundschaft ab, sondern insofern man die kleinen Tugenden in die Praxis umsetzt*“. Der Heilige sprach über eine Gemeinschaft, doch lassen sich seine Aussagen und Erfahrungen gut auf die Familie übertragen.

Er stellte daraufhin eine Liste von 10 Haltungen, die sogenannten „Kleinen Tugenden“ auf, die es helfen, dass der Friede und die Liebe zueinander gelebt werden. Diese sind:

1. **Mit Freude die Anderen für die Dinge zu verzeihen wissen, die uns an ihnen nicht gefallen:** Oft sind es Kleinigkeiten, die uns am Anderen stören: seine Nase, seine Art zu reden, zu gehen, zu essen, zu sitzen, ... Der Punkt meint, mit Gelassenheit diese Dinge „übersehen“ können, ja sie einander zu verzeihen – weil auch wir ebenso diese „Ticks“ haben, die vielleicht Andere an uns störend finden. Vielleicht haben diese uns das nie gesagt, weil sie eben diese Tugend

leben. Sicherlich, es betrifft hier die „kleinen Dinge“, gemeint ist nicht, wenn jemand wirklich einen ernsthaften Fehler macht, der das Zusammenleben wirklich stört, dort kann es sogar manchmal notwendig sein, eine „brüderliche Zurechtweisung“ zu machen und auch das kann Liebe sein, wenn es mir um das Wohl des anderen geht.

2. **So tun, als sähen wir die Dinge der Anderen nicht, die sie schlecht gemacht haben und diese ihnen nicht vorwerfen, wenn wir wütend sind.** Wenn man zusammenlebt, ist es irgendwann so, dass man die Person so gut kennt, dass man ihr ganz einfach auch die Dinge vorwerfen kann, die sie nicht gut macht. In einem schwachen Moment der Wut oder ärgerlichen Erregung kann dann genau diese Versuchung kommen. Doch es gilt, sich auch hier zu beherrschen, nicht so sehr darauf zu schauen, was einer schlecht macht, sondern mehr fördern, was einer gut macht. Es gibt Menschen, die sehen vor allem das Schlechte bei den Anderen, und das macht, dass sie selbst ganz negativ werden, ja selbst unerträglich werden. Das ständige Korrigieren des Anderen kann sogar das Zusammenleben unmöglich, ja eine Qual werden lassen.

3. **Ein einladendes Herz haben, um dem zu helfen, der leidet oder der gerade einen schlimmen Moment durchläuft.** Es ist ganz normal, dass es uns einmal nicht gut geht. Das kann sein aufgrund der Arbeit, vielleicht weil das Wetter schlecht ist oder jemand schlecht geschlafen hat, doch es ist wichtig, das an sich und auch am Anderen zu erkennen und dann feinfühlig ihm gegenüber zu sein. Es ist dann nicht der Moment, ihn noch mehr zu beladen, zu korrigieren, sondern eher das Gegenteil: ihm Lasten abnehmen, ihn auch in Ruhe lassen können, so dass er diesen schwierigen Moment überwinden kann

4. **Freudig sein und Andere mit unserer Freude anstecken.** Freude macht empfänglich für das Gute und für das Schöne – und das hilft einer Gemeinschaft. Es gibt wirklich allen Grund für uns Kinder Gottes, uns gerade zu freuen, denn bei all dem Schwierigen und Schlechten im Leben gibt es auch viele positive Dinge: die Schöpfung, der Sonnenuntergang, die Arbeit, der Frieden, die Gesundheit, die Familie, der Glaube ... ja sogar das Kreuz, denn es bringt Segen – alles kann zum Grund werden, sich zu freuen. Man muss sich manchmal überwinden, ja erziehen zur Freude, ja wieder richtig die Wirklichkeit sehen lernen. Die Freude ist gerade eine Frucht aus der Liebe.

5. **Nachgeben können in den Ideen und in den Meinungen.** Es gibt Menschen, die müssen sich immer durchsetzen, die wollen immer das letzte Wort haben und ständig muss es um ihre Dinge, ihren Willen, ihrer Ansicht, ihrer Meinung und ihren Ideen gehen. Das kann in einer Beziehung sehr verhängnisvolle Folgen haben, weil das eigene Ich das Wir nicht ermöglicht.

6. **Verfügbar sein, immer zu helfen und den Anderen eine Hand geben in den Dingen, die sie uns bitten.** Hilfsbereit und sensibel dafür zu werden, wo ich helfen kann und wo Hilfe nottut. Wenn der Andere das merkt, schafft es ein Klima des Vertrauens und des Friedens, weil es das „Allein-gelassen-Sein" in Schwierigkeiten wegnimmt. Hilfsbereitschaft entspringt der Liebe – sie ist Liebe.

7. **Höflich sein und respektvoll, mit allen aufmerksam.** Es betrifft die Form der Liebe, ihren Ausdruck. Es ist der gute Umgang, eine Form der Liebe, denn die Liebe hat einen Ausdruck, der nicht vernichtet, sondern respektvoll ist.

8. **Viel Geduld haben. Die eigenen Beschäftigungen lassen, um die Anderen anzuhören, um ihnen zu helfen, wenn sie es brauchen.** Weg vom Ich, das uns immer wieder einnimmt und besetzt, aus Liebe seine eigenen Dinge hinten ansetzen können. Es braucht die Kommunikationsbereitschaft in jedem Moment.

9. **Sich einen guten Charakter formen, die Momente von Wut und Traurigkeit vermeiden, sich immer ein Lächeln auf den Lippen bewahren.** Gute Handlungen kommen aus guten Gedanken, gute Gedanken formen gute Taten, aus vielen guten Tagen entstehen gute Gewohnheiten. Diese helfen in der Familie, dass alles in eine gute Richtung geht, dass der Frieden da ist und die Gerechtigkeit; die guten Gewohnheiten formen schließlich den guten Charakter und das verhilft zu einem Klima der Liebe.

10. **Immer zuerst an die Anderen denken als an sich selbst.** Der Mensch vergöttert sich von Natur aus selbst. Zuerst schauen wir in einem Foto darauf, wo ich selbst bin. Man muss das zu überwinden lernen. Das verlangt sicherlich Opfer, doch es ist ein Opfer, das sich lohnt. Wenn es jeder macht, dann entsteht daraus ein wirkliches Klima und eine tolle Gemeinschaft, eine tolle Familie.

d. Das Leben im Einklang mit Gottes Willen: am Beispiel der natürlichen Empfängnisregelung (NER)

Die bisherigen drei Punkte haben folgende Facetten des Menschen abgedeckt, die wesentlich sind:

- der Mensch als **religiöses** Wesen und seine Beziehung zu Gott;
- der Mensch als **soziales** Wesen und seine Beziehung zum Mitmenschen.
- Sie haben zudem auf eine **Dynamik** geblickt, in der es die Möglichkeit zu Wachstum und Entwicklung gibt, wie es das Leben nun mal mit sich bringt — und sie haben darin auch das übernatürliche Leben beachtet.

Im vierten Punkt kommt Gott besonders ins Spiel. Sein Wille zählt, denn er ist Trumpf. Er hat einen wunderbaren Plan vorgesehen, der auch die Ehe mit sich brachte, ein genialer Plan.

Der Plan Gottes zählt

Ein Plan hat Regeln, damit er funktioniert. Darin steckt Weisheit. Umso mehr, wenn er von jemand stammt, der alles im Blick behält. Auch der Mensch ist darin eingefügt, in Gottes Plan. Die Regeln, die Gott mitgegeben hat, sind in der menschlichen Natur verankert. Er hat sie zudem in den 10 Geboten geoffenbart. Wenn der Mensch auf dem Spielfeld bleibt (innerhalb der Regeln), funktioniert das Leben, außerhalb wird es holprig werden.

Die Gebote Gottes sichern das Gelingen des Lebens. Sie sind in die Natur des Menschen eingeschrieben. Das Gewissen kann Zeugnis dafür geben. So war es, als Gott an seinen Bund erinnerte: *Den Himmel und die Erde rufe ich heute als Zeugen gegen euch an. Leben und Tod lege ich dir vor, Segen und Fluch. Wähle also das Leben, damit du lebst, du und deine Nachkommen.* (Dtn 30,19)

In der Hinführung zu den vier Mitteln der Treue haben wir den besonderen Punkt der natürlichen Empfängnisregelung kennengelernt. Das soll hier näher erklärt werden. Dazu sind zwei Vorbemerkungen notwendig:

1. Ziel ist es, auf dem Weg zu bleiben, der mit Gott verbindet.
2. Die natürliche Empfängnisregelung ist keine alternative Verhütung, wie wir sehen werden. Die natürliche Empfängnisregelung geht einen anderen Weg, den der Einfügung in Gottes Plan. Sie zieht damit den Segen

an. Sie ist offen für das Leben und akzeptiert die Grenzen, die den höheren Rahmen beachten. Daher werden wir auch den richtigen Blickwinkel einnehmen und die Bedingungen dafür ansprechen müssen.

Warum die natürliche Empfängnisregelung, wenn Verhütung so leicht ist? Es mag nicht zeitgemäß erscheinen, aber auch in diesem Punkt steht die Kirche vollkommen hinter Gottes Liebes- und Lebensplan.

Die erste Frucht der Ehe ist die Nachkommenschaft.[87] Sie entspricht dem Auftrag Gottes an den Menschen im Paradies: „Seid fruchtbar und vermehret euch!" –

> In diesem Sinne erklärt der hl. Augustinus die Worte des hl. Apostels Paulus an Timotheus (1 Tim 5,14), wenn er schreibt: Dass die Ehe geschlossen wird, um neues Leben zu wecken, dafür ist das Wort des Apostels Zeuge: Ich will, dass die jüngeren [Witwen] heiraten. Und als ob ihm jemand entgegenhielte, warum denn?, fügte er sogleich bei: Um Kindern das Leben zu geben, um Familienmütter zu sein. (Hl. Augustinus, *De bono coniugali* XXIV 32)[88]

Es betrifft die übernatürliche Berufung der Nachkommend: ein Leben für immer!

Der Rahmen ist schon abgesteckt. Denken wir wieder an die übernatürliche Berufung des Menschen, wie bereits ausgeführt. Die Nachkommen werden nicht nur für ein paar Jahre *hier unten* sein. Jedes Kind ist gottgewollt und trägt unsterbliches Leben in sich. Das bewirkt, dass es für ein ewiges Leben berufen ist:

> Welch eine Wohltat Gottes und welch ein Ehesegen das Kind ist, erhellt aus der Würde und dem hohen Ziel des Menschen. Der Mensch überragt ja schon durch seine bloße Vernunft die ganze übrige sichtbare Schöpfung. Hierzu kommt noch, dass Gott die Menschen werden lässt, nicht nur damit sie da sind und die Erde erfüllen, sondern noch viel mehr, damit sie Verehrer des wahren Gottes seien, ihn erkennen und lieben und sich dereinst im

---

[87] Vgl. Papst Pius XI., Enzyklika *Casti connubii* über die christliche Ehe, 31.12.1930, Nr. 11. Im Folgenden *Casti connubii.*

[88] *Casti connubii*, Nr. 11.

Himmel seines beseligenden Besitzes ewig erfreuen. Dieses Endziel überragt infolge der wunderbaren Erhebung des Menschen durch Gott in die Ordnung der Übernatur alles, was ein Auge gesehen, ein Ohr gehört hat und in eines Menschen Herz gedrungen ist (vgl. 1 Kor 2,9). Daraus erhellt also ohne weiteres, welch ein Geschenk der Güte Gottes, welch ausgezeichnete Frucht der Ehe das Kind ist, das sein Dasein der Allmacht Gottes und der Mitwirkung der Ehegatten verdankt.[89]

Die Eheleute brauchen die grundsätzliche Offenheit für das Leben, um ihrem Auftrag zu entsprechen, Mitarbeiter Gottes zu sein. Eine gewaltige Berufung. Sie ergeht an sie in der Möglichkeit der Zeugung. Jede „Anti-Lebenshaltung" widerspricht dieser Berufung und stellt das Paar außerhalb der Ordnung des göttlichen Willens und seines Planes.

Eine Haltung respektiert den Auftrag — die Kinder im Lichte Gottes sehen

Ohne die **grundsätzliche Offenheit für das Leben und den Auftrag der Ehe**, dem Leben zu dienen, zu beeinträchtigen, gibt es Momente im Eheleben, in der Familie, in denen es gerechte Gründe gibt, momentan keine weiteren Kinder mehr zu haben. Diese Gründe können sich ergeben, aus der gesundheitlichen, wirtschaftlichen, seelischen und sozialen Situation des Paares. Kinder und ihre Zahl müssen im Lichte Gottes gesehen werden:

> In ihrer Aufgabe, menschliches Leben weiterzugeben und zu erziehen, die als die nur ihnen zukommende Sendung zu betrachten ist, wissen sich die Eheleute als mitwirkend mit der Liebe Gottes des Schöpfers und gleichsam als Interpreten dieser Liebe. Daher müssen sie in menschlicher und christlicher Verantwortlichkeit ihre Aufgabe erfüllen und in einer auf Gott hinhörenden Ehrfurcht durch gemeinsame Überlegung versuchen, sich ein sachgerechtes Urteil zu bilden. Hierbei müssen sie auf ihr eigenes Wohl wie auf das ihrer Kinder — der schon geborenen oder zu erwartenden — achten; sie müssen die materiellen und geistigen Verhältnisse der Zeit und ihres Lebens zu erkennen suchen und schließlich auch das Wohl der Gesamtfamilie, der weltlichen Gesellschaft und der Kirche berücksichtigen. Dieses Urteil müssen im Angesicht Gottes die Eheleute letztlich selbst fällen. In ihrem ganzen

[89] *Casti connubii*, Nr. 12.

> Verhalten seien sich die christlichen Gatten bewusst, dass sie nicht nach eigener Willkür vorgehen können; sie müssen sich vielmehr leiten lassen von einem Gewissen, das sich auszurichten hat am göttlichen Gesetz; sie müssen hören auf das Lehramt der Kirche, das dieses göttliche Gesetz im Licht des Evangeliums authentisch auslegt.[90]

Die Bedingung für die gerechte Anwendung der natürlichen Empfängnisregelung

Wenn es ***gerechte*** Gründe gibt, die momentan ein weiteres Kind nicht in Frage kommen lassen, ist es aus moralischer Sicht erlaubt, die unfruchtbaren Zeiten der Frau zu nützen, für die körperliche Vereinigung:

> Wenn also gerechte Gründe dafür sprechen, Abstände einzuhalten in der Reihenfolge der Geburten — Gründe, die sich aus der körperlichen oder seelischen Situation der Gatten oder aus äußeren Verhältnissen ergeben — ist es nach kirchlicher Lehre den Gatten erlaubt, dem natürlichen Zyklus der Zeugungsfunktionen zu folgen, dabei den ehelichen Verkehr auf die empfängnisfreien Zeiten zu beschränken und die Kinderzahl so zu planen, das die oben dargelegten sittlichen Grundsätze nicht verletzt werden.[91]

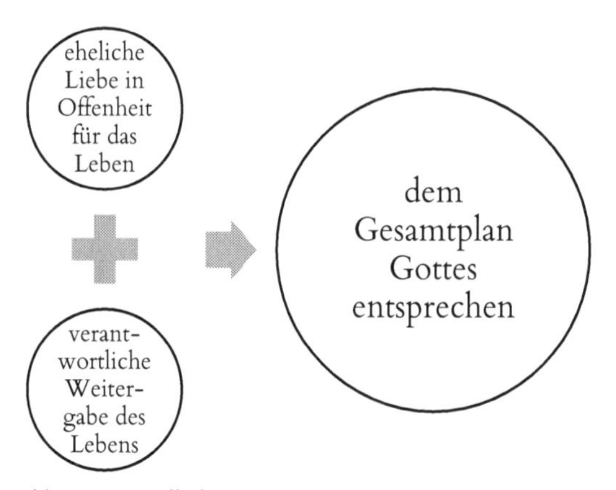

Abb. 53: Grundhaltungen, um im Plan Gottes zu bleiben

---

[90] II. Vat. Konzil, Konzilsdokument *Gaudium et spes*, Nr. 50; im Folgenden GS.
[91] Hl. Papst Paul VI., Enzyklika *Humane Vitae*, Nr. 16.

Der Schutz der Ehe durch das bleibende Ja zur Liebe und zum Leben

Zum einen soll die eheliche Liebe und ihr intimer körperlicher Ausdruck geschützt sein, zum anderen werden auch die Grenzen respektiert und im Licht Gottes interpretiert, die jedes Paar hat. Die eheliche Vereinigung, eine vereinigende Umarmung, ist ein Gut der Ehe. Sie fördert die gegenseitige Liebe und Treue, weil sie aus zwei Leibern „eins" macht. Sie zielt nicht die Vereinigung von zwei Körpern alleine an, sondern darüber hinaus die Einheit von Herz und Seele. Paulus spricht darüber als Gut, in Hinblick auf die Treue in der Ehe:

> Der Mann soll seine Pflicht gegenüber der Frau erfüllen und ebenso die Frau gegenüber dem Mann. Nicht die Frau verfügt über ihren Leib, sondern der Mann. Ebenso verfügt nicht der Mann über seinen Leib, sondern die Frau. Entzieht euch einander nicht, außer im gegenseitigen Einverständnis und nur eine Zeitlang, um für das Gebet frei zu sein. Dann kommt wieder zusammen, damit euch der Satan nicht in Versuchung führt, wenn ihr euch nicht enthalten könnt. (1 Kor 7,3–5)

Der „*Ausgleich zwischen ehelicher Liebe und verantwortlicher Weitergabe des Lebens*" geschieht nicht durch *künstliche* Einwirkung in der Anwendung von „Verhütung".[92] Das würde verzerren und nicht respektieren, was Gott angelegt hat. Wie ist das zu verstehen?

Die innere Struktur der körperlichen Vereinigung als Schlüssel

Um zu erkennen, warum die Anwendung von Verhütungsmittel eine schlechte Handlung ist (in sich schlecht), muss man auf die ***innere Struktur*** der körperlichen Vereinigung von Mann und Frau in der Ehe Bezug nehmen. Verhütung greift die eheliche Liebe im Kern an und respektiert sie gerade nicht in ihrem Innersten.

Von seiner innersten Struktur her ist die sexuelle Vereinigung ein Ausdruck und Vollzug der gegenseitigen Hingabe in vollständiger Weise. Sie drückt die Verbundenheit aus, eine Verbundenheit von zwei Personen, die sich in ihrer Männlichkeit und Weiblichkeit ergänzen und diese verstärkt. Beide vereinigen sich in einer Art und Weise, die gerade das Wertvollste, was sie haben (die Fähigkeit zum neuen Leben) in diesen Moment einbezieht.

---

[92] GS 50.

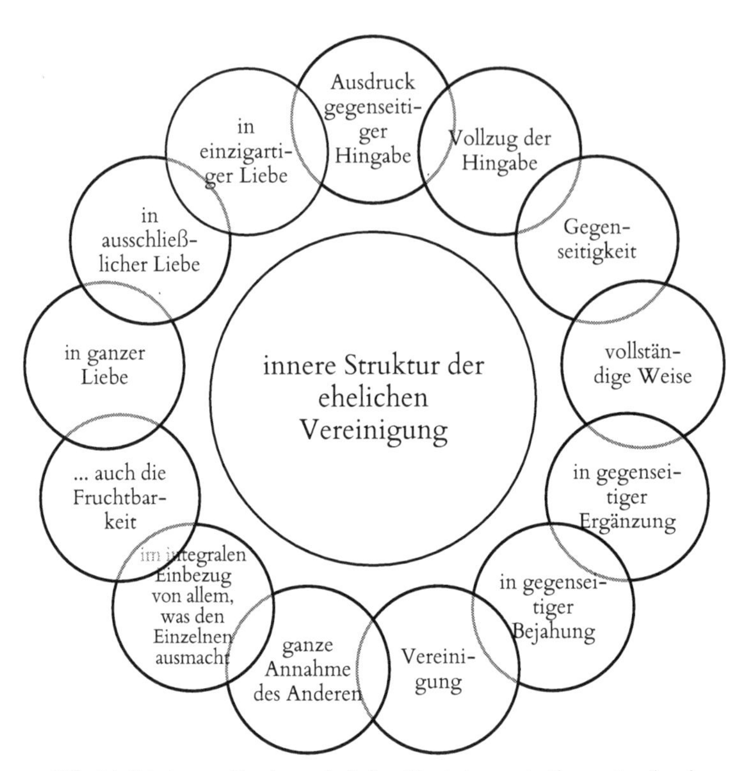

Abb. 54: Die innere Struktur ehelicher Vereinigung in ihrem Ausdruck

Sie drücken damit beide in körperlicher Sprache aus: „Ich liebe dich so vollkommen, dass ich alles, was ich besitze (und auch das Wertvollste, nämlich meine Fruchtbarkeit), dir übereigne und anvertraue! — und in dieser Liebe nehme ich alles an, was du mir schenkst und dich selbst darin, ohne etwas auszuklammern — im Hier und Jetzt, für immer."

Die innere Struktur dieses Aktes betrifft in ihrem Ausdruck genau die Organe, die die Fruchtbarkeit zusammenfügen und vereinen. Dafür sind sie von Gott her gemacht. Die körperliche Einheit, die beide im Innersten betrifft, kann zur Herzenseinheit führen.

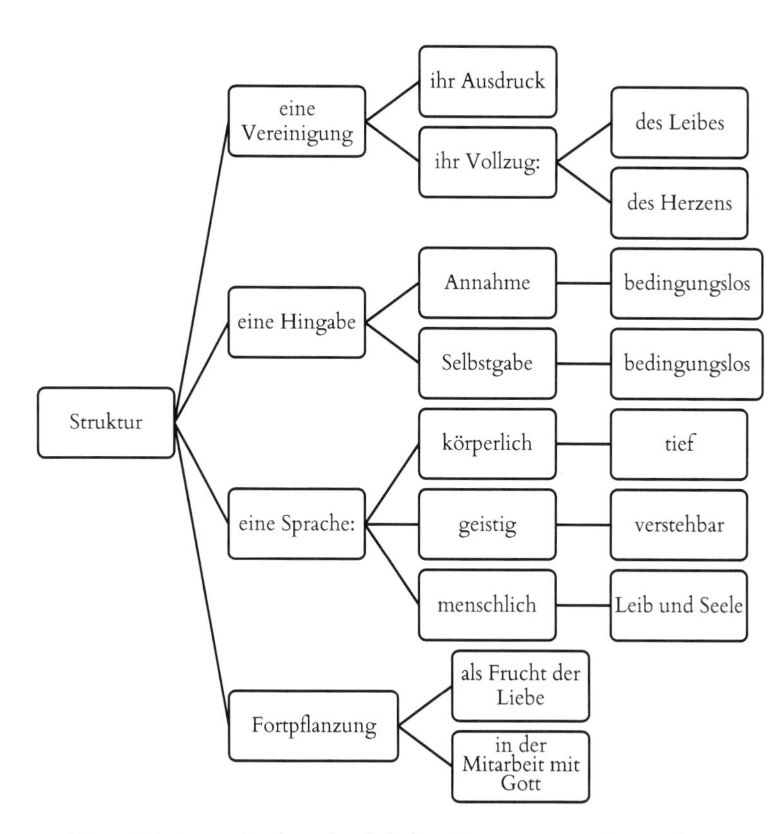

Abb. 55: Die innere Struktur der ehelichen Vereinigung in ihrer Bedeutung

Die notwendige Verknüpfung beider Sinngehalte: Vereinigung / Lebensweitergabe zum Schutz der Liebe

Es gibt in diesem körperlichen Moment eine *„von Gott bestimmte, unlösbare Verknüpfung der beiden Sinngehalte — liebende Vereinigung und Fortpflanzung — die beide dem ehelichen Akt innewohnen. Diese Verknüpfung darf der Mensch nicht eigenmächtig lösen.“*[93]

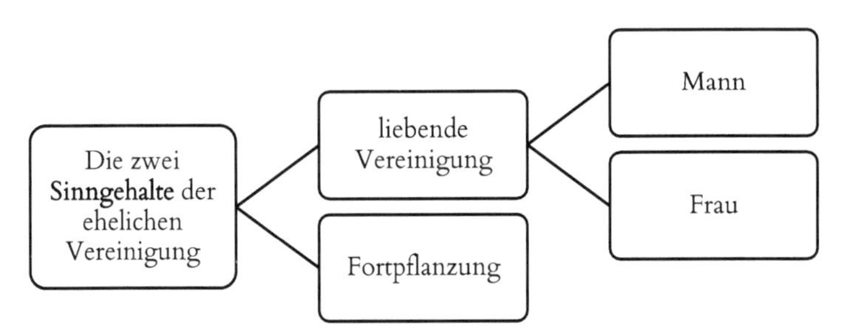

Abb. 56: Die zwei Sinngehalte der ehelichen Vereinigung

Der Ausdruck selbst beinhaltet beides: **Vereinigung** und **Fortpflanzung**. Das heißt: die Handlung hat gerade diesen Sinn: sie soll vereinen, sie soll die Bedingungen setzen für neues Leben. Das ist der Inhalt, der Sinngehalt der Vereinigung. Das meint aber nicht, dass effektiv daraus in jeder Vereinigung das Leben entsteht oder entstehen muss. Doch die Sinngehalte müssen bleiben.

Wenn der Mensch diese beiden Sinngehalte trennt und das geschieht durch Verhütung (wie auch durch die künstliche Befruchtung), entstellt der Mensch diesen Akt der körperlichen Hingabe und zerreißt seine innere Struktur. Er entfernt das Wertvollste der Person (ihre Fruchtbarkeit), indem er diese als jetzt „unannehmbar“ negiert. Er versperrt damit die wirkliche Vereinigung in ihrem eigentlichen Sinn. Es entsteht eine „Mauerhaltung“ und mit dieser Barriere vollzieht sich eine nicht wirkliche Vereinigung, da sie einen wesentlichen Teil der anderen Person ausklammert.

Es entsteht eine Gegenströmung, die den Akt auf das eigene Ich zurückwirft. Es kommt sehr leicht zum „Benützen“ des Anderen und seiner Leiblichkeit —

[93] Hl. Papst Paul VI., Enzyklika *Humane Vitae*, Nr. 12.

um *sich* zu lieben (Befriedigung). Und diese Haltung ist der Beginn des Egoismus, der die Liebe im Kern angreift und sie auch zerstören kann, weil sie die **Person** verändert:

> Ein Zugang zum Verstehen ist folgende Überlegung: Die Körpersprache der Liebe wird durch Verhütung unverständlich. Denn das Wort des Leibes sollte Ganzhingabe und Ganzaufnahme des anderen sein, ist es aber nicht. Denn die Verhütung errichtet Barrieren, ja sie verändert die handelnden Personen. Die männliche ‚Gabe' soll gar nicht wirklich ankommen, die Frau will nicht sie selbst, nämlich eine Frau sein, die empfangen könnte.[94]

Es entsteht zugleich die Anti-Lebenshaltung, in Verbindung mit der Anti-Liebeshaltung.[95] Diese verzerrt die wahre Hingabe und lässt sie Willkür werden. Sie hat charakter-verändernde Wirkung. Sie lässt einen außerhalb des Planes Gottes gelangen:

> Wenn jemand daher einerseits Gottes Gabe genießt und anderseits — wenn auch nur teilweise — Sinn und Ziel dieser Gabe ausschließt, handelt er somit im Widerspruch zur Natur des Mannes und der Frau, und deren inniger Verbundenheit.[96]

Seit die „Pille" auf dem Markt ist, ist die Zahl der Ehescheidungen gestiegen. Das ist auch ihre notwendige Konsequenz. „*Durch die Pille kann die Liebe unverbindlich und selbstbezogen werden*"[97] — egoistisch: und sie im Kern zerstören. Der körperliche Genuss steht im Vordergrund.

Bei einer tendenziösen, „falschen Aufklärung" (die eine rein materialistische Sicht des Menschen zur Grundlage hat) ging es darum, vor ungewollten Schwangerschaften zu „schützen". Was geht aber damit einher? Es führt zum Denken: „letztendlich geht es um den Spaß, mit wem du willst und wann du willst, Hauptsache kein Kind!"

---

[94] Andreas Laun, *Liebe und Partnerschaft aus katholischer Sicht*, Franz-Sales-Verlag, Eichstätt 2003, S. 103.

[95] „Die größte Überraschung für viele wird es sein zu hören: Verhütung schaltet nicht nur die Fruchtbarkeit aus, sondern zerstört zugleich auch die Liebe — ausgerechnet die Liebe, um derentwillen nach Meinung vieler Verhütung erlaubt sein müsste!" (Andreas Laun, *Liebe und Partnerschaft aus katholischer Sicht*, S. 102).

[96] *Humanae Vitae*, Nr. 13.

[97] Eisl/Laun, *Die Dynamik der Liebe*, S. 74.

Das Anraten von Verhütungsmittel bringt Offenheit für verschiedene sexuelle Kontakte. Es verändert die Sicht über Sexualität und verfälscht ihren Sinn (aus Liebe wird Konsum). In diesem Punkt ist ein Umdenken notwendig. Mehr als sich selbst kann man nicht geben — und auch verlieren. Wie viele denken daran, wenn sie vor der Ehe stehen, wie einzigartig es doch sein kann, wenn man dieses Geschenk nur mit dem Menschen teilt, mit dem man den Rest seines Lebens verbringen wird.

Die möglichen Folgen der Abweichung von Gottes Plan

Es ist erwähnenswert, dass hormonelle Präparate Folgen haben.[98] Wer sie bereits früh zu sich nimmt, verändert den Hormonhaushalt, von dem der Körper maßgeblich bestimmt ist. Die chemischen Substanzen gelangen anschließend in großem Ausmaß ins Grundwasser, wo sie nicht abgebaut werden (es handelt sich um Chemie).[99] Bereits äußerst geringe Mengen dieser Stoffe nehmen Einfluss auf den Menschen und können sogar zu völliger Unfruchtbarkeit führen. Dies zeigt deutlich, wie sehr man Themen wie Verhütung „weiterdenken" muss, vor allem in Hinblick auf die damit verbundenen Folgen für Ehe und Familie (hohe Scheidungsrate!). In einer aufgeklärten Zeit müssen auch Folgen und Hintergründe aufgezeigt werden, die leider zu häufig außer Acht gelassen werden. Zu oft geht man den bequemen Weg, der aber nicht der richtige ist.

Die Leitlinie: die bleibende Offenheit — ein grundsätzliches Ja

Zurück zum eigentlichen Thema, zur untrennbaren Verbindung von liebender Vereinigung und Lebensweitergabe. Die einzige Möglichkeit, die der

---

[98] Ebd. Zu nennen sei erhöhtes Thromboserisiko, Depression, Lungenembolie, Brustkrebs, u.a. Die Pharmakonzerne mit dem Milliardengeschäft durch die Pille sind eine mächtige Lobby, weshalb diese Folgen unterbewertet werden. Vgl. dazu Walter Rella, Johannes Bonelli, Susanne Kummer, „Fünfzig Jahre „Pille": Risiken und Folgen", *Imago Hominis*, 17(4), 2010, S. 263–274; C. Lauritzen, „Tödliche Nebenwirkungen der Pille", *Tägl. Praxis*, 41, 2000, S. 181, Tab. 4; Gemeindenetzwerk, *Die lebenszerstörende Wirkung der Antibabypille*, 18.10.2010: www.gemeindenetzwerk.org/?p=4931.

[99] Vgl. Institut für angewandte Toxikologie und Umwelthygiene, Oldenburg, Rückgang der Spermienqualität in Deutschland und Europa, 1999; zit. in Eisl/Laun, *Die Dynamik der Liebe*, S. 75.

innersten Struktur des ehelichen Aktes vollkommen — in Hinblick auf den Anspruch der Liebe — Rechnung trägt, ist die bleibende Offenheit für das Leben in der Wahl der unfruchtbaren Zeiten, falls ein weiteres Kind nicht möglich ist. Dann und nur dann bleibt beides erhalten.

> Seiner innersten Struktur nach befähigt der eheliche Akt, indem er den Gatten und die Gattin aufs engste miteinander vereint, zugleich zur Zeugung neuen Lebens, entsprechend den Gesetzen, die in die Natur des Mannes und der Frau eingeschrieben sind. Wenn die beiden wesentlichen Gesichtspunkte der liebenden Vereinigung und der Fortpflanzung beachtet werden, behält der Verkehr in der Ehe voll und ganz den Sinngehalt gegenseitiger und wahrer Liebe, und seine Hinordnung auf die erhabene Aufgabe der Elternschaft, zu der der Mensch berufen ist.[100]

Zunächst eine Methode, dann jedoch ein Lebensentwurf

Sinn und Inhalt der *Natürlichen Empfängnisregelung* appelliert an die Vernunft.[101] Bei ihr handelt es sich nicht um Verhütung, weil die Offenheit für das Leben bleibt (anders als bei der Verhütung). Doch was geschieht ist, dass der Mensch, gemeint ist besonders die Frau, die eigene Fruchtbarkeit an *sicheren* Zeichen erkennen kann. Diese Elemente sind sicher, weshalb die Methode auch für Frauen mit unregelmäßigem Zyklus möglich ist. Die Wirkungskraft der Methode ergibt sich nämlich daraus, dass mehrere Elemente, die auf die Fruchtbarkeit verweisen, berücksichtigt und diese kombiniert werden. In diesem Sinn handelt es sich um eine sichere Methode.[102] Das ist der Fall bei der sog. *sympto-*

---

[100] *Humanae Vitae*, Nr. 12.

[101] Und an das Herz, wenn man das Kind mit einbezieht. Anders als die Verhütung ist die natürliche Empfängnisregelung eine Bejahung des Lebens und keine Zurückweisung, kein Nein.

[102] Die Bezeichnung „sicher“ ist aus ethischer Sicht nicht gut gewählt, da sie sich in ihrem Selbstverständnis nicht als Alternative von „sicherer Verhütung“ verstanden sehen will. Aufgrund der Verhütungsmentalität, die den Begriff „sicher“ verwendet, findet diese Begrifflichkeit hier Anwendung, um das Gegenüber dazu zu schaffen. Doch anders als Verhütung sieht sie den weiteren Zusammenhang. Doch wenn es um Sicherheit geht: Die sympto-thermale Vorgangsweise ist, korrekt angewendet eine sehr sichere Methode (Pearl-Index von 0,8): „Die symptothermale Methode (Rötzer 1968) ist die Kombination von Beobachtung der zyklischen Zervixschleimveränderungen und Messung der

thermalen Methode, die Prof. Dr. Rötzer entwickelt hat. Sie kann durch Kurse und über geeignete Literatur[103] vom Ehepaar gemeinsam erlernt werden. Die natürliche Empfängnisregelung gründet sich in der Liebe und fördert diese, wenn sie richtig angewendet wird:

- Sie respektiert nämlich die Frau und ihre Fruchtbarkeit.
- Sie bezieht Mann und Frau gleichermaßen mit hinein, was in weiterer Sicht einend ist.
- Sie fördert so die Kommunikation zwischen den Ehepartnern und hat durch die gemeinsam gelebte Enthaltsamkeit wertvolle Momente, die zum Wachstum von Anziehung und Hingabe, von Liebe und Vertrauen und auch von Selbstbeherrschung führen.

Es sind dies Punkte, die **beziehungsfördernd** sind. In diesem Sinn geht es um zwei Dinge, weil wir die eheliche Treue im Blick behalten wollen:

1) Der **Einklang mit Gottes Willen** ist das Mittel für die eheliche Treue. Es ist unser viertes Mittel (zu Gebet, Gnade, Tugend). Dieser Einklang ist sicher weiter zu fassen, als es nur das behandelte Thema betrifft, welches den Punkt nur an einem Beispiel erläutert. Der Einklang mit Gottes Willen betrifft auch den Lebensalltag.
2) Zugleich wird die Natürliche Empfängnisregelung in ihrer eigenen Dynamik betrachtet und vorgestellt, wie sie der Liebe förderlich ist.

Beide Punkte fördern die Treue in der Ehe.

Basaltemperatur. [...] Bei regelrechter Anwendung ist die symptothermale Methode mit PI 0,3 eine der sicheren kontrazeptiven Methoden. Sie stellt die zuverlässigste und heute am häufigsten angewandte Methode der Natürlichen Familienplanung dar. Auch bei unregelmäßigen Zyklen kann diese Methode angewendet werden." K. Diedrich, *Gynäkologie und Geburtshilfe*, 2. Auflage, Springer, Berlin 2007, S. 130; zit. in Eisl/Laun, *Die Dynamik der Liebe*, S. 100.

[103] Siehe dazu: Josef Rötzer, Elisabeth Rötzer, *Natürliche Empfängnisregelung: Die sympto-thermale Methode — Der partnerschaftliche Weg*, überarbeite Neuausgabe, Herder, Freiburg-Basel-Wien 2013.

Dies belegen folgende wissenschaftliche Untersuchungen:[104]

1) In den USA hat Mercedes A. Wilson im Jahre 2002 den Einfluss der *Natürlichen Empfängnisregelung* auf das Familienleben untersucht.[105]
2) In einer Dissertation von K. Skocovsky (Brünn 2008) wurde die Weltliteratur zur Thematik zusammengetragen.
3) In Österreich hat das Ärzteehepaar Dr. Rhomberg eine Untersuchung auf der Basis von Umfragedaten (aus Deutschland, Schweiz, Österreich, Italien) des Institutes für Natürliche Empfängnisregelung Dr. Rötzer e.V. durchgeführt.[106]

Diese Studien weisen übereinstimmend darauf hin: Die Zahl der Scheidungen liegt bei Ehepaaren, die NER (= Natürliche Empfängnisregelung) praktizieren, insgesamt — unabhängig vom Glaubensbekenntnis — bei **unter 5%.**

> Aus der [...] Rhomberg-Studie geht hervor, dass Paare, die NER nach Rötzer leben, lediglich eine Scheidungsrate von 3% aufweisen; Paare ohne NER bzw. mit kontrazeptiven Methoden bewegen sich um 48% Scheidungen! Die periodische Enthaltsamkeit bei der NER wurde von 82% der Befragten positiv beurteilt. Hier bestätigt sich die Bedeutung der Involvierung des Partners in das Geschehen der NER, weshalb sie auch als partnerschaftlicher Weg bezeichnet wird.[107]

Warum ist die Zahl der Scheidungen bei NER so niedrig?[108]

- Das Erlernen und Leben mit **NER vertieft die Beziehung des Paares.** Der Wechsel zwischen fruchtbaren und unfruchtbaren Zeiten im Zyklus wird

---

[104] Entnommen aus Eisl/Laun, *Die Dynamik der Liebe*, S. 77.

[105] Mercedes A. Wilson, "The Practice of Natural Family Planning Versus the Use of Artificial Birth Control: Family, Sexual and Moral Issues", *Catholic Social Science Review*, 7, 2002, Karel D. Skocovsky, *Fertility Awareness-based Methods of Conception Regulation: Determinants of Choice and Acceptability*, Masaryk University, Brno 2008.

[106] W. Rhomberg, M. Rhomberg, H. Weißenbach, „Neue Aspekte der Natürlichen Empfängnisregelung: Eine Umfrage zur sympto-thermalen Methode", *Medizin und Ideologie*, 32(2), 2010, S. 12–21.

[107] Eisl/Laun, *Die Dynamik der Liebe*, S. 92.

[108] Sammlung der Informationen von Dr. Elmar Fischer; entnommen aus Eisl/Laun, *Die Dynamik der Liebe*, S. 78–80.

in seiner Sinnhaftigkeit erkannt. Das Gespräch und das gegenseitige Verstehen werden gefördert. Weil der Mann seinen Teil beiträgt und auf den Zyklus Rücksicht nimmt, bedeutet dies eine zusätzliche Wertschätzung der Frau.

- Menschliche Liebe besteht aus **zahlreichen Teilbefähigungen:**[109] Verstehen, Vertrauen, Einfühlung, Achtung, Zärtlichkeit, Geduld, Rücksicht, Verzicht, Aufmerksamkeit, Anerkennung … Sie sind für das Gelingen einer Beziehung wesentlich und werden durch die Lebensweise der NER gefördert.
- **NER fordert Achtsamkeit**, dies kann mühsam sein und die Nerven strapazieren, z. B. wenn der Mann wenig Verständnis und Engagement zeigt. Es ist dies jedoch nicht die Schwäche der Methode. Insgesamt bringt die Vorgangsweise der natürlichen Regelung Impulse zur Kultivierung der Sexualität. Sie ist dadurch Ansporn zur Entfaltung sowie zur Reifung der Persönlichkeit und sie fördert den Selbstwert.
- **Liebe, wie sie Jesus Christus aufgezeigt hat**, ist nicht „das große Gefühl" und „guter Sex", sondern die Bereitschaft, das Wohl des Partners und der Beziehung in Großherzigkeit zu fördern. Sie ist unser größtes christliches Gebot (Mk 12,28 ff.) und steht unter der Aufforderung Jesu: „*Liebt einander wie ich euch geliebt habe.*" (Joh 15,12) Diese Art der Liebe erwächst aus einer lebendigen Glaubenspraxis. Diese hat aus verschiedenen Ursachen stark abgenommen. Der Einfluss medial transportierter defizitärer Vorstellungen von Liebe wird von vielen nicht bemerkt.[110] Eine christliche Orientierung ist anders. Sie gibt das Paares eine Ausrichtung auf die Person Jesu und fügt seine Botschaft in die Gestaltung des Miteinander ein. Es wird spürbar: ER ist „der Mensch" und fördert echtes Menschsein.

---

[109] Es sind eigentlich die Tugenden angesprochen, die oben als Mittel der Treue ausgeführt werden.

[110] Schon die Jugendkultur wird medial unterwandert, was die Einstellung zum Thema Liebe und Sexualität beeinflusst. In den Medien wird Liebe meist rein auf ein Gefühl reduziert. Es geht um das Ego, um Spaß und dass man sich alles nehmen soll, was geht.

- Christlicher Glaube will die **volle Entfaltung des Menschen zur sozialen Persönlichkeit**, die mit ihren Begabungen Gott den Schöpfer und Erlöser lobt. Die Forschung von Prof. Dr. med. Josef Rötzer und anderer Wissenschaftler hat in den vergangenen Jahrzehnten im Bereich der Sexualität und Fortpflanzung Kenntnisse erbracht, die es möglich machen, Zeugung und Kinderzahl in verantwortlicher „Selbstbeherrschung aus Liebe" (Mutter Theresa) zu bestimmen. Diese Erkenntnisse, nicht etwa nur die Sorge um die Gesundheit o. a., leiten die Katholische Kirche in ihrer Stellungnahme für NER. — Deshalb ist sie nicht nur gegen die „Anti-Baby-Pille" (u. a. hormonelle Präparate), sondern gegen jede Verhütung (Kondom, Spirale, Sterilisation …).
- Das sexuelle Verhalten der Paare in den vergangenen Jahrzehnten wurde, in Unkenntnis der NER, hauptsächlich durch Verhütung geprägt. Dies führte zu einer Denkweise in allen Bereichen der Moral, die „alles erlaubt". Was Papst Benedikt XVI. mit „Relativismus" kennzeichnet, ist eine generelle Gefährdung des Glaubens, ist riskante Relativierung existentiell wichtiger Wahrheiten für echte Menschlichkeit. Es geht in der Problematik NER versus Verhütung um die Frage, ob eine ganzheitliche oder nur eine reduzierte Sicht der Liebe gelebt wird.

Weitere gute Wirkungen oder Vorteile der Natürlichen Empfängnisregelung:[111]

- **Die gemeinsame Verantwortung**: Die Natürliche Empfängnisregelung bezieht beide Partner in die Verantwortung ein. Diese Lebensweise erschwert es dem Mann, dass er der Frau die Frage „Kind oder kein Kind?" zuschiebt und sie damit allein lässt. Natürliche Empfängnisregelung leitet Frau und Mann an, gemeinsam auf den weiblichen Zyklus zu hören, sie macht diesen sozusagen zu ihrem gemeinsamen Zyklus.

[111] Mit wenigen Zusätzen entnommen aus Eisl/Laun, *Die Dynamik der Liebe*, S. 39–40.

- **Das Gespräch:** NER macht es unmöglich, bezüglich der Intimsphäre stumm zu bleiben, fördert so das ganze persönliche Gespräch der Eheleute und erleichtert damit auch das Reden über alle anderen Dinge.
- **Die Zärtlichkeit:** Zeiten der Enthaltsamkeit lassen Spannung und Sehnsucht aufkommen, die der Liebe dienen. Die sexuelle Enthaltsamkeit „zwingt" die Partner sozusagen, ihre Liebe und Zärtlichkeit nicht auf den Geschlechtsverkehr zu reduzieren. Die Liebe kann wieder ein wenig den Glanz der „ersten Liebe" und jener zärtlichen Aufmerksamkeit gewinnen, den sie in der Zeit des Kennen-Lernens und der Verlobung hatte. Das ist auch gut als Schutz vor Langeweile und Untreue.
- **Selbstachtung:** Frauen gewinnen durch die Beobachtung der Abläufe in ihrem Körper eine neue, selbstbewusste und bewundernde Beziehung zu ihrem Körper. Sie werden sensibel für ihn.
- **Wechselseitige Ehrfurcht und Achtung:** Das Selbstbewusstsein der Frau entspricht der Ehrfurcht des Mannes vor der Frau. Die Frau ist sexuell nicht ständig verfügbar, der Mann nimmt in der Achtung ihres Rhythmus Rücksicht auf sie. Im Zurücknehmen und in der Unterordnung seines sexuellen Verlangens erweist er ihr auf andere Weise seine Liebe. Die Frau darf sein, was sie ist und wie sie ist, nämlich fruchtbar (eine fruchtbare Frau) ohne deswegen weniger geliebt zu werden. Sie muss sich nicht verändern, um sein sexuelles Verlangen zu befriedigen. ... Aber es gilt auch umgekehrt: Die Frau wird den Mann in neuer Weise sehen lernen, wenn sie erlebt, wie er an ihrem Zyklus mit seiner Wahrnehmung und seinem Opfer Anteil nimmt. Somit verändert sich der Blick auch der Frau auf den Mann.
- **Primat der Liebe:** Zeitweise Enthaltsamkeit sichert die notwendige Rangordnung zwischen Liebe und sexuellem Begehren — ja reinigt die Liebe darin.

An dieser Stelle sei abschließend noch auf die jüdische Praxis zu verweisen, in der die Ehe im Rhythmus von Hingabe und Enthaltsamkeit gelebt wird.[112]

---

[112] Entnommen aus Andreas Laun, *Liebe und Partnerschaft aus katholischer Sicht*, Franz-Sales-Verlag, Eichstätt 2003, S. 105.

Nicht wegen der Empfängnisregelung, sondern aus anderen Gründen verlangt das Gesetz der Juden jeden Monat eine gute Woche Enthaltsamkeit. Das Erstaunliche dabei: Sie sagen, dies sei ein wesentlicher Grund, dass jüdische Ehen länger halten als andere, es täte der Liebe sehr gut. Warum?

- **Erstens** ist der Rhythmus zwischen Enthaltsamkeit und Vereinigung ein wunderbares Mittel gegen die große Gefahr der destruktiven Langeweile in der Ehe: Wegen dieser monatlich wiederkehrenden „Ferien", sagt der Talmud, werden Frau und Mann Monat für Monat wieder wie Braut und Bräutigam. Ihre Beziehung behält stets ihre Frische. Es ist ein Mittel, die Frauen in den Augen ihrer Männer anziehend zu erhalten. vor der Wiederaufnahme der Beziehungen macht sich die Frau schön, es entsteht eine freudige Spannung wie vor einem Fest — also eine kleine „Hoch-Zeit".
- **Zweitens** lernen die Ehepartner die Kunst der Zurückhaltung, und das tut der Treue gut: Man lernt am eigenen Ehepartner, das sexuelle Verlangen zurückzustellen. Das macht es leichter, auch eine außereheliche Versuchung zu beherrschen.
- **Drittens** gewähren die Tage der Enthaltsamkeit Zeit für sich selbst. Die Gefahr, sich im anderen und in dem sinnlichen Verlangen zu verlieren, ist gebannt.
- **Viertens**, und das ist besonders wichtig, bewahrt diese Zeit davor, den anderen zum Objekt der Lust, zum Mittel der Befriedigung werden zu lassen: In der Zeit der Enthaltung sieht man ihn oder sie wieder deutlich als Person — die Liebe behält so ihren Vorrang.
- **Fünftens** lernt man besser, miteinander zu sprechen: Probleme kann man nicht durch Umarmung verdecken, man muss über sie reden. Daraus entsteht eine ganz wichtige Form von Intimität und Nähe.
- **Sechstens** ist die Wiederaufnahme der sexuellen Beziehungen nach den Tagen der Enthaltung vergleichbar dem Eintreten des Hohenpriesters ins Innerste des Tempels nach einer Vorbereitungszeit: ein außerordentlicher Moment. So auch hier: Wenn Frau und Mann im Angesicht Gottes miteinander verkehren, wird aus einem bloß körperlichen Tun, wie dies auch Tiere vollziehen, ein „Akt der Heiligkeit und der höchste Ausdruck zweier Menschen."

Die NER als Lebensweise

Aus dem Aufgezeigten wird klar, dass NER ganzheitlicher ist. Sie ist nicht nur eine Methode, sondern eine eigene *Lebensweise.*[113] Das muss hinzugefügt werden. Nach Dr. Rötzer (Entwickler der sympto-thermalen Vorgangsweise der Natürlichen Empfängnisregelung) entwickelt sie ihre eigene *Dynamik der Liebe.* Für eine Vertiefung dieser Thematik (z.B. zum Erlernen der Methode, Fragen in Hinblick auf weitere Erklärungen, Antworten in Hinblick auf die Wirksamkeit der Methode und Ähnliches) empfiehlt sich geeignete Lektüre (siehe im Anhang).

[113] Vgl. Eisl/Laun, *Die Dynamik der Liebe*, S. 78.

4.4. Ergänzende Hinweise: das Problem der Verhütung

Dieser Punkt soll die Kehrseite vertiefen. Richtiges Verstehen ist notwendig aufgrund der heutigen Verhütungsmentalität. Die Verhütung, egal in welcher Art und Weise sie geschieht (künstlich über Barrieren wie Kondome oder Spiralen oder hormonelle Präparate wie Pillen), ist eine in sich schlechte Handlung, wie bereits dargelegt wurde, weil sie eine Trennung der inneren Struktur der geschlechtlichen Hingabe macht. Sie greift die eheliche Liebe im Kern an. Sie bringt die Frau in Abhängigkeit zum Mann, manchmal sogar in sklavischer Form, weil die Frau durch Verhütung jederzeit *zur Verfügung* stehen kann und „muss". Sie ist zweifellos benachteiligt. So muss sie sich allein um *alles* kümmern. Ihr allein wird oft die ganze Verantwortung aufgedrückt. Viele der chemischen Produkte haben zudem höchste, negative Folgewirkungen für die Frau. „Die Pille wurde von der WHO 2005 als krebserregend eingestuft: Muttermund-, Leber- und Brustkrebs."[114] Zu verweisen seien auf folgende Studien:

- Walter Rella, Johannes Bonelli, Susanne Kummer, „Fünfzig Jahre „Pille": Risiken und Folgen", *Imago Hominis*, 17(4), 2010, S. 263–274.
- Rudolf Ehmann, „Ist die Pille wirklich nur ein Verhütungsmittel?", *Medizin und Ideologie*, 29(1+2+4), 2007; 30(1), 2008, jeweils S. 4.
- C. Lauritzen, „Tödliche Nebenwirkungen der Pille", *Tägl. Praxis*, 41, 2000, S. 181, Tab. 4.
- H. D. Taubert, H. Kuhl, *Kontrazeption mit Hormonen*, Stuttgart 1995[2], S. 21.
- Gemeindenetzwerk, *Die lebenszerstörende Wirkung der Antibabypille*, Teil I, Teil II von Rudolf Ehmann, 18.8.2010.[115]
- Reportage im Schweizer Fernsehen: „Hunderte toter Frauen durch hormonelle Verhütungsmittel".[116]

---

[114] Eisl/Laun, *Die Dynamik der Liebe*, S. 75.

[115] Siehe: https://www.gemeindenetzwerk.de/?p=4936.

[116] Siehe: https://www.srf.ch/play/tv/redirect/detail/cab9f7b9-2524-4bf3-8d18-0f4632dd943a.

Doch die schlimmste Folge — und hier geht es um das Lebensrecht eines anderen Menschen — ist die abtreibende Wirkung vieler Verhütungsmittel (Spirale, Pille).

Die Wirkungsmechanismen der hormonellen Verhütung sind 4-fach, zwei davon sind verhütend, zwei davon sind abtreibend, also tötend:

- **Ovulationshemmung:** Hemmung des Eisprungs
- **Zervixschleimeindickung:** soll den Aufstieg der Spermien in die Gebärmutter hemmen
- **Tubenfaktor:** Der Eileiter wird in seiner Beweglichkeit verändert und damit wird, falls eine Befruchtung stattgefunden hat, der Embryo (das ist das Kind in seinen ersten Lebenstagen) nicht synchron weitertransportiert und nicht ausreichend ernährt.
- **Endometriumfaktor:** Störung des Aufbaus der Gebärmutterschleimhaut, sodass der Embryo die für seine Weiterentwicklung nötigen Voraussetzungen, wie Verankerung, Schutz und Ernährung dort nicht vorfindet und daher abstirbt.

Hinzugefügt werden muss: Hormonelle Verhütung wirkt häufig nidations*hemmend*, das heißt: Der Eisprung wird oft wegen der niedrigen Hormondosis dieser Präparate unterdrückt, aber nicht (!) verhindert (Durchbruchsovulation, bzw. Freisetzung der Eizelle), der Zervixschleim wird rund um den Eisprung durchlässig und es kann zur Befruchtung kommen. Die Einnistung dieser befruchteten Eizelle in der Gebärmutterschleimhaut wird aber verhindert, d. h. Frühabtreibung (und damit die Tötung eines Menschen) ist die Folge.

Aus diesem Grund ist es wahrscheinlich, dass es bei einer längeren Anwendung der Pille tatsächlich zu einer realen Abtreibung kommt, die das entstandene Leben, das ab der Verschmelzung von Ei- und Samenzelle vollständig ist, tötet. Es handelt sich um eine in sich schlechte Handlung. Die Tötung eines Menschen ist gegeben, denn der Organismus ist durch das Genom vollständig erhalten, er ist Mensch und entwickelt sich als solcher fort (sogar auch nach der Geburt). Es gibt keine Grenze von „bis hier nicht Mensch — ab hier Mensch", sondern er ist Mensch von Anfang an. Daher ist die Anwendung der Pille (nicht nur die Pille danach) aus katholischer Sicht verworfen und stellt eine schwere Sünde dar. Diese trennt von Gott und entzieht seinen Segen. Wie soll, aus übernatürlicher Sicht gesehen, eine Ehe, die die Eheleute zu Mitarbeitern Gottes machen soll, funktionieren können, wenn diese bereit sind, Gott (in der Seele) — und das eigene Kind — zu töten? Die sog. Pille danach hat das direkte Ziel, möglicherweise entstandenes Leben zu töten. Es handelt sich hier um die Tötung eines Menschen. Die moralische Bewertung muss noch schwerwiegender ausfallen.

Der Zusammenhang von Verhütung und Abtreibung

Leider liegen Verhütung und Abtreibung nahe beieinander. Das Eine verhindert nicht das Andere, denn die Haltung ist dieselbe, indem das Leben verhindert werden will. Diese öffnet leicht für den „zweiten Schritt", falls es „notwendig" werden wird. Daher kann man verstehen, dass mit der Einführung der Pille auch die Abtreibung Einzug hielt. Sie ist die traurigste Konsequenz einer *Kultur des Todes*, die auch die Ehe mit hineinziehen möchte. Die Antwort ist das Verständnis, dass Verhütung eine in sich-schlechte-Handlung ist, aufgrund des Moralobjektes der Handlung.[117] Das ist der Schlüssel, um *heute* viele Ehen zu **schützen** — und sogar zu retten.

[117] Gemeint ist, dass die Handlung, die immer willentlich und wissentlich geschieht, ein Tun anstrebt, das in sich nie gut werden kann, weil sie in sich schlecht ist. Die Verhütung bleibt im *Schlechten*, ähnlich wie die *Tötung eines unschuldigen Menschen* immer schlecht sein wird, unabhängig von Absicht und Umständen. Das Moralobjekt in diesem Fall bewirkt, dass die Handlung selbst stets schlecht sein wird. Das Ziel heiligt eben nicht die Mittel. Vgl. KKK 1755–1756: „Das gewählte Objekt kann allein schon ein Handeln als Ganzes zu etwas Schlechtem machen. Es gibt konkrete Verhaltensweisen wie etwa die Unzucht, für die sich zu entscheiden stets falsch ist, weil in der Entscheidung für sie ein Fehlgriff des Willens liegt, das heißt etwas sittlich Schlechtes. Somit ist es falsch, bei der Beurteilung des sittlichen Charakters der menschlichen Handlungen einzig die ihr zugrunde liegende Absicht oder die sie begleitenden Umstände (wie Milieu, gesellschaftlicher Druck, Zwang oder Notwendigkeit zu handeln) zu beachten. Es gibt Handlungen, die wegen ihres Objekts in schwerwiegender Weise, unabhängig von den Umständen und den Absichten, aus sich und in sich schlecht sind, z. B. Gotteslästerung und Meineid, Mord und Ehebruch. Es ist nicht erlaubt, etwas Schlechtes zu tun, damit etwas Gutes daraus entsteht."

Wie ist das mit der unterbrochenen Vereinigung?

Die Offenheit für das Leben wird auch ausgeschlossen bei der unterbrochenen Vereinigung (coitus interruptus), bei der es zuerst zu einer Vereinigung kommt, diese jedoch dann unterbrochen wird, um den Samenerguss außerhalb des natürlichen Ortes zu suchen. Auch hier wird das Leben verhindert, wenngleich in anderer Weise. Daher muss auch dieses Verhalten als in sich unmoralisch bewertet werden. Daher wurde dieses Verhalten, das auch als „die Sünde des Onan“ (Gen 38,9) bezeichnet wird, vom katholischen Lehramt verurteilt.[118]

[118] Vgl. Dekret des Hl. Offiziums vom 22.11.1922 (DH 3660-3662).

5. Die Umsetzung im konkreten Leben

Nach diesen Ausführungen sollen einige Tipps folgen. Dieses Buch ist als Vorbereitung zum *Sakrament* der Ehe gedacht. Doch die *Ehe* wird nicht nur empfangen. Sie braucht ein Leben, wo sie sich bewähren, und Frucht bringen wird. Es ging um ein ***Verständnis*** (des Sakramentes, der Hochzeitsliturgie, von vier tragenden Elementen der Treue). Jetzt geht es um das ***Leben.***

In kurzer Weise wird versucht, Tipps zu geben, die für das Leben helfen können. Ich stütze mich dabei auf Untersuchungen, die treue und andauernde Beziehungen unter die Lupe nahmen. Ich habe einige Dinge ergänzt und, aus theologischer Sicht, untermauert. Die entscheidende Frage: **Wie kann ein Paar die vier Mittel ehelicher Treue konkret in Ehe und Familie leben?**

Das Ausgeführte soll Mut und Hoffnung geben. Möge diese Liste nur der Anfang einer persönlichen Weiterführung sein. Vertraut dabei auf die Gnaden, die Gott euch aus dem Ehesakrament schenken wird!

Konkrete Tipps:

A. Persönliches Leben

1. **Betet täglich.** — Macht es euch zur Gewohnheit, mit dem Herzen zu beten. Lernt aus der Kommunikation untereinander auch mit Gott so einfach und unkompliziert zu sprechen. Erstellt euch eine Tagesordnung und fügt darin konkrete Momente des Gebetes ein: ein bestimmtes Morgengebet (z.B. Vater unser, Ehre sei dem Vater, kurze Marienweihe, das Morgengebet der hl. Myriam von Abelin, oder andere wörtliche Gebete, je nach Bedarf. Betet am Tisch, betet gemeinsam am Abend, mit persönlichen Worten, mit einem gemeinsamen, festen Gebet (z.B. „Vater unser") — wie schön wäre es, wenn die ganze Familie zum Rosenkranzgebet findet, vielleicht zunächst ein Gesätzchen.[119]
2. Verrichtet das Gebet so, dass es für euch **zum täglichen Bedürfnis** wird, mit Gott zu sprechen. Macht, dass es zu einer Sehnsucht nach Gott kommt und er der wichtigste Partner in eurem Leben ist.
3. Lernt, den Tag durch die **Übung der Vergebung** zu beschließen. Bittet Gott um Vergebung für die persönlichen Mängel und Fehler, aber macht es euch auch zur Gewohnheit, „feinfühlig" um Vergebung zu bitten, oder — wenn man es nicht mit Worten schafft — mit Taten auszudrücken (z.B. kleine Geschenke, Gesten der Aufmerksamkeit, etc.).

B. Hilfe durch Andere

4. Sucht euch einen **geeigneten Priester**, der eure Ehe und Familie geistig begleiten kann. Mag es nun eine Geistliche Begleitung selbst sein oder ein monatliches Aufsuchen für das Beichtsakrament.

[119] Vgl. hl. Johannes Paul II., *Rosarium Virginis Mariae*, Nr. 41, „*Eine Familie, die vereint betet, bleibt eins.* Seit altersher wird der Rosenkranz in besonderer Weise als Gebet gepflegt, zu dem sich die Familie versammelt. Indem die einzelnen Familienmitglieder ihren Blick auf Jesus richten, werden sie befähigt, sich stets aufs Neue in die Augen zu schauen, miteinander zu sprechen, füreinander einzustehen, sich gegenseitig zu vergeben und in einem durch den Heiligen Geist belebten Liebesbündnis wieder neu zu beginnen."

5. Verbindet euch **mit anderen christlichen Ehepaaren** und tauscht euch mit ihnen aus. Dazu helfen auch Familientage, die an verschiedenen Wallfahrtsorten organisiert werden. Gemeinsam kommt es zur Bildung einer Großfamilie im christlichen Geist: Das ist Kirche und entspricht der Kirche.

C. Eine christliche Lebensordnung

6. Geht zum **Sonntagsgottesdienst.** — Wenn ihr nicht gemeinsam gehen könnt (z.B. wegen Kleinkinder), dann wechselt euch ab. Kommt wenn möglich als Familie in den Gottesdienst — sorgt dafür, dass ihr wöchentlich Gott die Stunde schenkt und gebt damit auch den Kindern das Beispiel eines gelebten Glaubens; lebt ihnen den Glauben vor und zeigt ihnen, dass ihr der größeren Macht der Liebe vertraut. Ein Kind kann sich für den Glauben nur entscheiden, wenn es ihn kennengelernt hat.
7. Führt ein **Familientagebuch.** — Dorthinein werden freudige Ereignisse, gemeinsame Erfahrungen und Werte eingetragen — dorthin können auch Sorgen und Anliegen formuliert werden, falls es einem Partner mal nicht mehr gelingen sollte, dieses wörtlich auszudrücken!
8. Sorgt für eine **flüssige Kommunikation.** — Dazu kann helfen, sich feste Zeiten einzubauen, z.B. gemeinsame Essenszeiten. Um trotz schwierigen beruflich-bedingten Situationen oder anderen Gründen, das Gespräch in Gang zu bringen, empfiehlt es sich, einen neutralen Ort aufzusuchen, z.B. im Café für ein wöchentliches, gemeinsames Frühstück in Zweisamkeit: Dies ist Investition in die Beziehung und lohnt sich und kann dafür sorgen, sich bereits während der Woche darauf vorzubereiten für die Inhalte, die es gilt, mit dem Ehepartner unbedingt zu besprechen; im Buch von Gary Chapman, *Die fünf Sprachen der Liebe* (siehe Anhang), findet man zudem wertvolle Hilfe, um die Kommunikation über eine der „fünf Sprachen“ (wieder) in Gang zu bringen.
9. Findet auch **Gemeinsamkeiten** in der **Freizeitgestaltung**. Ausflüge, Hobbies, etc. — etwas, was entspannt und die Zweisamkeit fördert.

D. Das Familienklima

10. Lernt einander, **Lob auszudrücken.** — Schaut auf die guten Elemente, die guten Taten, das gute Verhalten, gute Eigenschaften, die jeder Mensch besitzt, manchmal nur versteckt und nicht offensichtlich, und bestärkt den Partner darin, indem ihr diese anerkennt. — Es ist eine Sprache der Liebe und führt zu einem neuen Erkennen, zu einer Kultur der Aufmerksamkeit des Anderen. Sie mobilisiert die guten Kräfte in der Beziehung.
11. Macht euch eine **klare Aufgabenteilung.** Jeder sollte mithelfen in der gemeinsamen Bewältigung des Lebens — das fördert das Vertrauen und auch das „Loslassen-Können", was ebenso wichtig ist.
12. Lebt folgende **Prioritätenhierarchie:** zuerst unsere Beziehung zu Gott, dann zum Partner und die eigenen Kinder — dann zur Familie des Partners. Das bewirkt, dass die Beziehungsbande geschützt bleibt. Der Ehebund ist ein Bund, der zwei Menschen verbindet (in Gott), nicht zwei Familien. Eine weitere Skala ist: zuerst die Familie, dann der Beruf. Besser in jungen Jahren in Ausbildung investieren, das schafft Freiraum für später, besonders, wenn es einem Ehepartner dadurch möglich wird, ganz zu Hause zu bleiben: ein wunderbarer Zeitgewinn bei der Erziehung der Kinder, eine bewährte Investition in die Familie.
13. Versucht, über die **Tugendübung** ständig am Ball zu bleiben. Macht euch monatliche Ziele, so bleibt ihr jung und dynamisch — und lebendig. Bittet Gott um diese Gnaden.

E. Die übernatürliche Verbundenheit — das Herz im Himmel

14. Lernt erkennen, welchen **Wert die Geschenke** haben, die **Gott gibt.** Die Gesundheit, die Freiheit, die Familie, die Kinder, das Heim, den Beruf, ... und dankt dafür, entwickelt aber auch eine Haltung der Dankbarkeit für das, was der Partner tut.
15. Lernt die **Bedeutung des Kreuzes** kennen. — Den Wert des Opfers, mit dem Gott die Welt erlöst hat. Auch das Ehe- und Familienleben wird diese Momente bringen. Es wäre gut, wenn es dann im vertrauten Heim einen Winkel gäbe, an dem ihr aufblicken könnt auf ein schönes Kreuz

mit Corpus, das ihr dort angebracht habt. Es ist der Zufluchtsort für das Gebet und der Ablageort für die Sorgen.

16. Findet **Zeit für Familienfeste**. — Unser Menschsein braucht die Abwechslung durch die Festlichkeit. Auch die Kinder brauchen Freude. Dazu dienen in besonderer Weise die Feste des Kirchenjahres: Weihnachten, Ostern, Pfingsten, Marienfeste, etc. was damit auch dem Glauben konkretes Leben gibt. Doch es sind auch eigene Familienfeste, die ihren Raum bekommen sollen: Geburtstage, Hochzeitstag, etc. — euer Familienkalender schenkt euch eine Jahresordnung und Zeiten gemeinsamer Freude.
17. **Lebt eueren Glauben** in der Weise, dass auch eure Kenntnisse der Glaubensinhalte wachsen. Ihr als Eltern seid die Ersten, die ihn an die Kinder weitergeben werden, durch das Wort, durch das Zeugnis, durch das Leben. Dazu wird euch ein guter Seelsorger und auch gute Literatur helfen können.

F. Effiziente Arbeit an sich auf sicherem Weg

18. Bemüht euch, **zueinander demütig zu sein**. — Niemand ist perfekt, doch wir sind alle auf dem Weg. Der Stolz entfremdet den Menschen und der Stolze kreist am Ende nur noch um sich selbst. Das zerstört die Liebe. Die Demut ist genau das Gegenteil. Je mehr Demut, desto leichter mache ich es dem Partner, sich — trotz Schwierigkeiten — auf mich zu beziehen:

    > Macht meine Freude dadurch vollkommen, dass ihr eines Sinnes seid, einander in Liebe verbunden, einmütig und einträchtig, dass ihr nichts aus Ehrgeiz und nichts aus Prahlerei tut. Sondern in Demut schätze einer den andern höher ein als sich selbst. (Phil 2,2–3)
    >
    > Sodann, ihr Jüngeren: Ordnet euch den Ältesten unter! Alle aber begegnet einander in Demut! Denn Gott tritt den Stolzen entgegen, den Demütigen aber schenkt er seine Gnade. (1 Petr 5,5)

19. **Weiht eure Familie der Gottesmutter**, dazu kann die Vorbereitung auf die Weihe helfen, wie sie der hl. Grignion von Montfort geschrieben hat (33 Tage) oder auch die tägliche Weihe durch ein kleineres Marienweihegebet (siehe Anhang).

20. **Entwickelt eine Liebe zur gesamten Schöpfung**, der ihr eingefügt seid und Gott damit dient: zu den Blumen (Garten), zu den Tieren (Vögel, Aquarium, ...), zu den Sternen (Planetarien) und lernt wieder, wie es Kinder noch können: zu stauen. – Die Achtung vor der Schöpfung hilft euch, euren Platz darin zu entdecken und sie hilft, Gott tiefer zu erkennen – dazu können auch gemeinsame Wanderungen oder Ausflüge, z.B. am Sonntag, dienen und auch der Urlaub.
21. Findet einen **Zugang zum Wort Gottes** im Evangelium. Dazu kann die Lektüre des Tagesevangeliums dienen (z.B. durch die App *„evangelizo"*) oder ein Schott-Lektionar;[120] das Hören auf das Wort Gottes wird eurem geistlichen Leben Fruchtbarkeit verleihen und euch Gott immer mehr erkennen lassen.
22. **Hört auf** das, was **Gott** noch mit euch vorhat. – Vor allem aber liebt ihn mit ganzem Herzen, ganzer Seele, in all euren Gedanken, Worten und Werken, mit all eurer Kraft! (vgl. Dtn 6,5)
23. **Sucht euch einen Familienheiligen**; damit ist ein Patron gemeint, zu dem ihr betet. Vielleicht ist es ein Namenspatron, vielleicht ein besonderer Heiliger, der euch auf eurem Leben begegnet ist. Lebt auch die **Beziehung zu den Schutzengeln**. Sie sind die treuen Begleiter an eurer Seite und ihnen wurde von Gott anvertraut, euch zu helfen, damit sich eure Berufung entfaltet; dazu können Gebete helfen (Anhang).
24. ... *(bestimmt findet ihr weitere wichtige Punkte)*

Als Buchempfehlung an dieser Stelle: Stephen Kendrick, Alex Kendrick, *40 Tage Liebe wagen: Eine Anleitung, wie du deine Partnerschaft positiv verändern kannst*, LUQS-Verlag, Aurach 2013.

[120] Es handelt sich um ein kleines Messbuch, das die täglichen Lesungen der hl. Messe in handlicher Form beinhaltet. Es ist praktisch und einfach, da man die Texte nicht in der Bibel suchen muss, sondern sie in fortgesetzter Tagesfolge präsentiert bekommt.

Epilog: Der Blick auf die heutige Realität

Epilog — der Blick auf die heutige Realität

Am Ende dieser Ausführungen möchte ich eine Hoffnung ausdrücken. Sie ist verbunden mit dem Glauben an das Wirken des Heiligen Geistes, der die Kirche immer wieder neu zur Blüte gelangen lässt. Ein realistischer Blick auf die Situation vieler „Paare" lässt heute zwar eine große Not erkennen. Doch dieser gilt es, zu begegnen. Manche könnten sagen: Wo liegt das Problem, viele sind doch zufrieden? Oberflächlich gesehen, sieht es vielleicht zunächst so aus. Aber die langfristige Sicht der Dinge (Scheidungen, Patchwork-Familien) zeigt deutlich, dass es tiefer geht. Deshalb muss der Wirklichkeit ins Auge gesehen werden, immer das eigentliche Ziel im Blick, Gott, das ewige Leben und die wahre Liebe.

Zunächst sollen verschiedene Beziehungssituationen angesprochen werden. Erst dann soll eine Antwort auf die bestimmten Probleme gegeben werden, wie sie *Familiaris consortio* gibt.

Beschreibung der Probleme (aus katholischer Sicht)

1. Viele junge Leute tun sich schwer, endgültige Entscheidungen — ja *Lebensentscheidungen* — zu treffen. Eine Eheschließung ist so eine Entscheidung, sie ist etwas Endgültiges und Ausschließliches. Doch es lohnt sich, sie zu treffen, wenn man den Ruf zu diesem Lebensstand verspürt.
2. Viele junge Leute leben eine „Beziehung", die bereits ein Zusammenleben darstellt. Es handelt sich um eine Art „Mittelweg", der einerseits eine endgültige Bindung, andererseits auch das „Alleinsein" vermeiden will. Ist diese Art der Lebensführung nicht ein Ausdruck der Bindungsangst und auch des Mangels an Vertrauen in Gott und seiner Gnade? Drückt es nicht in Wirklichkeit einen Schrei um Hilfe aus, der ausformuliert so

lauten könnte: „*Hat unsere Beziehung einen Sinn, wenn sie gar nicht auf Dauer angelegt ist? Was ist ihr Sinn? – Gibt es nicht bleibende Werte, auf die wir unsere Beziehung, die irgendwo schon Merkmale der Liebe aufzeigt, fest gründen können? – Können wir unserer Liebe überhaupt so sehr vertrauen, dass wir diese Bindung eingehen können? – Zeigt nicht das Beispiel vieler Menschen unserer Umgebung (Trennungs- und Scheidungserfahrungen), dass das riskant und evtl. unmöglich ist?*"

3. Zur endgültigen Bindungsangst und der „De-facto-Lebensgemeinschaft" ohne Sakrament geht eine große Unwissenheit der Realität der übernatürlichen Welt einher. Gemeint ist die Macht der Gnade – aber auch der Macht der Sünde, wenn ihr Raum gegeben wird. Das erschwert wesentlich gerade das Erkennen, die Notwendigkeit und auch die große Hilfe, die das Ehesakrament für die Beziehung darstellt. Die Realität der Lebensgemeinschaft ohne Sakrament ist deshalb problematisch, weil es sich um „keine Lösung" handelt. Es verschiebt die Notwendigkeit, sich zu entscheiden, es beruhigt die „Gefühlswelt" und auch das Verlangen nach „Ehe" und „Familie" und doch lässt es „den Fluchtweg" offen für die Zukunft. Es stellt eine ungeregelte Situation dar für den Einzelnen, für den Partner, für eventuell bereits vorhandene Kinder – und auch für Gott. Das Zusammenleben ohne Trauschein ist ein Zustand – verzeiht die Deutlichkeit – der Sünde, weil sie die „Vereinigung" außerhalb der Ehe ermöglicht und realisiert. Und das ist das eigentliche Problem: Dieser Entwurf verbaut die Wirklichkeit der Gnade und entfernt sie. Sie legt das gemeinsame Leben auf kein Fundament, sondern zerstört es.

Folgende Erklärungen des postsynodalen Dokumentes *Familiaris consortio* von Papst Johannes Paul. II. bieten Klarheit. Und es gilt auch hier: Wahrheit befreit! (Joh 8,32) und öffnet die Tür zum richtigen Weg.

Es gibt dabei vier verschiedene Situationen:[121]

1. die Ehe auf Probe
2. freie Verbindungen

[121] Der Papst erwähnt eigentlich fünf mit „Getrennten und Geschiedenen ohne Wiederheirat", doch auf diese soll hier nicht weiter eingegangen werden.

3. Katholiken, die nur zivil getraut sind
4. die sog. „wiederverheiratete“ Geschiedene

Alle vier Fälle verbindet, dass es zu einem Zusammenleben gekommen ist, ohne dass mit dem Partner das gültige Ehesakrament empfangen wurde. Die drei ersten Fälle sind einfacher zu lösen, da im Prinzip der Schritt zur Hochzeit getroffen werden kann, also „eine endgültige Entscheidung“ gemacht werden soll. Hier soll ermutigt werden: Öffnen Sie sich der Wirklichkeit des Ehesakramentes. Vertiefen Sie die sakramentale Realität der Ehe, das, was Gott Ihnen schenken möchte. Es gibt (noch) einen tieferen Sinn des Ganzen. Das berührt den Glauben. Ohne ihn wird es schwierig, anzunehmen oder zu erkennen, was Tiefgang hat. Mit Gottes Hilfe und der eines guten Seelsorgers kann der richtige Weg eingeschlagen werden.

Der vierte Fall ist schwieriger zu lösen, vor allem, wenn Kinder aus der neuen Beziehung hervorgegangen sind, die ein Recht auf Vater und Mutter haben. Heute wird dieses Zusammenleben ohne Trauschein als normal angesehen. Hier wird es wichtig sein, Gott, die wahre Liebe und die von ihm geschenkte Aufgabe, die zum ewigen Leben führen soll, im Blick zu haben. Schließlich will doch jeder glücklich sein. Doch wahres Glück können wir nicht unabhängig von Gott und außerhalb seines Planes finden.

Die Kirche will Ehe und Familie (und damit verbunden das Leben) schützen und bewahren und setzt sich daher trotz aller Anfeindungen dafür ein, dass die wahre Liebe und das Eheleben wieder richtig verstanden und gelebt werden.

1. Die **Ehe auf Probe.**

   Viele möchten sie heute rechtfertigen und ihr einen gewissen Wert beimessen. Aber schon die bloße menschliche Vernunft spricht gegen sie; zeigt sie doch, wie wenig überzeugend es ist, ein „Experiment“ anzustellen, wo es um menschliche Personen geht, deren Würde verlangt, dass sie für immer und aus- schließlich das Ziel liebender Hingabe sind, ohne jegliche zeitliche oder sonstige Begrenzung. Die Kirche ihrerseits kann einem solchen Ehemodell aus weiteren, ihr eigenen Motiven nicht zustimmen, die sich aus ihrem Glauben herleiten. Die leibliche Hingabe in der geschlechtlichen Begegnung ist ja ein Realsymbol für die Hingabe der ganzen Person; eine solche Hingabe kann aber in der gegenwärtigen Heilsordnung nur aus der Kraft der übernatürliche Liebe, wie Christus sie schenkt, wahrhaft verwirklicht werden. Ferner ist die Ehe zwischen zwei Getauften auch ein Realsymbol für die Einheit zwischen Christus und seiner Kirche, eine Einheit, die nicht zeitlich begrenzt ist oder nur „auf Probe" gilt, sondern ewige Treue bedeutet. Zwischen zwei Getauften kann es deshalb nur einen unauflöslichen Ehebund geben.[122]

Eine Teilnahme an den Sakramenten ist aus diesen Gründen nicht möglich, solange die Absicht ist, den Zustand aufrechtzuerhalten.

2. Die **freien Verbindungen**. Sie beinhalten ein eigenes Problem: Es kann die Ablehnung der Institution Ehe bedeuten und ausdrücken!
   Manche halten sich aus wirtschaftlichen, kulturellen oder religiösen Schwierigkeiten zu solchen freien Verbindungen gleichsam genötigt, weil sie bei Eingehen einer regulären Ehe Schaden zu befürchten hätten, den Verlust wirtschaftlicher Vorteile, Diskriminierungen usw. Bei anderen hingegen begegnet man einer Haltung der Verachtung, des Protestes oder der Ablehnung gegenüber der Gesellschaft, der Familie als Institution, der gesellschaftlich-politischen Ordnung oder einer Haltung, die nur auf Lebensgenuss ausgeht. Wieder andere werden dazu getrieben durch äußerste Unwissenheit und Armut, manchmal infolge wirklich ungerechter Verhältnisse oder auch durch eine gewisse seelische Unreife, die sie mit Unsicherheit und Furcht vor einer dauerhaften und endgültigen Bindung erfüllt. In einigen Ländern sehen überlieferte Sitten eine wirkliche Ehe erst nach einer Zeit gemeinsamen Lebens und nach der Geburt des ersten Kindes vor. Jedes dieser Elemente stellt die Kirche vor schwierige pastorale Probleme, und zwar wegen der ernsten Folgen, die sich daraus ergeben sowohl in religiös-sittlicher Hinsicht (Verlust der religiösen Bedeutung der Ehe im Licht des Bundes Gottes mit seinem Volk, Fehlen der sakramentalen Gnade, schweres Ärgernis) als auch in sozialer Hinsicht (Zerstörung des Familienbegriffs, Schwächung des Sinnes für Treue auch gegenüber der Gesellschaft, mögliche seelische Schäden bei den Kindern, zunehmender Egoismus).[123]

---

[122] *Familiaris consortio*, Nr. 80.
[123] *Familiaris consortio*, Nr. 81.

3. Bezüglich der **Katholiken, die nur standesamtlich verheiratet** sind. Hier handelt es sich um einen, Fall, der zum vorigen unterschieden ist:
   Indem solche Paare die öffentliche Anerkennung ihrer Bindung durch den Staat suchen, zeigen sie sich bereit, mit den Vorteilen auch die Verpflichtungen auf sich zu nehmen. Trotzdem ist auch diese Situation für die Kirche unannehmbar. Die Pastoral wird die Notwendigkeit einer Übereinstimmung zwischen der Lebenswahl und dem Glauben, den man bekennt, verständlich zu machen suchen und möglichst bemüht sein, diese Menschen dahin zu bringen, ihre eigene Situation im Licht christlicher Grundsätze in Ordnung zu bringen. Obwohl man ihnen mit viel Liebe begegnen und sie zur Teilnahme am Leben ihrer Gemeinden einladen wird, können sie von den Hirten der Kirche leider nicht zu den Sakramenten zugelassen werden.[124] Die Situation lässt sich lösen, wenn sie kirchlich heiraten.

4. Der vierte Fall — **die wiederverheirateten Geschiedenen:**
   Die tägliche Erfahrung zeigt leider, dass derjenige, der sich scheiden lässt, meist an eine neue Verbindung denkt, natürlich ohne katholische Trauung. Da es sich auch hier um eine weitverbreitete Fehlentwicklung handelt, die mehr und mehr auch katholische Bereiche erfasst, muss dieses Problem unverzüglich aufgegriffen werden. Die Väter der Synode haben es ausdrücklich behandelt. Die Kirche, die dazu gesandt ist, um alle Menschen und insbesondere die Getauften zum Heil zu führen, kann diejenigen nicht sich selbst überlassen, die eine neue Verbindung gesucht haben, obwohl sie durch das sakramentale Eheband schon mit einem Partner verbunden sind.[125] Darum wird sie unablässig bemüht sein, solchen Menschen ihre Heilsmittel anzubieten. Die Hirten mögen beherzigen, dass sie um der Liebewillen zur Wahrheit verpflichtet sind, die verschiedenen Situationen gut zu unterscheiden. Es ist ein Unterschied, ob jemand trotz aufrichtigen Bemühens, die frühere Ehe zu retten, völlig zu Unrecht verlassen wurde oder ob jemand eine kirchlich gültige Ehe durch eigene schwere Schuld zerstört

---

[124] *Familiaris consortio*, Nr. 82.

[125] Wir wissen, wenn man kirchlich heiratet, gilt dieser Bund für immer (nur der Tod hebt ihn auf). Daher sind Geschiedene (nur vom Staat möglich) immer noch kirchlich verheiratet und bleiben es. Die Kirche setzt auf die Liebe Christi, die absolut und für immer ist.

hat. Wieder andere sind eine neue Verbindung eingegangen im Hinblick auf die Erziehung der Kinder und haben manchmal die subjektive Gewissensüberzeugung, dass die frühere, unheilbar zerstörte Ehe niemals gültig war. Zusammen mit der Synode möchte ich die Hirten und die ganze Gemeinschaft der Gläubigen herzlich ermahnen, den Geschiedenen in fürsorgender Liebe beizustehen, damit sie sich nicht als von der Kirche getrennt betrachten, da sie als Getaufte an ihrem Leben teilnehmen können, ja dazu verpflichtet sind. Sie sollen ermahnt werden, das Wort Gottes zu hören, am heiligen Messopfer teilzunehmen, regelmäßig zu beten, die Gemeinde in ihren Werken der Nächstenliebe und Initiativen zur Förderung der Gerechtigkeit zu unterstützen, die Kinder im christlichen Glauben zu erziehen und den Geist und die Werke der Buße zu pflegen, um so von Tag zu Tag die Gnade Gottes auf sich her-abzurufen. Die Kirche soll für sie beten, ihnen Mut machen, sich ihnen als barmherzige Mutter erweisen und sie so im Glauben und in der Hoffnung stärken. Die Kirche bekräftigt jedoch ihre auf die Heilige Schrift gestützte Praxis, wiederverheiratete Geschiedene nicht zum eucharistischen Mahl zuzulassen. Sie können nicht zugelassen werden; denn ihr Lebensstand und ihre Lebensverhältnisse stehen in objektivem Widerspruch zu jenem Bund der Liebe zwischen Christus und der Kirche, den die Eucharistie sichtbar und gegenwärtig macht. Darüber hinaus gibt es noch einen besonderen Grund pastoraler Natur: Ließe man solche Menschen zur Eucharistie zu, bewirkte dies bei den Gläubigen hinsichtlich der Lehre der Kirche über die Unauflöslichkeit der Ehe Irrtum und Verwirrung. Die Wiederversöhnung im Sakrament der Buße, das den Weg zum Sakrament der Eucharistie öffnet, kann nur denen gewährt werden, welche die Verletzung des Zeichens des Bundes mit Christus und der Treue zu ihm bereut und die aufrichtige Bereitschaft zu einem Leben haben, das nicht mehr im Wider-spruch zur Unauflöslichkeit der Ehe steht. Das heißt konkret, dass, wenn die beiden Partner aus ernsthaften Gründen — zum Beispiel wegen der Erziehung der Kinder — der Verpflichtung zur Trennung nicht nachkommen können, „sie sich verpflichten, völlig enthaltsam zu leben, das heißt, sich der Akte zu enthalten, welche Eheleuten vorbehalten sind".[126]

Die erforderliche Achtung vor dem Sakrament der Ehe, vor den Eheleuten selbst und deren Angehörigen wie auch gegenüber der Gemeinschaft der Gläubigen verbietet es jedem Geistlichen, aus welchem Grund oder Vorwand auch immer, sei er auch pastoraler Natur, für Geschiedene, die sich wiederverheiraten, irgendwelche liturgischen Handlungen vorzunehmen. Sie würden ja den Eindruck einer neuen sakramental gültigen Eheschließung erwecken und daher zu Irrtümern hinsichtlich der Unauflöslichkeit der gültig geschlossenen Ehe führen. Durch diese Haltung bekennt die Kirche ihre eigene Treue zu Christus und seiner Wahrheit; zugleich wendet sie sich mit mütterlichem Herzen diesen ihren Söhnen und Töchtern zu, vor allem denen, die ohne ihre Schuld von ihrem rechtmäßigen Gatten verlassen wurden. Die Kirche vertraut fest darauf, dass auch diejenigen, die sich vom Gebot des Herrn entfernt haben und noch in einer solchen Situation leben, von Gott die Gnade der Umkehr und des Heils erhalten können, wenn sie ausdauernd geblieben sind in Gebet, Buße und Liebe.[127]

Was ist die Lösung für die zuvor aufgeführten Probleme?

Die vier bereits angeführten Problemlagen kommen gemeinsam in dem Punkt überein, dass alle vier (ich spreche von den meisten Fällen, wenngleich es Ausnahmen gibt) von geringem **Glauben**, von einer geringen **Glaubenspraxis** durchdrungen sind.

Wenn ein Mensch nicht an Gott glauben kann, verwässert sich der Blick. Er sieht sein Ziel nicht mehr (das übernatürlich ist) und damit wird auch der Weg selbst unklar. Das wird noch erschwert, falls es negative Beispiele gibt, die die Ehe betreffen und so den Lebensentwurf Ehe verschleiern können.

Da der Mensch sich aus Gottes Schöpfung her verstehen muss, ist die weitere Folge der Problematik, dass er sich selbst nicht mehr verständlich ist. Der Einzelne sucht dann Antwort für Sinn und Wert seiner Existenz nur noch in dieser

---

[126] Hl. Johannes Paul II., Homilie zum Abschluss der VI. Bischofssynode, 25.10.1980, 7, AAS 72 (1980), 1082.

[127] *Familiaris consortio*, Nr. 84.

Welt oder in der eigenen Lebenserfahrungswelt. Eine Flucht beginnt, die eigentlich eine Suche ist.

Ohne Glauben an Gott kann auch die Erfahrung der Gnade schwer gemacht werden und auch das Sakrament hat keine Bedeutung, weil ohne Gott auch seine Gaben keinen Sinn machen, denn diese würden mich ja zu ihm führen. Der Entwurf wird zur Gewohnheit und führt zum Unverständnis von Ehe und Familie, weil sie nicht von oben her betrachtet werden.

Die momentane Krise der Ehe ist eine Glaubenskrise. Doch die Wahrheit bleibt: Gott selbst hat diese Institution Ehe gegründet und er selbst kann **durch das Sakrament der Ehe eine Erneuerung derselben bringen**. Dazu braucht es eine Vorbereitung auf die Ehe, die zu einer Schule wird. Sie ist eine wertvolle Zeit, der die Zukunft anvertraut ist. Die geistige Dimension muss darin genauso vorkommen wie die Formung von Herz und Sinn.

Es gibt die Realität der Gnade und derjenige, der sich ihr öffnet, kann sicher sein, dass Gott selbst ihm begegnen wird.

Es ist das Sakrament, das die Gnade bringt, nicht das willkürliche Zusammenleben. Es verlangt Mut, gegen den Strom zu schwimmen, ist aber notwendig, um zur Quelle zu gelangen.

Es verlangt immer Mut, große Entscheidungen zu treffen. Doch große Entscheidungen führen auch zu großen Erfahrungen. Auf Gott zu bauen ist das Beste, was der Mensch hier machen kann. Die Ehe lohnt sich, wenn die Reise so beginnt.

Das Ende — ein biblischer Ausblick (Essay)

Was erwartet die Eheleute nach dem Tod?

Ende gut, alles gut. Die Eheleute leben für das große Ziel. Sie haben die Liebe versprochen, „*bis der Tod uns scheidet*". Doch was geschieht danach? — aus und vorbei? — Was ist dann mit der Liebe? Jesus gibt in einer Erklärung an die Pharisäer eine Lehre über den Moment nach dem Tod. Die Liebe hat ihren Lohn, die Liebe hört niemals auf. Doch zunächst der Text aus dem Lukasevangelium, um den es geht.

Lk 20,27–38: Die Frage über die Auferstehung

Von den Sadduzäern, die die Auferstehung leugnen, kamen einige zu Jesus und fragten ihn: Meister, Mose hat uns vorgeschrieben: Wenn ein Mann, der einen Bruder hat, stirbt und eine Frau hinterlässt, ohne Kinder zu haben, dann soll sein Bruder die Frau heiraten und seinem Bruder Nachkommen verschaffen. Nun lebten einmal sieben Brüder. Der erste nahm sich eine Frau, starb aber kinderlos. Da nahm sie der zweite, danach der dritte, und ebenso die anderen bis zum siebten; sie alle hinterließen keine Kinder, als sie starben. Schließlich starb auch die Frau. Wessen Frau wird sie nun bei der Auferstehung sein? Alle sieben haben sie doch zur Frau gehabt. Da sagte Jesus zu ihnen: Nur in dieser Welt heiraten die Menschen. Die aber, die Gott für würdig hält, an jener Welt und an der Auferstehung von den Toten teilzuhaben, werden dann nicht mehr heiraten. Sie können auch nicht mehr sterben, weil sie den Engeln gleich und durch die Auferstehung zu Söhnen Gottes geworden sind. Dass aber die Toten auferstehen, hat schon Mose in der Geschichte vom Dornbusch angedeutet, in der er den Herrn den Gott Abrahams, den Gott Isaaks und den Gott Jakobs nennt. Er ist doch kein Gott von Toten, sondern von Lebenden; denn für ihn sind alle lebendig.

Gliederung des Textes

A. Einleitung: Einige Sadduzäer kamen mit Frage (und wenden ein, es gäbe keine Auferstehung), 27

B.

- ***Frage der Sadduzäer***: 28–33
  - **Vorbereitung der Frage**:
    - Hinweis auf d. **Gesetz des Moses** „über die Heirat" (Heirat des Bruders)
    - Darstellung eines **Falles**: **Anwendung** auf die *7 Brüder*
  - **Frage selbst**: **Wessen Frau wird sie sein?**
- ***Antwort Jesu***: 34–38
  - ***Blick in die andere Welt*** (Unterscheidung diese Welt / jener Welt), 34–36:
    - **Das zeitliche Leben**: Die ***Söhne dieser Welt***:
      - *die* ***Söhne dieser Welt*** *heiraten*
      - *Die* ***würdig*** *sind an* ***jener Welt*** *teilhaftig zu werden, heiraten nicht noch werden verheiratet*
    - **Das ewige Leben**: die ***Söhne Gottes***
      - *sie können* ***nicht mehr sterben*** *— sie sind* ***Engeln gleich***
      - *sie sind* ***„würdig" der Auferstehung*** *—*
        - *sie sind* ***Söhne Gottes*** *—*
        - *da sie* ***Söhne d. Auferstehung*** *sind*
  - ***Blick in die hl. Schrift***, 37–38:
    - Die **Andeutung durch den menschlichen Autor**:
      - Andeutung beim **Brennenden Dornbusch**
      - Nennung als „**Gott Abrahams, Isaaks, Jakobs**"
    - Die **Wirklichkeit des göttlichen Autors**:
      - Er ist der **Gott der Lebendigen**
      - für **Ihn leben alle**

C. **Lob einiger Schriftgelehrten** — wagten nicht, mehr zu fragen, 39–40

Sein wie die Engel — eine Offenbarung

Kommentar

Das **Frageereignis** geht von den Sadduzäern aus. Sie waren eine Splittergruppe der Pharisäer (eine Sekte) und lagen auch mit ihnen in Spannung, eine Tatsache, die Paulus später bei seiner Anklage ausnützen wird (Apg 23,6 — vgl. auch Lk 11,18). Die Sadduzäer glaubten weder an die Engel noch an die Auferstehung der Toten. Origenes betont in einer Homelie dazu: „sie glaubten, dass die Seele mit dem Leib sterbe, so dass nach dem Tod kein Bewusstsein sein wird."[128] Und sie sind deshalb eine „gefährliche" Gruppe, weil sie ihr Gift des Unglaubens verbreiten konnten. Die Frage ist daher ein heftiger Stoß gegen etwas Zentrales des ganzen Glaubens, der durch Jesus Christus kommt, weil

1) mit der Auferstehung der Toten direkt **die Gottheit Jesu** berührt ist, aus dessen Kraft heraus er dieses gewaltige Wunder machen wird.
2) weil mit der **Auferstehung das ewige Leben** verbunden ist, wofür wir unser christliches Leben einrichten und wofür sich auch die Opfer lohnen, die mit dem „Kreuz" tragen verbunden sind. Paulus kann daher sagen, dass ohne die Auferstehung unser ganzer Glaube sinnlos ist — oder anders gesagt: das ganze Gebäude bricht zusammen, wenn am Fundament genagt wird: *Wenn es keine Auferstehung der Toten gibt, ist auch Christus nicht auferweckt worden. Ist aber Christus nicht auferweckt worden, dann ist unsere Verkündigung leer und euer Glaube sinnlos.* (1 Kor 15,13-14) Und es geht wirklich um einen Sieg, der mit der Auferstehung verbunden ist: *Wir wissen, daß Christus, von den Toten auferweckt, nicht mehr stirbt; der Tod hat keine Macht mehr über ihn.* (Röm 6,9) Der Angriff der Sadduzäer richtet sich also direkt ans Herz unseres Glaubens. Origenes erklärt, dass die Sadduzäer mit der Frage einen Angriff gemacht haben auf Jesus zu einer Zeit, als sie ihn seine Jünger über die Auferstehung lehren sahen.[129] Natürlich wollte Jesus seine Jünger auf das Kommende vorbereiten, wie er es immer getan hat.

---

[128] Origenes, *Homelie 39* zu Lk 20,21–40.
[129] Origenes, *Homelie 39* zu Lk 20,21-40.

Die Antwort Jesu

Die Antwort, die Jesus gibt, ist zunächst, dass er eine Unterscheidung macht zwischen dieser und der anderen Welt, zwischen dem zeitlichen und dem ewigen Leben. Das ist das erste Argument, das er anführt. Das zweite Argument wird ein biblisches sein. Wir können daraus lernen, indem wir versuchen, immer genau „zu unterscheiden" und indem wir versuchen, die hl. Schrift als Lösung zu sehen. Eine Unterscheidung ordnet einen zusammengewürfelten Haufen und macht daher eine Antwort möglich.

Jesus nimmt zuerst die **Realität der anderen Welt** in den Blick. Dann, im zweiten Argument, fällt sein **Blick in die hl. Schrift.**

Der Blick in die andere Welt ist deshalb wichtig, weil sie **das Ziel** des Menschen ist, für die er geschaffen worden ist. Es ist ***übernatürlich.*** Vom Ziel her bestimmt sich alles andere, nämlich der Weg zu diesem Ziel und auch die Richtung und die Mittel, die anzuwenden sind, um dieses Ziel zu erreichen. Ähnlich wie jemand zum Mond reisen möchte, aufgrund dieses Zieles nicht ein Fahrrad verwenden wird. Das Ziel bestimmt nämlich den Weg. Es muss dem Ziel entsprechen, damit er ankommt. Es bestimmt die Mittel zum Ziel und schließt andere ungeeignete Mittel aus.

Aufgrund der ganz eigenen Weise der *anderen Welt* löst sich die Frage auf. „*Obwohl die Engel viele sind, doch sie sind nicht vermehrt durch Abstammung, sondern existieren durch einen Akt der Schöpfung, so ist auch die Schar derer, die auferstehen.*"[130]

Blick in die andere Welt

Blicken wir daher mit Jesus in die andere Welt. Dort in der Ewigkeit, hat der Mensch nicht mehr den Auftrag, durch die Zeugung von Nachkommen an der Vermehrung des Himmels (der Bewohner des Himmels) mitzuwirken, wie es in dieser Welt ist. Wenn der Auftrag der Ehe es gerade ist, das Leben — und damit auch besonders verbunden: den Sinn des Lebens, den Glauben — an Nachkommen weiterzugeben als Eltern, so erübrigt sich das in der anderen Welt, denn jeder im Himmel hat das Ziel erreicht. Der hl. Beda Venerabilis

---

[130] Origenes, *Fragment 241* zu Lk 20,36.

drückte es so aus: „*denn man heiratet wegen Kinder, Kinder wegen Nachfolge, Nachfolge wegen dem Tod. Wo also Tod nicht ist, gibt es auch keine Ehe.*“[131]

Der **in dieser Welt geborene Mensch** ist zunächst Sohn dieser Welt. Der „ins Leben eingegangene Mensch“ ist Sohn einer ewigen Welt. Dafür braucht es eine Zeit der Prüfung, um sich würdig zu erweisen. Wer das tut, wer sich als würdig erweist, dass er Sohn Gottes genannt werden kann, darf auch einmal Sohn der Auferstehung sein, so dass das Leben einem auf ewig geschenkt wird. Der Menschen ist eben „in Richtung Abbild“ (*ad imaginem*, Gen 1,26) Gottes geschaffen. Er ist noch nicht vollständig, sondern ein Bild im Aufbau. Es gibt damit eine Möglichkeit, ein immer schöneres Bild Gottes zu werden.

Und **wie die Engel** im ewigen Leben an der Herrlichkeit Gottes teilnehmen dürfen, so wird es auch der Mensch dürfen. Und dadurch ist die Erschaffung des Geschöpfes „vollendet“. Es ist zu seinem Ziel, zur ewigen Sabbatruhe und Freude in Gott gekommen, *Komm, nimm teil an der Freude deines Herrn!* (Mt 25,23) Die ewige Glückseligkeit ist Bindung an den Schöpfer, ist Teilhabe an seiner Freude und seinem Glücklichsein. Es ist das Höchste erreicht und das Geschöpf darf *ungeteilten Herzens* seinem Schöpfer anhängen.

Während also die Ehe auf dieser Welt darauf ausgerichtet ist, Geschöpfe für den Himmel auf die Welt zu bringen, die ihren Weg jedoch noch gehen müssen, gemeinsam mit Hilfe der Eltern, so ist der Mensch im Himmel schon angekommen.

[131] Hl. Beda, *In Evangelium S. Lucae*, PL 92,581B.

Anhang

1. Checkliste zur Ehevorbereitung

<u>Welche Schritte sollen umgesetzt werden, um die Hochzeit gut vorzubereiten?</u>

1. Entferntere Vorbereitung:
   - ☐ gemeinsame Lektüre eines Buches über die christliche Ehe
   - ☐ Beantwortung der noch anstehenden Fragen mit dem Partner in Hinblick auf Ehe und Familie
   - ☐ Suche eines geeigneten Priesters, der Euch begleiten kann und den ihr fragen könnt
2. Festlegung des Hochzeitstermines:
   - ☐ Feier der Verlobung –
   - ☐ Fixierung des Datums (am besten mind. 6-8 Monate vorher)
3. Nähere Vorbereitung:
   - ☐ Reservierung der Kirche – und auch der Gaststätte
   - ☐ Anmeldung der Hochzeit im zuständigen Pfarrbüro
   - ☐ Vereinbarung eines Termins mit dem zuständigen Pfarrer für das Brautprotokoll
     - o evtl. sind noch Klärungen (Dispensen) notwendig
     - o Bestimmung der Trauzeugen
   - ☐ empfehlenswert ist ein weiterer Termin für die Vorbereitung der Liturgie
     - o → Festlegung der Lesungen und wer Lektor ist
     - o → Formulierung der Fürbitten
     - o → Festlegung der Lieder
   - ☐ Absprachen mit den Sängern, Chören, dem Organisten, etc.
   - ☐ Information an den Lektor
   - ☐ Vorbereitung des Blumenschmuckes der Kirche (in Absprache mit dem Mesner)
   - ☐ Einladung der Gäste
   - ☐ evtl. Mitwirkung von Familienangehörigen als Ministranten?
   - ☐ Auswahl eines geeigneten Hochzeitsspruches (Motto)

- ☐ evtl. Teilnahme an einem Kurs über *Natürliche Empfängnisregelung*
- ☐ evtl. Vorbereitung eines Heftchens für die Liturgie für alle Gäste
- ☐ Vorbereitungen in Hinblick auf die Dokumentation des Festes (Fotograph für die Kirche, evtl. auch für einen Film)
- ☐ Klärungen evtl. Übernachtungen der Gäste (die von weiter herkommen)
- ☐ Klärung der Anfahrtswege und Parkmöglichkeiten
- ☐ evtl. Vorbereitung eines Hochzeitsfahrzeuges

4. **Besorgungen:**
   - ☐ Hochzeitsgewänder
   - ☐ Ringe (und Kissen)
   - ☐ Brautkerze
   - ☐ Brautstrauß
   - ☐ Blumenschmuck für die Kirche
5. **Unmittelbare Vorbereitung:**
   - ☐ Empfang der heiligen Beichte
   - ☐ Sonstige persönliche Vorbereitung

<u>Für die weltliche Feier?</u>

1. **Ort der Feier** (zuhause, in einer Gaststätte, etc.): *Reservierungen*, …
2. **Programm der Feier:**
   - ☐ Ablauf
   - ☐ Elemente wie Essen, Musik, Tanz, Kaffee, Kuchen, Einlagen, Fotos, Bräuche, Gratulationen, Ort für Geschenke, etc.
3. **Dekoration der Räumlichkeiten:** Blumen, Tischschmuck, Tischkärtchen, etc.
4. **Absprachen mit den Mitwirkenden**
5. **Gibt es einen „Festlader“,** der die Leitung und die Ansagen durchführt?
6. **Einladungen** schreiben und verschicken
7. **Dokumentation:** Fotos, Video, etc.

2. Grundgebete

aus dem *Kompendium des Katechismus der Katholischen Kirche.*

Kreuzzeichen
Im Namen des Vaters
und des Sohnes
und des Heiligen Geistes. Amen.

Ehre sei dem Vater
Ehre sei dem Vater
und dem Sohn
und dem Heiligen Geist.
Wie im Anfang,
so auch jetzt und alle Zeit
und in Ewigkeit. Amen.

Gegrüßet seist du, Maria
Gegrüßet seist du, Maria, voll der Gnade,
der Herr ist mit dir.
Du bist gebenedeit unter den Frauen,
und gebenedeit ist die Frucht deines Leibes,
Jesus.
Heilige Maria, Mutter Gottes,
bitte für uns Sünder,
jetzt und in der Stunde unseres Todes. Amen.

Das Apostolische Glaubensbekenntnis
Ich glaube an Gott,
den Vater, den Allmächtigen,
den Schöpfer des Himmels und der Erde,

und an Jesus Christus,
seinen eingeborenen Sohn,
unsern Herrn,
empfangen durch den Heiligen Geist,
geboren von der Jungfrau Maria,
gelitten unter Pontius Pilatus,
gekreuzigt, gestorben und begraben,
hinabgestiegen in das Reich des Todes,
am dritten Tage auferstanden von den Toten,
aufgefahren in den Himmel;
er sitzt zur Rechten Gottes,
des allmächtigen Vaters;
von dort wird er kommen,
zu richten die Lebenden und die Toten.
Ich glaube an den Heiligen Geist,
die heilige katholische Kirche,
Gemeinschaft der Heiligen,
Vergebung der Sünden,
Auferstehung der Toten
und das ewige Leben.
Amen.

Vater unser

Vater unser im Himmel,
geheiligt werde dein Name,
dein Reich komme,
dein Wille geschehe
wie im Himmel so auf Erden.
Unser tägliches Brot gib uns heute.
Und vergib uns unsere Schuld,
wie auch wir vergeben unsern Schuldigern.
Und führe uns nicht in Versuchung,
sondern erlöse uns von dem Bösen.

Gebet zum Schutzengel

Engel Gottes,
mein Beschützer,
Gott hat dich gesandt, mich zu begleiten.
Erleuchte, beschütze, leite und führe mich. Amen.

Der Engel des Herrn

Der Engel des Herrn brachte Maria die Botschaft.
— *Und sie empfing vom Heiligen Geist.*
Gegrüßet seist du, Maria …

Maria sprach: Siehe, ich bin die Magd des Herrn.
— *Mir geschehe nach deinem Wort.*
Gegrüßet seist du, Maria …

Und das Wort ist Fleisch geworden.
— *Und hat unter uns gewohnt.*
Gegrüßet seist du, Maria …

Bitte für uns, heilige Gottesmutter,
dass wir würdig werden der Verheißungen Christi.

Lasset uns beten.
Allmächtiger Gott, gieße deine Gnade in unsere Herzen ein. Durch die Botschaft des Engels haben wir
die Menschwerdung Christi, deines Sohnes, erkannt.
Führe uns durch sein Leiden
und Kreuz zur Herrlichkeit der Auferstehung.
Darum bitten wir durch Christus, unsern Herrn. Amen.

Ehre sei dem Vater …

Salve Regina

Sei gegrüßt, o Königin,
Mutter der Barmherzigkeit,

unser Leben, unsre Wonne
und unsre Hoffnung, sei gegrüßt!
Zu dir rufen wir
verbannte Kinder Evas.
Zu dir seufzen wir trauernd und weinend
in diesem Tal der Tränen.
Wohlan denn, unsre Fürsprecherin,
wende deine barmherzigen Augen
uns zu,
und nach diesem Elend zeige uns Jesus,
die gebenedeite Frucht deines Leibes!
O gütige, o milde, o süße Jungfrau Maria!

Unter deinen Schutz und Schirm

Unter deinen Schutz und Schirm fliehen wir,
o heilige Gottesgebärerin;
verschmähe nicht unser Gebet
in unseren Nöten,
sondern errette uns jederzeit
von allen Gefahren,
o du glorreiche und gebenedeite Jungfrau.

Marienweihe

Oh meine Gebieterin, oh meine Mutter,
dir bringe ich mich ganz dar. Und um Dir meine Hingabe zu bezeigen
weihe ich Dir heute, meine Augen, meine Ohren,
meinen Mund, mein Herz, mich selber ganz und gar,
weil ich also dir gehöre, oh gute Mutter,
bewahre mich, beschütze mich,
als dein Gut und Eigentum. Amen

Te Deum

Dich, Gott, loben wir,
dich, Herr, preisen wir.
Dir, dem ewigen Vater,
huldigt das Erdenrund.
Dir rufen die Engel alle,
dir Himmel und Mächte insgesamt,
die Kerubim dir und die Serafim,
mit niemals endender Stimme zu:
Heilig, heilig, heilig
der Herr, der Gott der Scharen!
Voll sind Himmel und Erde
von deiner hohen Herrlichkeit.
Dich preist der glorreiche Chor der Apostel;
dich der Propheten lobwürdige Zahl;
dich der Märtyrer leuchtendes Heer;
dich preist über das Erdenrund
die heilige Kirche;
dich, den Vater unermessbarer Majestät;
deinen wahren und einzigen Sohn;
und den Heiligen Fürsprecher Geist.
Du König der Herrlichkeit, Christus.
Du bist des Vaters allewiger Sohn.
Du hast der Jungfrau Schoß nicht verschmäht,
bist Mensch geworden,
den Menschen zu befreien.
Du hast bezwungen des Todes Stachel
und denen, die glauben,
die Reiche der Himmel aufgetan.
Du sitzest zur Rechten Gottes
in deines Vaters Herrlichkeit.
Als Richter, so glauben wir,
kehrst du einst wieder.
Dich bitten wir denn,
komm deinen Dienern zu Hilfe,
die du erlöst mit kostbarem Blut.
In der ewigen Herrlichkeit
zähle uns deinen Heiligen zu.
Rette dein Volk, o Herr,
und segne dein Erbe;
und führe sie
und erhebe sie bis in Ewigkeit.
An jedem Tag benedeien wir dich
und loben in Ewigkeit deinen Namen,
ja, in der ewigen Ewigkeit.
In Gnaden wollest du, Herr,
an diesem Tag uns ohne Schuld bewahren.
Erbarme dich unser, o Herr,
erbarme dich unser.
Lass über uns dein Erbarmen geschehn,
wie wir gehofft auf dich.
Auf dich, o Herr,
habe ich meine Hoffnung gesetzt.

In Ewigkeit werde ich nicht zuschanden.

Psalm 91,1–16

Wer im Schutz des Höchsten wohnt und ruht im Schatten des Allmächtigen, der sagt zum Herrn: «Du bist für mich Zuflucht und Burg, mein Gott, dem ich vertraue.» Er rettet dich aus der Schlinge des Jägers und aus allem Verderben. Er beschirmt dich mit seinen Flügeln, / unter seinen Schwingen findest du Zuflucht, Schild und Schutz ist dir seine Treue. Du brauchst dich vor dem Schrecken der Nacht nicht zu fürchten, noch vor dem Pfeil, der am Tag dahinfliegt, nicht vor der Pest, die im Finstern schleicht, vor der Seuche, die wütet am Mittag. Fallen auch tausend zu deiner Seite, / dir zur Rechten zehnmal tausend, so wird es doch dich nicht treffen. Ja, du wirst es sehen mit eigenen Augen, wirst zuschauen, wie den Frevlern vergolten wird. Denn der Herr ist deine Zuflucht, du hast dir den Höchsten als Schutz erwählt. Dir begegnet kein Unheil, kein Unglück naht deinem Zelt. Denn er befiehlt seinen Engeln, dich zu behüten auf all deinen Wegen. Sie tragen dich auf ihren Händen, damit dein Fuß nicht an einen Stein stößt; du schreitest über Löwen und Nattern, trittst auf Löwen und Drachen. «Weil er an mir hängt, will ich ihn retten; ich will ihn schützen, denn er kennt meinen Namen. Wenn er mich anruft, dann will ich ihn erhören. / Ich bin bei ihm in der Not, befreie ihn und bringe ihn zu Ehren. Ich sättige ihn mit langem Leben und lasse ihn schauen mein Heil.»

Rosenkranz

Die freudenreichen Geheimnisse: *Montag und Samstag*

- Jesus, den du, o Jungfrau, vom Heiligen Geist empfangen hast.
- Jesus, den du, o Jungfrau, zu Elisabeth getragen hast.
- Jesus, den du, o Jungfrau, zu Betlehem geboren hast.
- Jesus, den du, o Jungfrau, im Tempel aufgeopfert hast.
- Jesus, den du, o Jungfrau, im Tempel wiedergefunden hast.

Die lichtreichen Geheimnisse: *Donnerstag*

- Jesus, der von Johannes getauft worden ist.

- Jesus, der sich bei der Hochzeit in Kana offenbart hat.
- Jesus, der uns das Reich Gottes verkündet hat.
- Jesus, der auf dem Berg verklärt worden ist.
- Jesus, der uns die Eucharistie geschenkt hat.

Die schmerzhaften Geheimnisse: *Dienstag und Freitag*

- Jesus, der für uns Blut geschwitzt hat.
- Jesus, der für uns gegeißelt worden ist.
- Jesus, der für uns mit Dornen gekrönt worden ist.
- Jesus, der für uns das schwere Kreuz getragen hat.
- Jesus, der für uns gekreuzigt worden ist.

Die glorreichen Geheimnisse: *Mittwoch und Sonntag*

- Jesus, der von den Toten auferstanden ist.
- Jesus, der in den Himmel aufgefahren ist.
- Jesus, der uns den Heiligen Geist gesandt hat.
- Jesus, der dich, o Jungfrau, in den Himmel aufgenommen hat.
- Jesus, der dich, o Jungfrau, im Himmel gekrönt hat.

Akt des Glaubens

Herr und Gott, ich glaube fest und bekenne alles und jedes, was die heilige katholische Kirche zu glauben lehrt. Denn du, o Gott, hast das alles geoffenbart, der du die ewige Wahrheit und Weisheit bist, die weder täuschen noch getäuscht werden kann. In diesem Glauben will ich leben und sterben. Amen.

Akt der Hoffnung

Herr und Gott, ich hoffe, dass ich durch deine Gnade die Vergebung aller Sünden und nach diesem Leben die ewige Seligkeit erlange. Denn du hast das versprochen, der du unendlich mächtig, treu, gütig und barmherzig bist. In dieser Hoffnung will ich leben und sterben. Amen.

Akt der Liebe

Herr und Gott, ich liebe dich über alles und meinen Nächsten um deinetwillen. Denn du bist das höchste, unendliche und vollkommenste Gut, das aller Liebe würdig ist. In dieser Liebe will ich leben und sterben. Amen.

Akt der Reue

Mein Gott, aus ganzem Herzen bereue ich alle meine Sünden, nicht nur wegen der gerechten Strafen, die ich dafür verdient habe, sondern vor allem, weil ich dich beleidigt habe, das höchste Gut, das würdig ist, über alles geliebt zu werden. Darum nehme ich mir fest vor, mit Hilfe deiner Gnade nicht mehr zu sündigen und die Gelegenheiten zur Sünde zu meiden. Amen.

3. Gewissensspiegel zur Vorbereitung auf die Beichte

Die 10 Gebote

In Anlehnung an die 10 Gebote lässt sich der Gewissensspiegel bilden. Zunächst folgen die 10 Gebote:

Ich bin der Herr, dein Gott.
1. Du sollst keine anderen Götter neben mir haben.
2. Du sollst den Namen Gottes nicht verunehren.
3. Du sollst den Tag des Herrn heiligen.
4. Du sollst Vater und Mutter ehren.
5. Du sollst nicht töten.
6. Du sollst nicht ehebrechen.
7. Du sollst nicht stehlen.
8. Du sollst nicht falsch gegen deinen Nächsten aussagen.
9. Du sollst nicht begehren deines Nächsten Frau.
10. Du sollst nicht begehren deines Nächsten Gut.

Gewissensspiegel

Wann war meine letzte Beichte? War sie gültig? Habe ich absichtlich etwas Wichtiges verschwiegen (aus Furcht oder Scham)? Habe ich die auferlegte Buße verrichtet? -

zu 1:

- Habe ich an Gott gezweifelt?
- Habe ich mich um meinen Glauben gekümmert, ihn genährt und mich im Glauben (weiter) gebildet?
- Habe ich regelmäßig / täglich gebetet?

- Habe ich (zumindest jährlich) gebeichtet?
- Habe ich ein Sakrament (z.B. die Eucharistie; oder auch Firmung oder Ehe) empfangen, obwohl ich wusste, dass ich im Zustand der schweren Sünde war?
- Habe ich etwas gegen meinen Glauben gemacht, z. B. Esoterik betrieben (Yoga, Magie, Astrologie, Horoskop, Reiki, ...)?
- Hat Gott keine Rolle in meinem Leben gespielt?

zu 2:
- Habe ich geflucht?
- Habe ich gespottet?

zu 3:
- Habe ich an Sonn- oder Feiertagen aus eigener Schuld die heilige Messe versäumt?
- Habe ich das sonntägliche Ruhegebot eingehalten und mich von werktäglichen Arbeiten enthalten, die ich an anderen Tagen hätte verrichten können?

zu 4:
- Wie steht es in der Beziehung zu meinen Mitmenschen (Eltern, Kinder, Ehepartner, Verlobten, Arbeitskollegen)? — habe ich gehorcht (als Kind / oder als Mitarbeiter ggü. dem Vorgesetzten); habe ich gestritten — war ich lieblos — habe ich über Andere schlecht geredet — sie verleumdet — ihre Fehler weitererzählt? — war ich neidisch?
- Habe ich die Kinder christlich erzogen — und auch den Glauben weitergegeben?
- Habe ich meine Pflichten erfüllt?
- Kann ich jeden Menschen verzeihen? — Habe ich einen Groll gegen Andere geführt?

zu 5:
- War ich zornig?

- Habe ich mit Worten verletzt? — Habe ich Andere seelisch verletzt (Mobbing)? — Bin ich bereit widergutzumachen?
- Habe ich meine Gesundheit geschadet durch übermäßigen Alkohol, Nikotin oder Drogen?
- Habe ich mein Leben oder das der anderen riskiert oder gefährdet (Straßenverkehr, Sportarten)?
- Habe ich andere körperlich verletzt?
- Habe ich getötet (Abtreibung, Verhütungsmittel mit abtreibender Wirkung?) — habe ich mich an einer Abtreibung beteiligt (Zureden, Ermutigen, Ermöglichen)?

zu 6 und 9:

- War ich unrein / unschamhaft im Denken, im Sprechen, im Handeln? — alleine (Selbstbefriedigung) oder mit anderen? — wenn mit anderen: War diese Person verheiratet?
- Habe ich Ehebruch begangen?
- Hatte ich vorehelichen Verkehr?
- Habe ich Verhütungsmittel verwendet?
- Habe ich ein schlechtes Beispiel gegeben?
- Habe ich mich unsittlich gekleidet — andere zur Sünde verführt, bzw. provoziert?
- Bin ich eitel?

zu 7 und 10:

- Habe ich gestohlen? — wie viel? — zurückgegeben?
- Habe ich einen angerichteten Schaden (nicht) wieder gut gemacht?
- Habe ich fremdes Eigentum (z.B. in der Arbeit) mit Sorgfalt behandelt?
- Wie habe ich meine Arbeitszeit im Betrieb verwendet — für eigene Dinge?
- Habe ich Steuern hinterzogen?
- Habe ich anderen etwas gegönnt?
- War ich undankbar (gegen Gott oder Mitmenschen)?
- War ich unzufrieden mit dem, was ich habe?

- Hänge ich zu sehr an Weltlichem oder an äußerlichen Dingen (Mode, ...)?

zu 8:
- Habe ich gelogen?
- Habe ich andere verleumdet? — ihrer Ehre geschadet, sie schlecht gemacht? — ihre Fehler weitererzählt? — Habe ich Geheimnisse verraten?
- Habe ich geprahlt? — übertrieben?
- War ich stolz?

Kirchengebote?
- Habe ich einmal im Jahr die heilige Beichte (in der österlichen Zeit) gemacht und die heiligen Sakramente (Eucharistie) würdig empfangen?
- Habe ich am Freitag ein Opfer gebracht?
- Habe ich das Fastengebot am Aschermittwoch und Karfreitag eingehalten?
- Habe ich das Gebot befolgt, eine Stunde vor der Kommunion nüchtern zu sein (keine Speise, außer Wasser oder Medizin zu sich zu nehmen)
- Habe ich der Kirche geholfen und sie unterstützt?

Ablauf der Beichte

Als Hilfe können die sogenannten ***5 B*** dienen:

- **Besinnen** (mit Hilfe der Gewissenserforschung): Man kann sich dabei schriftliche Notizen machen
- **Bereuen** (mit Hilfe eines Reuegebetes — oder mit eigenen Worten): Das Wichtigste beim Empfang des Bußsakramentes ist die Reue. Ohne sie wäre die Beichte sinnlos und ungültig. Eine echte Reue drückt sich immer aus in einem guten und konkreten Vorsatz.
- **Bekennen:** im Beichtstuhl. Damit die Beichte gültig ist, müssen alle schweren Sünden mit ungefährer Anzahl gebeichtet werden, die noch nicht gebeichtet wurden. Wird aus Scham oder Furcht absichtlich eine schwere Sünde verschwiegen ist die Beichte ungültig und auch alle anderen danach. Die Beichte selbst war dann ein Sakrileg. Man muss dann

zur Wiedergutmachung bis zur letzten gültigen Beichte zurückgehen und von da an alle (schweren) Sünden nochmals beichten.

- **Bessern:** der ernsthafte Vorsatz, sich zu bessern
- **Büßen:** nach der heiligen Beichte die aufgetragene Buße verrichten.

Die Beichte im Beichtstuhl verläuft so:

- Zu Beginn des Bekenntnisses sagt man den ungefähren Zeitpunkt der letzten Beichte. „*Meine letzte Beichte war vor .... Wochen (Monaten / Jahren).*"
- Es ist ratsam und hilfreich, Alter und Lebensstand zu sagen: „Ich bin ... Jahre alt, ledig (verlobt/verheiratet/verwitwet). *In Demut und Reue bekenne ich meine Sünden.*"
- Das Bekenntnis soll deutlich und klar sein, ohne jede Weitschweifigkeit. Man soll vertrauensvoll und ehrfürchtig zugleich sprechen, wie wenn man vor Christus selbst, dem Richter und guten Hirten, knien würde (das ist real der Fall, denn Christus ist da durch die Priesterweihe). Gott vergibt durch den Priester die Sünde, wie bereits erwähnt. (Joh 20,23: „ *Wem ihr die Sünden vergebt, dem sind sie vergeben*".) Der Priester ist Instrument, Gott der Hauptwirkende. Durch die Worte des Priesters bekomme ich Sicherheit, dass Gott mir vergeben hat. Diese sakramentale Realität hat Gott selbst so gewollt. Daher braucht es den Gang zum Priester.
- Am Ende des Bekenntnisses kann man sagen: „*Ich möchte auch alle Sünden einschließen, die ich jetzt nicht erkannt oder vergessen habe. Mein Jesus, Barmherzigkeit!*"
- Nun wird der Priester einige Worte sprechen, evt. Ratschläge geben. Er wird eine Buße aufgeben (z.B. ein Vater unser mit Gegrüßet seist du Maria). Der Sinn der Buße ist Sühne und Wiedergutmachung. Dann erfolgt die Lossprechung.
- Bei den Worten: „*Ich spreche dich los von deinen Sünden im Namen des Vaters + und des Sohnes und des Heiligen Geistes.*" werden die Sünden aus der Seele entfernt.
- Möglichst bald nach der Beichte soll man ein **Dankgebet** sowie die auferlegte Buße verrichten. Den gefassten Vorsatz wird man vor Gott tragen

und ihn bitten um seinen Segen und seine Kraft, sowie um die Gnade der Beharrlichkeit.

- Notwendig für die Gültigkeit der Beichte ist, alle schweren Sünden mit ungefährer Anzahl zu beichten, die noch nicht gebeichtet wurden. Was ist schwer? Damit eine Tat (auch Wort, Gedanke oder Unterlassung) eine schwere Sünde (= Todsünde) ist, müssen gleichzeitig drei Bedingungen erfüllt sein: *„Eine Todsünde ist jene Sünde, die eine schwerwiegende Materie (Sache)*[132] *zum Gegenstand hat und die dazu mit vollem Bewusstsein und bedachter Zustimmung begangen wird“.*[133]

Ergänzungen durch den Katechismus der Katholischen Kirche: Nr. 1859-1861:

1859 Eine Todsünde erfordert volle Erkenntnis und volle Zustimmung. Sie setzt das Wissen um die Sündhaftigkeit einer Handlung, ihren Gegensatz zum Gesetz Gottes, voraus. Die Todsünde schließt auch eine genügend überlegte Zustimmung ein, um persönliche Willensentscheidung zu sein. Selbstverschuldete Unwissenheit und Verhärtung des Herzens mindern die Freiwilligkeit der Sünde nicht, sondern steigern sie.

1860 Unverschuldete Unkenntnis kann die Verantwortung für ein schweres Vergehen vermindern, wenn nicht sogar aufheben. Aber von niemandem wird angenommen, daß er die sittlichen Grundsätze nicht kennt, die in das Gewissen jedes Menschen eingeschrieben sind. Auch Triebimpulse, Leidenschaften sowie von außen ausgeübter Druck oder krankhafte Störungen können die Freiheit und die Willentlichkeit eines Vergehens vermindern. Die Sünde aus Bosheit, aus überlegter Entscheidung für das Böse, wiegt am schwersten.

1861 Die Todsünde ist, wie auch die Liebe, eine radikale Möglichkeit, die der Mensch in Freiheit wählen kann. Sie zieht den Verlust der göttlichen Tugend der Liebe und der heiligmachenden Gnade, das heißt des Standes der Gnade, nach sich. Wenn sie nicht

---

[132] Eine schwerwiegende Materie ist im Prinzip der Inhalt der 10 Gebote; so sagt der KKK, Nr. 1858: Was eine schwerwiegende Materie ist, wird durch die zehn Gebote erläutert, entsprechend der Antwort Jesu an den reichen Jüngling: „Du sollst nicht töten, du sollst nicht die Ehe brechen, du sollst nicht stehlen, du sollst nicht falsch aussagen ... ehre deinen Vater und deine Mutter“ (Mk 10,19).. Da die Todsünde in uns das Lebensprinzip, die Liebe, angreift, erfordert sie einen neuen Einsatz der Barmherzigkeit Gottes und eine Bekehrung des Herzens, die normalerweise im Rahmen des Sakramentes der Versöhnung erfolgt.

[133] Hl. Johannes Paul II., *Reconciliatio et Poenitentia, über Versöhnung und Buße in der Sendung der Kirche heutes, v. 2.12.1984,* 17.

durch Reue und göttliche Vergebung wieder gutgemacht wird, verursacht sie den Ausschluß aus dem Reiche Christi und den ewigen Tod in der Hölle, da es in der Macht unseres Willens steht, endgültige und unwiderrufliche Entscheidungen zu treffen. Doch wenn wir auch beurteilen können, daß eine Handlung in sich ein schweres Vergehen darstellt, müssen wir das Urteil über die Menschen der Gerechtigkeit und der Barmherzigkeit Gottes überlassen.

4. Literaturempfehlung

Kirchliche Dokumente (Enzykliken und apostolische Schreiben)
meist erhältlich zum download, z.B. in www.dbk.de oder auf www.vatican.va

- Papst Leo XIII.: ***Arcanum divinae sapientiae*** (über die Unauflöslichkeit der Ehe)
- Papst Pius XI.: ***Casti connubii*** (über die christliche Ehe im Hinblick auf die gegenwärtigen Lebensbedingungen und Bedürfnisse von Familie und Gesellschaft und auf die diesbezüglich bestehenden Irrtümer und Missbräuche)
- Papst Paul VI.: ***Humane Vitae*** (über die rechte Ordnung in der Weitergabe des Lebens)
- Papst Johannes Paul II.:
  - ***Familiaris consortio*** (über die Aufgaben der christlichen Familie in der Welt von heute)
  - ***Evangelium Vitae*** (über den Wert und die Unantastbarkeit des menschlichen Lebens)

Sonstige päpstliche Verlautbarungen oder kirchliche Dokumente

- Papst Johannes Paul II:
  - **Mittwochsaudienzen** von Papst Johannes Paul II. von 1979–1984 über die Theologie des Leibes
  - ***Brief an die Familien***, 1994
  - Päpstlicher Rat für die Familien: ***Die menschliche Sexualität.*** Wahrheit und Bedeutung, 1995
  - ***Katechismus der Katholischen Kirche***, Nr. 1601–1666 und 2331–2400
  - ***Kompendium zum Katechismus der Katholischen Kirche***, Nr. 337–350 und 487–502

Bücher über die Ehe und Familie

- Andreas Laun, *Liebe und Partnerschaft aus katholischer Sicht*, Franz-Sales-Verlag, Eichstätt [8]2003.
- Livio Melina, *Für eine Kultur der Familie*. Die Sprache der Liebe, Grignion-Verlag, Altötting 2015.
- Martin Ramm, *Logik der Liebe*. Grundlegendes und Konkretes zu Ehe, Familie und Menschsein, Thalwil 2017.

Verschiedene Bücher über Themen von Ehe und Familie, einschließlich Erziehung und anderer Teilthemen

- **SJM-Verlag:** http://sjm-verlag.de
- **Ehefamiliebuch:** https://ehefamiliebuch.at

Über Tugenden

- Antonio Royo Marín, *La teologia della perfezione cristiana*, Edizioni san Paolo, Milano 2003; — englische Version: *The Theology of Christian Perfection*, ab S. 364, The Priory Press, Dubuque 1962.
- Hl. Thomas von Aquin, *Summa theologiae*, Teil II-II.
- Katechismus der Katholischen Kirche, Teil III, ab Nr. 1803.
- Franz von Sales, *Philothea*, Dritter Teil, Franz-Sales-Verlag, Eichstätt 2005.

Spezifisch über Natürliche Empfängnisregelung

- Maria Eisl, Andreas Laun (Hrsg.), *Die Dynamik der Liebe: Neue Gesichtspunkte zur Natürlichen Empfängnisregelung nach Rötzer*, Verlag Ehefamiliebuch, Jeging [2]2013.
- Josef Rötzer, Elisabeth Rötzer, *Die Frau und ihr persönlicher Zyklus: Von der Vorpubertät bis in die Wechseljahre*, 3. neubearbeitete Auflage, Verlag Ehefamiliebuch, Jeging 2013.

- Josef Rötzer, Elisabeth Rötzer, *Natürliche Empfängnisregelung: Die sympto-thermale Methode — Der partnerschaftliche Weg*, überarbeite Neuausgabe, Herder, Freiburg-Basel-Wien 2013.
- Kurse an verschiedenen Orten, organisiert durch das Institut für Natürliche Empfängnisregelung: Prof. Dr. med. Rötzer e.V. (INER), Elisabeth Rötzer (INER-Präsidentin), A-4840 Vöcklabruch, Vorstadt 6, Tel.: +43(0)7672/23364; e-mail: elisabeth.roetzer@iner.org; www.iner.org

Direkte Hilfen zur Vorbereitung der Trauung

- die sog. *Trauungsmappe im Bistum Eichstätt*: https://www.bistum-eichstaett.de/sakramente/ehe/trauungsmappe/ darin Vorschläge für Lieder, Erklärungen von Bräuchen, Auswahl der Lesungen, Vorschläge für Fürbitten, etc.
- Maria Prügl, Andreas Laun, *Berufen zur Ehe: Vorbereitung auf das Sakrament der Ehe und das Leben als junge Familie*, Verlag Ehefamiliebuch, Jeging 2014.

Andere (z.B. über das Eheleben)

- Gary Chapman, *Die fünf Sprachen der Liebe*. Wie Kommunikation in der Ehe gelingt, Verlag der Francke-Buchhandlung, Marburg a.d. Lahn ^{7}2009.
- Stephen Kendrick / Alex Kendrick, *40 Tage Liebe wagen*. Eine Anleitung, wie du deine Partnerschaft positiv verändern kannst. LUQS-Verlag, Aurach 2013.
- Walter Nitsche, *Lieben will gelernt sein … denn Liebe ist viel mehr als ein Gefühl*; Edition Philemon, Birkenfeld 2015.
- Miguel Angel Fuentes: http://www.familiarisconsortio.ive.org/
  - *Li creò maschio e femmina*, Fidanzati e sposi davanti al matrimonio e alla sessualità; Collana "Pastorale", EDIVI, Segni 2012.
  - *Salvar el matrimonio o hundir la civilización. Indisolubilidad, divorcio y sacramentos en debate. Aportes para el Sínodo de la Familia 2015;* Editorial Magthas, Madrid 2015.

Über Sexualität

- André Leonard, *Jesus und dein Leib.* Die Sexualmoral für Jugendliche erklärt, Parvis-Verlag, Hauteville [2]1995
- Daniel Ange, *Dein Leib, geschaffen für die Liebe*, Medienverlag Christoph Hurnaus, Linz 2003
- Daniel Ange, *Dein Leib, geschaffen für das Leben*, Medienverlag Christoph Hurnaus, Linz 2004.
- Miguel Angel Fuentes, *La Castidad ¿posible?*, Ediciones del Verbo Encarnado, San Rafael 2006.
- Norbert und Renate Martin, *Die menschliche Liebe im göttlichen Heilsplan: Eine Theologie des Leibes*, Fe-Verlag, Kisslegg 2017.
- Christopher West, *Theologie des Leibes für Anfänger: Einführung in die sexuelle Revolution von Papst Johannes Paul II.*, Fe-Verlag, Kisslegg 2017.
- Christoph Casetti / Maria Prügl, *Geheimnis ehelicher Liebe.* Humanae vitae – 40 Jahre danach, Referat für Ehe und Familie, Salzburg 2008.

5. Charta der Familienrechte

Der päpstliche Rat für die Familie hat am 22.10.1983 die Charta der Familienreche erstellt, ein Dokument, das an das Gewissen des Menschen appelliert über die Rechte der Familien, um „den heutigen Menschen - ob Christen oder nicht - eine möglichst vollständige und geordnete Zusammenstellung der grundlegenden Rechte vorzulegen, die mit jener naturgegebenen und universellen Gemeinschaft verbunden sind, wie sie die Familie darstellt. Die in dieser Charta verkündigten Rechte sind im Gewissen des Menschen und in den gemeinsamen Werten der ganzen Menschheit enthalten." Der vollständige Text kann eingesehen werden in:

http://www.vatican.va/roman_curia/pontifical_councils/family/documents/rc_pc_family_doc_19831022_family-rights_ge.html

Hier an dieser Stelle soll ein verkürzter Auszug aus *Familiaris consortio* abgedruckt werden, das den Anlass gab, das umfassendere Dokument „Charta der Familienrechte" zu erstellen:

> „Darum verteidigt die Kirche offen und nachdrücklich die Rechte der Familie vor den untragbaren Anmaßungen der Gesellschaft und des Staates. Im Einzelnen haben die Väter der Synode unter anderem folgende Rechte der Familie genannt:
>
> – das Recht, als Familie zu leben und sich zu entwickeln, das heißt das Recht jedes Menschen, besonders auch der Armen, eine Familie zu gründen und sie mit den nötigen Mitteln zu unterhalten;
>
> – das Recht, die eigene Verantwortung in der Weitergabe des Lebens und in der Erziehung der Kinder wahrzunehmen;
>
> – das Recht auf Intimität für den ehelichen und familiären Bereich;
>
> – das Recht auf Dauerhaftigkeit der ehelichen Bindung und Institution;

– das Recht, einen Glauben zu haben, ihn zu bekennen und zu verbreiten;

– das Recht, die Kinder nach den eigenen religiösen wie kulturellen Traditionen und Werten mit den notwendigen Hilfen, Mitteln und Einrichtungen zu erziehen;

– das Recht auf leibliche, soziale, politische und wirtschaftliche Sicherheit, besonders der Armen und der Kranken;

– das Recht auf eine geeignete Wohnung, die ein angemessenes Familienleben ermöglicht;

– das Recht, die eigenen Anliegen vor den wirtschaftlichen, sozialen und kulturellen Behörden auf oberer und unterer Ebene auszudrücken und zu vertreten, sei es persönlich oder mit Hilfe von Verbänden;

– das Recht, mit anderen Familien und Institutionen Verbände zu bilden, um die eigenen Aufgaben gut und schnell erfüllen zu können;

– das Recht, die Minderjährigen vor schädlichen Drogen, Pornographie, Alkoholismus usw. mit Hilfe von entsprechenden Einrichtungen und Gesetzgebungen zu schützen;

– das Recht auf eine sinnvolle Freizeit, die auch die Werte der Familie fördert;

– das Recht der alten Menschen auf ein menschenwürdiges Leben und Sterben;

– das Recht, als Familie auswandern zu können, um bessere Lebensbedingungen zu suchen.

6. Zeichenerklärung

KKK = Katechismus der Katholischen Kirche

CIC = Codex Iuris Canonici, das kirchliche Gesetzbuch der katholischen Kirche

JP II = Papst Johannes Paul II.

Sth = *Summa theologiae* des hl. Thomas von Aquin

GS = II. Vatikanisches Konzil, Konzilsdokument *Gaudium et spes*

LG = II. Vatikanisches Konzil, Konzilskonstitution *Lumen gentium*

NER = Natürliche Empfängnisregelung.

STM = sympto-thermale Methode nach Dr. Rötzer

PL = Migne-Ausgabe der Patristischen Werke, die *Patrologia latina*, Paris 1844–1855.

7. Indexe und Verzeichnisse

7.1. Quellenverzeichnis

Augustinus, *In Joh tractatus.*
Beda, *In Evangelium S. Lucae.*
Benedikt XVI., *Gespräch mit den Priestern* am 10.6.2010.
Codex Iuris Canonici (Kodex des kanonischen Rechtes) 1983.
Cyrill von Alexandrien, *Commentarii in Iohannem.*
Dekret des Hl. Offiziums vom 22.11.1922 (DH 3660-3662).
Dekret über die Armenier (DH 1327).
Del Col J. M., *Relaciones prematrimoniales*, Ed. Don Bosco, Bs. As. 1975.
Diario YA, 16.7.1989.
Die deutschen Bischöfe, *Auf dem Weg zum Sakrament der Ehe.* Überlegungen zur Trauungspastoral im Wandel, 28.9.2000, Sekretariat der Deutschen Bischofskonferenz, Bonn 2000.
Ehmann, R., *Ist die Pille wirklich nur ein Verhütungsmittel?*, Medizin und Ideologie, 29(1+2+4), 2007; 30(1), 2008.
Eisl, M., Laun, A. (Hrsg.), *Die Dynamik der Liebe. Neue Gesichtspunkte zur Natürlichen Empfängnisregelung nach Rötzer*, Verlag Ehefamiliebuch, Jegging ²2013.
Epiphanius, *De haeresibus ad Epiphanium.*
Franz von Sales, *Philothea.*
Fuentes, M. A., *Die Kraft des Verzeihens: Eine Hilfe, um verzeihen zu können*, VIPress, Neumarkt 2020.
Fuentes, M. A., in: www.teologoresponde.org.
Fuentes, M. A., *La Castidad ¿posible?*, Ediciones del Verbo Encarnado, San Rafael 2006.

Gemeindenetzwerk, *Die lebenszerstörende Wirkung der Antibabypille*, 18.10.2010: www.gemeindenetzwerk.org/?p=4931.

II. Laterankonzil 1139 (DH 718).

II. Vat. Konzil, Konzilsdokument *Gaudium et spes*.

Institut für angewandte Toxikologie und Umwelthygiene, *Rückgang der Spermienqualität in Deutschland und Europa*, Oldenburg 1999.

Smith, J., *Humane vitae: A Generation later*, 1991.

Johannes Paul II., *Ansprache an Eheleute*, 11.9.1983.

Johannes Paul II., Apostolische Schreiben *Novo millenio ineunte*, 6.1.2001.

Johannes Paul II., Apostolisches Schreiben *Familiaris consortio* über die Aufgaben der christlichen Familie in der Welt von heute, 22.11.1981.

Johannes Paul II., Apostolisches Schreiben *Rosarium Virginis Mariae* über den Rosenkranz, 16.10.2002.

Johannes Paul II., *Botschaft* zum 38. Weltgebetstag für geistliche Berufe, 6.5.2001.

Johannes Paul II., *Botschaft* zum 39. Gebetstag für geistliche Berufungen, 23.11.2001.

Johannes Paul II., *Brief an die Familien*, 2.2.1994.

Johannes Paul II., *Homilie* zum Abschluss der VI. Bischofssynode, 25.10.1980, 7, AAS 72 (1980).

Johannes Paul II., Nachsynodales Schreiben *Ecclesia in Africa*, 14.9.1995.

Johannes Paulus II., Norbert und Renate Martin (Hrsg.), *Die Familie, Zukunft der Menschheit: Aussagen zu Ehe und Familie 1978–1984*, Communio personarum, Bd. 3, Patris Verlag, Vallendar-Schönstatt 1985.

Johannes von Damaskus, *De fide orth.*

Katechismus der Katholischen Kirche.

Katechismus von Trient.

Kompendium zum Katechismus der Katholischen Kirche.

Konzil von Trient (DH 1801).

Konzil von Trient, *Dekret über die Erbsünde*, Kan. 3, DS 1513.

Laun, A., *Liebe und Partnerschaft aus katholischer Sicht*, Franz-Sales-Verlag, Eichstätt 2003.

Lauritzen, C., Tödliche Nebenwirkungen der Pille, *Tägl. Praxis*, 41, 2000.

Lauter, Ph., The New Counter Culture, *Wall Street Journal*, 13.8.1993.

Leo XIII, Enzyklika *Arcanum* (DH 3142 f.), 1880.

Loring, J., *Para salvarte*, Edapor, Madrid 1998[51].

Maximus von Turin, *Hom.* 17 und 23.

Origenes, *Fragment 241* zu Lk 20,36.

Origenes, *Homelie 39* zu Lk 20,21–40.

Paul VI., *Ansprache* vom 11. Juli 1966.

Paul VI., Enzyklika *Humanae vitae*, 25.7.1968.

Paul VI., Enzyklika *Populorum progressio*, 26.3.1967.

Pius IX., *Syllabus* (DH 2965 ff.), 1864.

Pius X., 1907 (DH 3451).

Pius XI., Enzyklika *Casti connubii* über die christliche Ehe, 31.12.1930.

Pius XII., Enz. *Humani Generis*: DS 3897.

Rella, W., Johannes Bonelli, Susanne Kummer, *Fünfzig Jahre „Pille"*: Risiken und Folgen, *Imago Hominis*, 17(4), 2010, S. 263–274;

Reportage im Schweizer Fernsehen: *Hunderte toter Frauen durch hormonelle Verhütungsmittel*, https://www.srf.ch/play/tv/redirect/detail/cab9f7b9-2524-4bf3-8d18-0f4632dd943a.

Rhomberg W., ThombergRhomberg, M., Weißenbach, H., *Neue Aspekte der Natürlichen Empfängnisregelung*: Eine Umfrage zur sympto-thermalen Methode, *Medizin und Ideologie*, 32(2), 2010, S. 12–21.

Rhomberg W., *Umfrage zur Natürlichen Empfängnisregelung*, Kirche heute, 11/2010.

Rötzer, J., Rötzer, E., *Natürliche Empfängnisregelung: Die sympto-thermale Methode — Der partnerschaftliche Weg*, überarbeite Neuausgabe, Herder, Freiburg-Basel-Wien 2013.

Skocovsky, K. D., *Fertility Awareness-based Methods of Conception Regulation*: *Determinants of Choice and Acceptability*, Masaryk University, Brno 2008.

Taubert H. D., Kuhl H., *Kontrazeption mit Hormonen*, Stuttgart 1995[2].

Thomas von Aquin, *Summa theologia.*

Trauungsmappe des Bistum Eichstätt: https://www.bistum-eichstaett.de/sakramente/ehe/trauungsmappe.

Wilson, Mercedes A., "The Practice of Natural Family Planning Versus the Use of Artificial Birth Control: Family, Sexual and Moral Issues", *Catholic Social Science Review*, 7, 2002.

7.2. Tabellenverzeichnis

Tab. 1: Gruppen der Scheidungsstudie zur Beurteilung der religiösen Praxis *142*
Tab. 2: Scheidungshäufigkeit in Relation zur religiösen Praxis *143*

7.3. Verzeichnis der Abbildungen

Abb. 1: Gliederung der Argumente *16*
Abb. 2: Der Zusammenhang von Sakrament und Berufung *22*
Abb. 3: Die Hierarchie der Rufe (Berufung) durch Gott *23*
Abb. 4: Das Ziel der Ehe *26*
Abb. 5: Die Erschaffung von Mann und Frau (Gründe, Ziele) *30*
Abb. 6: Der Aufstiegsweg durch das Sakrament der Ehe *31*
Abb. 7: Gnade und Sakrament *32*
Abb. 8: Begriff des Sakramentes *33*
Abb. 9: Das Sakrament: Einsetzung und Spendung *33*
Abb. 10: Zusammensetzung des Sakramentes *34*
Abb. 11: Die Mittel, durch wir Gnade empfangen können *37*
Abb. 12: Die sakramentalen Wirkungen der Ehe *43*
Abb. 13: Die Wirkfelder der ehelichen Gnade *44*
Abb. 14: Aus dem Ehesakrament schöpfen, die alltäglichen Situationen nützen *46*
Abb. 15: Die Wirkung der Ehegnaden (Vertiefung) *47*
Abb. 16: Die Zielrichtung der Ehe in Hinblick auf die Heiligung *48*
Abb. 17: Durch den Ehekonsens das Sakrament *49*
Abb. 18: Merkmale des Ehebandes *50*
Abb. 19: Vollzug der Ehe *51*
Abb. 20: Der Zusammenhang von persönlicher Heiligkeit und Heiligung ... *52*

Abb. 21: Die Hierarchie der Rufe (Berufung) ... *55*
Abb. 22: Der (Lebens-)Stand und was damit verbunden ist ... *59*
Abb. 23: Die Lebens- und Liebesgemeinschaft ... *60*
Abb. 24: Die Ehe als Lebensstand — der dem Ruf zur Heiligkeit entspricht ... *63*
Abb. 25: Die Ehe als Abbild Gottes und der Liebe Christi ... *65*
Abb. 26: Die Ehe als Kirchlicher Stand ... *65*
Abb. 27: Aufgaben der christlichen Familie ... *66*
Abb. 28: Rechte und Pflichten der Eheleute ... *68*
Abb. 29: Die Ehe als Liebesgemeinschaft — durch den Hl. Geist ... *71*
Abb. 30: Die inneren und äußeren Wirkungen übernatürlicher Liebe ... *74*
Abb. 31: Die sozialen Wirkungen der Liebe ... *74*
Abb. 32: Beschreibung der echten menschlichen Liebe ... *76*
Abb. 33: Die sieben Ziele menschlicher Liebe ... *78*
Abb. 34: Die Familie und das Heilsgeschehen Jesu am Kreuz (Familiaris consortio, Nr. 13) ... *81*
Abb. 35: Die Vorbereitungen in der Wertigkeit der Dinge ... *82*
Abb. 36: Die zwei Feiern der einen Hochzeit ... *83*
Abb. 37: Sexualität und Liebe — Aufgaben i.d. Verlobungszeit ... *89*
Abb. 38: Zusammenfassung der Gründe für sexuelle Enthaltsamkeit vor der Ehe ... *90*
Abb. 39: Die vollständige Hingabe und ihre Aspekte ... *94*
Abb. 40: Mögliche Folgen sexueller Vorerfahrungen ... *96*
Abb. 41: Die Schwerpunkte der Verlobungszeit ... *101*
Abb. 42: Die innere Vorbereitung der Brautleute ... *110*
Abb. 43: Die Spendeformel der Trauung und ihre Teile ... *121*
Abb. 44: Die Auswahl der veränderlichen Teile der Liturgie ... *130*
Abb. 45: Über die Liedauswahl ... *135*
Abb. 46: Weitere Elemente, an die gedacht werden muss ... *136*
Abb. 47: Die vier Grundkonstanten zum Gelingen der Ehe ... *137*
Abb. 48: Der doppelte Blick auf den Menschen ... *145*
Abb. 49: Die Dimensionen des Menschseins ... *154*
Abb. 50: Zusammenwirken von Gnade und Freiheit ... *155*
Abb. 51: Die vier Mittel der Treue in der Ehe ... *156*

Abb. 52: Die Einteilung der Leidenschaften nach ihrer Entstehungsdynamik ... *170*
Abb. 53: Grundhaltungen, um im Plan Gottes zu bleiben ... *180*
Abb. 54: Die innere Struktur ehelicher Vereinigung in ihrem Ausdruck ... *182*
Abb. 55: Die innere Struktur der ehelichen Vereinigung in ihrer Bedeutung ... *183*
Abb. 56: Die zwei Sinngehalte der ehelichen Vereinigung ... *184*

7.4. Personenindex

A

Adam ... 25
Ange, Daniel ... 240
Augustinus (hl.) ... 38, 178, 244

B

Beda Venerabilis (hl.) ... 217, 218, 244
Benedikt XVI. ... 166, 191, 244
Bonelli, Johannes ... 186, 246

C

Casetti, Christoph ... 240
Champagnat, Marcellin (hl.) ... 174
Chapman, Gary ... 201, 239
Cyrill von Alexandrien (hl.) ... 38, 244

D

Del Col, José María ... 97, 244
Diedrich, K. ... 188

E

Ehmann, Rudolf ... 195, 244
Eisl, Maria ... 141, 142, 244
Epiphanius ... 38, 244
Eva ... 25

F

Fischer, Elmar (Dr.) ... 189
Franz von Sales (hl.) ... 107, 238, 244
Fuentes, Miguel Ángel .. 13, 89, 93, 97, 99, 101, 239, 240, 244

J

Jakobus, Apostel (hl.) ... 108
Johannes Paul II. (hl.) ... 11, 13, 27, 28, 39, 54, 57, 129, 157, 160, 161, 200, 207, 212, 235, 237, 240, 243, 245
Johannes von Damaskus (hl.) ... 38, 245

K

Kendrick, Alex 204
Kendrick, Stephen 204, 239
Kuhl, H.................................. 195, 246

L

Laun, Andreas 140, 141, 142, 143, 185, 186, 188, 189, 191, 192, 194, 195, 238, 239, 245
Lauritzen, C.................. 186, 195, 245
Leo XIII... 237
Leo XIII.................................. 39, 246
Leonard, André 240

M

Marín, Royo 238
Martin, Norbert.............................. 240
Maximus von Turin (hl.) 38, 246
Melina, Livio 238

N

Nitsche, Walter............................... 239

O

Origenes 216, 217, 246

P

Paul VI. (sel.) 54, 72, 76, 151, 180, 184, 237, 246
Paulus (hl.) 11, 40, 57, 62, 75, 80, 113, 115, 138, 168, 178, 181, 216
Pius IX. 39, 246
Pius X. (hl.).............................. 39, 246
Pius XI. 28, 39, 178, 237, 246
Pius XII.................................. 151, 246
Prügl, Maria........................... 239, 240

R

Ramm, Martin 238
Rella, Walter 186, 246
Rhomberg, M. 141
Rhomberg, W................. 141, 189, 246
Rötzer, E. 188, 246
Rötzer, Elisabeth 239
Rötzer, J.................................. 188, 246
Rötzer, J. (Dr.) 143, 194

S

Skocovsky 189, 246
Smith, Janet (Dr.)................... 141, 245

T

Taubert, H. D. 195, 246
Thomas von Aquin (hl.)....73, 83, 146, 162, 168, 238, 243
Rhomberg, M. 189, 246

W

Weißenbach, H.............. 141, 189, 246
West, Christopher.......................... 240
Wilson, A............................... 189, 247

7.5. Sachindex

A

Abstumpfung....98
Abtreibung.... 97, 98, 196, 197
Alkoholismus 242
Anti-Lebenshaltung....179, 185
Anti-Liebeshaltung....185
Anziehung
natürlich von Mann und Frau 29
Arbeit
an sich....203
Arcanum, Enzyklika....39, 245
Auferstehung 107, 147, 165, 214, 215, 216, 218, 223, 224
Aufgabenteilung....202
Ausdauer 168

B

Barmherzigkeit.... 35, 41, 46, 64, 164, 167, 171, 224, 234, 235, 236
Befragung....113
Beichte....164
Ablauf....233
Wirkungen....107
Beischlaf....51
Berufung
allgemein....54
Bedeutung der Ehe....61
Begriff....54
Hierarchie der Rufe....55
natürliche....28
zum Ehestand....21
zur Heiligkeit....21
Zusammenhang von Sakrament und Berufung.... 21
Bescheidenheit.... 169, 171
Beziehung
dauerhaft.... 30
Beziehungsfähigkeit.... 97, 157
Brautleute
als Übermittler der Gnade.... 48
Brautprotokoll.... *Siehe* Eheexamen
brüderliche Zurechtweisung.... 171
Brustkrebs.... 186, 195

C

Casti connubii, Enzyklika 28, 39, 178, 179, 237, 246
Charaktertyp.... 147
coitus interruptus.... 198

D

Dankbarkeit.... 82, 119, 168, 202
Dekret über die Armenier.... 39, 244
Demut ...106, 107, 124, 163, 166, 167, 168, 169, 171, 203, 234

E

Ecclesia in Africa, Apostolisches Schreiben.... 11, 245
Egoismus....87, 92, 151, 171, 185, 209
Ehe
als Berufung.... 10, 54
als Geschenk....8
als Hilfe....8

als Institution 30
als Lebensstand 63
als Liebesgemeinschaft 70
als Naturehe 31
als personale Beziehung von Mann und Frau 14
als Zeugnis der Liebe Gottes zum Menschen 29
geistiger Vollzug 50
Gelingen 14
Gründe 10
Gründung in der Natur 24
heilende Wirkung 39
Heiligungsdimension 61
in der Natur begründet 12
körperlicher Vollzug 52
Lebensgemeinschaft 60
Liebesgemeinschaft 60
Reichweite/Zielrichtung 47
religiöse Dimension 149
universale Sendung 61
Urheber 8
Verständnis, Unterscheidung 21
wie 49
Ziel 25
zum Sakrament gehoben 31
Ehe auf Probe 207, 208
Eheband
Merkmale 50
Ehebruch 197, 232
Eheexamen 14
Ehegatten
Wohl der 26, 27
Ehegnade
Wirkungen 46
Wirkweise 43
Ehekonsens 27, 48, 51, 120
Eheleute
Rechte und Pflichten 66
Ehemoral 140
Eheritus
Verständnis 111
Ehesakrament
Erklärung 38
Hilfe 40
Wirkung 72
Ehesakramentes
Wirkungen 42
Ehescheidung 8, 11, 185
Eheschließung
2 Formen 115
Ehesegen 118
Ehestiftung
durch Christus 39
Eheversprechen 9, 44, 48, 69, 87, 93, 94, 95, 112, 120, 125, 158
Eheverständnis
katholisches 20
Ehevorbereitung
drei Phasen 13
Dringlichkeit 11
Einführung 19
entferntere 13
nähere 14
unmittelbare 14
was gehört dazu 19
Ehezeremonie
Aufbau 112
Ehrlichkeit 105, 106, 169, 173
Einstellung
moralische und geistliche 14
Einwohnung Gottes 36
Emotionen 91, 101, 169
Empfänger

der Gnade 37
Engel...... .75, 119, 122, 216, 217, 218, 224, 226
Erbsünde 40, 151, 152
Eucharistie 35, 129, 164, 165, 211, 228, 231, 233
Evangelien......................................132
Evangelisierung 13
Ewigkeit.... 10, 61, 126, 148, 149, 217, 222, 226, 227

F

Familiaris consortio, Apostolisches Schreiben ... .13, 14, 30, 42, 64, 69, 72, 75, 79, 80, 160, 206, 207, 209, 210, 212, 237, 241, 245
Familie
Aufgaben 66
Sendung in der Gesellschaft.........79
Wohl der 27
Familienfeste 203
Familienheilige 204
Familienklima 202
Familienkultur 15
Familientagebuch............................201
Fortpflanzung
als Sinngehalt.............................184
freie Verbindungen 209
Freiheit...... 50, 54, 56, 78, 85, 91, 100, 104, 113, 125, 145, 155, 202, 235
Freizeitgestaltung 201
Freundschaft...................................168
Fruchtbarkeit
Ausübung 29
Frühabtreibung..............................196
Fuentes, Miguel Ángel 2
Fügsamkeit 168, 171
Fürbitten 133

G

Gebet
als Aktualisierung des Eheversprechens.................... 158
als Mittel der Gnade 158
Bedeutung................................. 157
Vereinigung mit Gott............... 159
Gebetsritus 160
Geduld 41, 46, 163, 167, 168, 171, 190
gegenseitige Ergänzung 12
Gehorsam 107, 168
Gerechtigkeit.......35, 46, 80, 106, 121, 123, 167, 168, 171, 211, 236
Gesellschaft
Familie als Zelle 11
Glauben
Weitergabe als Aufgabe 28
Glaubenspraxis 212
Glaubenssituation
der Brautleute 129
Gnade 14, 22
Begriff.. 35
Erfahrung................................. 162
geistig.. 32
heiligmachende.......................... 36
helfende 36
Hilfe 162
Leben 151
Mittel.. 164
Mittel für 37
Mitwirkung 164
Notwendigkeit.......................... 151
Standesgnaden 36

übernatürliche Hilfe 163
übernatürliche Wirklichkeit 161
übernatürliches Leben 36
und Sakrament 32
Verursachung 34
Wirkfelder der ehelichen 43
Wirkung 36
Gnaden
Arten 36
Gotteserfahrung 8, 164
Großzügigkeit 92, 106, 168

H

Hass 39
Hauskirche 13, 80
Heiligkeit 22
Berufung 56
Herrschsucht 39
Himmel 27, 56, 132, 158, 165, 179, 223, 226, 228
Hingabe
Aspekte 94
Hochzeit des Lammes 25, 131
Hochzeitsliturgie
Vorbereitung 128
Humani Generis, Enzyklika .. 151, 246

K

Katechese 14
Katechumenat 14
Katholiken, die nur standesamtlich verheiratet 210
Keuschheit 88, 105, 131, 171
eheliche 169
Kinder
als Gut der Ehe 28
im Licht Gottes 179
Rechte der 69
Zahl 179
Kirche
Bedeutung 57
Familie als Zelle 11
Kirchenrecht 14
Kloster 58
Klugheit ... 80, 101, 105, 167, 168, 171
Kommunikation 90, 143, 158, 159, 160, 188, 200, 201, 239
Kondome 195
Konzil von Trient 39, 245
körperlichen Vereinigung
innere Struktur 181
Kreuz...... 80, 108, 109, 118, 126, 202, 216, 224, 228
Kultur
der Familie 15
Kuss 105

L

Laterankonzil (2.) 39, 244
Lebensabschnittspartner 8
Lebenseinheit 29
Leidenschaften
Erklärung 169
Lesungen 130
Liebe
Beschreibung 76
natürliche 31
Reinigung 88
und Gefühl 78
Wirkungen 74
Ziel 79
Liebesbund 9, 30

Liebesgemeinschaft
der Ehe ... 70
Gründung ... 24
Liedauswahl
Orte in der Liturgie ... 135
Liederauswahl
bei der Hochzeit ... 134
Lustprinzip ... 88, 105

M

Mann und Frau
Erschaffung ... 29
Mäßigkeit ... 168, 169, 171
Masturbation ... 40
Mensch
natürlicher Blick ... 145
übernatürlicher Blick ... 149
Menschen
geschaffen im Bild Gottes ... 29
Milde ... 169, 171
Mitarbeiter Gottes
Eltern als ... 28

N

Nachkommenschaft
Zeugung, Erziehung ... 28
Namenspatron ... 204
Naturehe ... 31
natürliche Empfängnisregelung ... 177
Bedingung für die Anwendung. 180
Begründung ... 188
Natürliche Empfängnisregelung
als Lebensentwurf ... 187
positive Wirkungen ... 189

P

Pille . 185, 186, 191, 195, 196, 197, 244
Plan
des Schöpfers ... 31
Pornographie ... 242
Prioritätenhierarchie ... 202

Q

Quelle
zur Liebe ... 9

R

Reinigung ... 164
Relativismus ... 191
Ruf
in einen Stand ... 58

S

Sakrament ... 164
Begriff ... 33
Ehe als ... 24
Einsetzung ... 33
Heiligkeit ... 34
Merkmale eines Sakramentes ... 35
Spendung ... 33
und Gnade ... 32
Wirkung (allgemein) ... 35
Wort ... 12
Zusammenhang von Sakrament
und Berufung ... 21
Zusammensetzung ... 34
Sakrament der Ehe
veredelt die Naturehe ... 12
Sakramente

würdige Empfang 37
Sakramentes
allgemeiner Begriff 33
der Ehe 19
Empfang 14
Sakrileg 38
Scham 105, 125, 169, 230, 233
Schamgefühl 105
Scheidungshäufigkeit 141, 143
Scheidungsrate 142, 186, 189
Schöpfung
Liebe zur 204
Schutzengel 204
Seele
Herkunft 147
nach dem Tod 148
Unsterblichkeit 146
Segnung der Ringe 114
Selbstachtung 192
sexuelle Enthaltsamkeit 86
Gründe 90
sexueller Vorerfahrung
Folgen 97
Sicht der Ehe
natürlich 10
übernatürlich 10
Siegel 35
Sinn
der Ehe 10
Sinngehalte
körperliche Vereinigung 184
Sinnprinzip 88, 105
Sonntagsgottesdienst 201
Spirale 191, 195, 196
Sprache
der körperlichen Vereinigung.... 182
der sexuellen Hingabe 86
Stand
Lebensstand 59
Ruf 55
Standesamt 10, 50
Syllabus 39, 246
symptothermale Methode 187

T

Tapferkeit 168, 171
Taufe 14, 35, 36, 57, 117, 150
Teilnahme an der Natur Gottes 35
Todsünde 38, 235
Trauungsformel 120
Trauungszeremonie 14, 61, 135
Treue ... 3, 9, 10, 13, 27, 31, 42, 44, 52, 63, 64, 69, 76, 77, 79, 85, 93, 102, 114, 115, 116, 117, 118, 121, 123, 125, 127, 128, 131, 138, 139, 140, 154, 156, 163, 171, 181, 193, 209, 211
Tugend
Arbeit 167
Leben 166
veredeln den Menschen 167
Vervollkommnung des Menschen 166
Wirkung 168
Zeugnis 173
Tugenden
als Mittel der Gnade 37
innere Verbundenheit 171
Kleinen Tugenden (Champagnat) 174
Schule 171

U

übernatürlichen Liebe
  Bedeutung 75
Unauflöslichkeit
  der Ehe 30
Unordnung 39, 151
Unsterblichkeit 15, 126, 146, 152
unterbrochene Vereinigung ...... *Siehe* coitus interruptus
Untreue 39, 97, 192

V

Verantwortung
  christlicher Ehe 14
  für die Ehevorbereitung 19
Vereinigung
  als Sinngehalt 184
Vergebung ... 13, 41, 81, 109, 164, 165, 200, 223, 228, 236
Verhütung . 95, 97, 177, 178, 181, 184, 185, 186, 187, 191, 195, 196, 197
  Problem 195
  Wirkungsmechanismen 196
  Zusammenhang
    mit Abtreibung 197
Verhütungsmentalität 144, 187, 195
Verhütungsmittel 94, 97, 181, 186, 195, 196, 232, 244, 246
Verlobung 14
Verlobungszeit 100
  Schwerpunkte 100
Versprechen 44, 64, 92, 95, 123
Vollkommen
  Heiligkeit 22
Vollkommenheit
  in der Liebe 22
Vollzug der Ehe 51, 52

W

Wahrhaftigkeit 168
Welt 11, 22
wiederverheiratete Geschiedene 208
wiederverheiratete Geschiedenen .. 210
Wohl der Ehegatten 26

Z

Zärtlichkeit 190, 192
Zeichen
  sakramentales 34
Zeugnis
  für die Liebe Gottes
    zum Menschen 29
Zeugung
  Fähigkeit zur 28
Zuneigung 92, 94
Zwietracht 39

7.6. Index der Katechismusstellen

Die Nr. bezieht sich auf die Nr. im Katechismus; rechts die Seitenzahl in diesem Buch.

0-1000

1 ... 55, 56
366 ... 147
388-421 ... 151
390 ... 151

1000-2000

1601 ... 25, 38
1603 ... 24
1604 ... 28
1605 ... 29
1606-1607 ... 39
1624 ... 42
1630 ... 63
1631 ... 65
1638-1640 ... 50
1639 ... 64
1640 ... 52, 64
1641 ... 46
1755-1756 ... 197
1803 ... 166
1858 ... 235
1859 ... 235
1860 ... 235
1861 ... 235
1997 ... 150
1999 ... 35, 150

ab 2000

2005 ... 43
2337 ... 88
2564 ... 159
2565 ... 159

Kompendium

337 ... 28
424 ... 36

7.7. Index der Bibelstellen

Gen 1,26-28 ... 24
Gen 1,27 ... 28
Gen 1,27-28 ... 124
Gen 1,28 ... 25
Gen 1,28 ... 29
Gen 1,31 ... 29
Gen 1.1.26–28.31a ... 130
Gen 1-2 ... 55
Gen 2,18 ... 25
Gen 2,18 ... 29
Gen 2,18–24 ... 131
Gen 2,24 ... 30
Gen 2,7 ... 148
Gen 2,7.21-25 ... 24

Gen 3 ... 151
Gen 24,48–51.58–67 ... 131
Gen 38,9 ... 198
Ex 3,4 ... 122
Lev 19,2 ... 57
Dtn 6,5 ... 204
Dtn 30,19 ... 177
Rut 1,14b–17 ... 131
Tob 7,6–14 ... 131
Tob 8,4b–8 ... 131
Spr 3,3–6 ... 131
Spr 31,10-31 ... 131
Hoh 2,8-10.14.16a ... 131
Hoh 8,6-7 ... 131
Hoh 8,6-7 ... 126
Sir 26,1–4.13–16 ... 131
Jes 43,1 ... 123
Jes 45,4 ... 123
Jes 49,1 ... 123
Jer 31,31–32a.33–34a ... 131
Hos 2,21-22 ... 121
Hos 2,21–22 ... 131
Mt 1 ... 80
Mt 1,20 ... 122
Mt 5,1–12a ... 132
Mt 5,13–16 ... 133
Mt 5,15 ... 47
Mt 5,27 ... 38
Mt 5,48 ... 173
Mt 5,48 ... 23
Mt 6,19–21.24–33 ... 133
Mt 7,21.24–29 ... 132
Mt 7,25 ... 140
Mt 9,6 ... 165
Mt 13,13 ff. ... 38
Mt 13,33 ... 47
Mt 17,20 ... 163
Mt 18,20 ... 62
Mt 18,8 ... 149
Mt 19,3 ff. ... 38
Mt 19,16 ... 149
Mt 19,29 ... 149
Mt 19,3 ff. ... 39
Mt 19,3–6 ... 132
Mt 19,6 ... 114
Mt 19,6 ... 118
Mt 19,6 ... 30, 38
Mt 19,6 ... 51
Mt 20,25–28 ... 132
Mt 22,28-32 ... 147
Mt 22,35–40 ... 132
Mt 25,23 ... 218
Mt 25,46 ... 149
Mt 28,20 ... 165
Mk 10,11 ff. ... 38
Mk 10,6–9 ... 132
Mk 10,9 ... 64
Mk 10,17 ... 149
Mk 10,30 ... 149
Mk 12,28 ff. ... 190
Lk 1,37 ... 163
Lk 3,21 ... 158
Lk 10,25 ... 149
Lk 11,18 ... 216
Lk 11,9 ... 124
Lk 12, 22b–31 ... 133
Lk 14,14 ... 147
Lk 17,21 ... 62
Lk 18,18 ... 149
Lk 18,30 ... 149
Lk 20,21-40 ... 216
Lk 20,27-38 ... 214
Lk 20,36 ... 217
Lk 22,28-30 ... 59

Joh 3,15-16 149
Joh 3,36 149
Joh 4,36 149
Joh 5,24 149
Joh 5,28-29 147
Joh 5,28-29 147
Joh 5,39 149
Joh 6,27 149
Joh 6,40 149
Joh 6,47 149
Joh 6,54 149
Joh 8,32 207
Joh 10,3-4 122
Joh 12,25 149
Joh 14,12–17.21 133
Joh 15,12 190
Joh 15,12–17 132
Joh 15,4-5 138
Joh 15,5 164
Joh 15,9–12 132
Joh 17,20–26 133
Joh 17,3 149
Joh 2,1–11 133
Joh 20,22-23 109
Joh 20,23 109
Joh 20,23 165
Apg 16 67
Apg 18 67
Apg 23,6 216
Röm 5,5 ..... 73, 126
Röm 6,9 216
Röm 6,23 73
Röm 7,18-21 151
Röm 7,23 40
Röm 8,17 36
Röm 8,31b–35.37–39 131
Röm 12,1–2.9–18 131
Röm 12,2 173
Röm 13,8–10 131
Röm 15,1b–3a.5–7.13 131
1 Kor 2,9 179
1 Kor 3,8 61
1 Kor 6, 13c–15a.17–20 131
1 Kor 7,3-5 181
1 Kor 7,3-6 f. 54
1 Kor 7,3-6 53
1 Kor 7,4 115
1 Kor 10,13 57
1 Kor 12,31 – 13,8a 131
1 Kor 13 75
1 Kor 13,1-8 75
1 Kor 13,4 126
1 Kor 13,7-8 126
1 Kor 13,8 11
1 Kor 13,8 138
1 Kor 15,10 164
1 Kor 15,13-14 216
2 Kor 9,8-9 123
Gal 4,4 80
Gal 6,2 27
Eph 1,4-6 22
Eph 3,14–21 132
Eph 4,1–6 132
Eph 4,23–24.32 – 5,2 132
Eph 5,1-2 127
Eph 5,1–2, 25–32 132
Eph 5,21 115
Eph 5,28-33 63
Eph 5,31-32 113
Eph 5,31-32 64
Eph 5,31-32 80
Phi 4,6 43
Phil 4,4–9 132
Phil 2,2-3 203

Phil 4,8 ... 167
Kol 3,12–17 ... 132
Kol 3,14 ... 8, 62, 127
Kol 3,14 ... 173
1 Tim 2,4 ... 55
1 Thess 4,3 ... 23
1 Tim 5,14 ... 178
1 Thess 5,24 ... 57
Hebr. 11 ... 168
Hebr 13,1–4a.5–6b ... 132
Jak 1,17 ... 108
Jak 4,6 ... 168
1 Petr 3,1–9 ... 132
1 Petr 5,5 ... 203
2 Petr 1,4 ... 150, 161
1 Joh 3,1 ... 36
1 Joh 3,18–24 ... 132
1 Joh 4,7–12 ... 132
1 Joh 4,8.16 ... 28
1 Joh 4,8 ... 70
Offb 19,1.5–9a ... 131
Offb 19,9 ... 25

* * *

zu Ehren Mariens, der Königin der Liebe,
am Hochfest Christi Himmelfahrt
und Fatimatag, 13. Mai 2021

Printed in Poland
by Amazon Fulfillment
Poland Sp. z o.o., Wrocław